马盛德　著

中国非物质文化遗产保护十讲

商务印书馆
The Commercial Press

图书在版编目(CIP)数据

中国非物质文化遗产保护十讲/马盛德著.—北京：
商务印书馆,2024(2024.7重印)
ISBN 978-7-100-23884-7

Ⅰ.①中… Ⅱ.①马… Ⅲ.①非物质文化遗产—
保护—研究—中国 Ⅳ.①G122

中国国家版本馆 CIP 数据核字(2024)第 082863 号

中国非物质文化遗产保护十讲

马盛德 著

———————————————

商 务 印 书 馆 出 版
(北京王府井大街 36 号 邮政编码 100710)
商 务 印 书 馆 发 行
北京中科印刷有限公司印刷
ISBN 978-7-100-23884-7

———————————————

2024 年 6 月第 1 版 开本 700×1000 1/16
2024 年 7 月北京第 2 次印刷 印张 19¼
定价:98.00 元

目　录

序

王　宁

北京师范大学资深教授

　　本书是一部全面介绍中国非物质文化遗产的书，全书涉及"非物质文化遗产"（简称"非遗"）的定称与定名、外延和内涵，分析了它的特征与价值，概括了中国非遗现有的分类，梳理了中国 20 多年申报的代表作的种类和实体，堪称一部中国非遗的知识百科全书。在这部书里，作者对非遗的申报与评定、保护方式的探索、保护的工作机制和法律机制等多方面情况进行了介绍，书中还涉及关于非遗政策与实施，涉及进行各种工作原则和事实，因此这部书也可以视为一部非遗保护的工作手册。最后，这部书提出了作者对中国非遗保护存在问题和解决策略的思考，这两讲，是作者以自己多年工作积累的经验，与工作伙伴、有兴趣的读者的真诚的交流。

　　在 21 世纪的开端，经过申报、评定，公布了第一批"人类口头和非物质遗产代表作"。2003 年颁布了《保护非物质文化遗产公约》。我国的非遗保护工作由此开始，到 2023 年不过 22 年。就历史的长河而言，20 年弹指一挥间，一切也都如在眼前。本书的作者马盛德，跟了这项工作 20 多年。联合国"公约"的颁布在中国引起震动，面对这个生疏的名称和新鲜的事物，对"公约"的学术理论解读工作，由中国艺术研究院承担，马盛德当时的职务是中国艺术研究院科研处处长，关于非遗保护和"公约"解读工作的许多研讨会，都是他在王文章院长领导下组织的。为此，他积累了当时国际与国内各种规定和原则的现实文本，目睹了一切定名、定实改进和发展全过程。之后的 10 年，他是在非遗保护政策的制定和实施层面工作。离开非遗司后，他更是以专家的身份亲临非遗现场，把握事实、了解详情、推动发展……再加上，他自己不但是民间舞蹈的舞者、西北舞蹈文化研究的学者，还与许多非遗代表人物结为朋友。这样的作者，应当是这部兼有知识百科和工作手册的书最为合适的撰写人。

作为一个完全外行的旁观者，在这样一部极为专门的书面前，对书的内容，我是无由置喙的。想说的话都在题外。

我曾经想，非遗问题的提出，对中国，究竟意味着什么？辛亥革命推翻了帝制，中国需要一个崭新的文化来适应新的民主制度发展和人民的教育需求。五四新文化运动首次提出"大众的文化"，但这样的文化究竟在哪里？像钟敬文先生这样的人民的学者，始终坚持中国大众文化和上层文化结合起来才是全部的传统文化。他们认为，没有大众文化的中国文化不可能是全面的，甚至不可能是真实的。然而在中国古代，几乎一切人民的创造都只能假手于权力也就是上层文化的提倡和推崇才能保留下来。人民的口头创作，一旦形成文字，便在健康、积极的进取中，夹杂上萎缩、妥协、取媚与消沉，而这些强加于人民的糟粕，反而成为"底层文化"的标志。几千年来，被穷困闭塞紧紧压迫，求生抗死，努力生存，自尊自爱，乐观积极的善良百姓们，究竟为人类贡献了什么，这远没有形成深刻的认识。当教育完全无法覆盖到他们的头上，思想完全无法变成文本，改造世界的双手只能以乞讨的方式伸向苍穹的时候，我们的人民究竟是一种什么样被扭曲的形象？只有在非遗保护的国际课题提出以后，我们才第一次关注了人民的创造。从那些代表作的传承人那里，直接看到了我们未曾看到的形象，领会了那些不经渲染却自带光环的智慧，体验了那些超越了生活的简陋而表现文化无限丰富的创造。这 22 年，非遗的保护，是在真正的创造者群体里进行着的。这些年，让我们把人民的创造归还给人民大众，不再顶替他们去享受辉煌。

非遗的保护，是五四新文化运动"人民"观念的延续与发展，是党和国家提倡的"民主"精神的弘扬，是中华民族文化自信的表征。马盛德的这本书告诉了我们这一切，它揭示了一种也许我们还没有真正意识到的、人民赋予这件事情的光辉。

2023 年 11 月 10 日

前言

————

  2021 年对中国的非遗保护工作来说是一个非常特殊的年份，主要有三件大事。一是，2001 年，中国的昆曲被联合国教科文组织宣布列入第一批"人类口头和非物质遗产代表作"（2008 年改为"人类非物质文化遗产代表作名录"，简称"代表作名录"），自此，我国开始了非遗概念下的保护工作，到 2021 年恰逢 20 周年。二是，2011 年，《中华人民共和国非物质文化遗产法》（简称"《非遗法》"）的出台，对中国的非遗保护具有里程碑意义。2011 年 6 月，全国人民代表大会常务委员会批准了《非遗法》的实施，给予了非遗保护工作以全民性的意义。有了这部法律，中国的非遗保护从此上升至国家意志。《非遗法》的出台，到 2021 年恰逢 10 周年。2021 年 6 月 1 日，在中国国家博物馆召开的"《非遗法》颁布实施 10 周年座谈会"上，全国人大和文旅部[1]等部门的有关领导及专家、学者出席了此次会议，也印证其具有非常重要的意义。三是，2006 年起，国务院将每年六月的第二个星期六设立为"文化和自然遗产日"，距今已有 15 周年。官方为某个事件或某项工作设立国家层面的时间节点来彰显，足以证明其意义非凡。所以，基于以上这三件大事，2021 年在中国非遗保护工作的历程中显得不同寻常。

  中国的文化遗产保护有三大领域：一是以"物"为主要载体的物质文化遗产 —— 文物；二是物质与非物质并存，自然生态与文化生态相融合的传统村落（又称古村落）；三是以"人"为主要载体，以活态传承保护为主要方式的非物质文化遗产。这就构成了中国文化遗产保护的三大格局，即文物、传统村落和非

————

1 2018 年，文化部和国家旅游局进行机构合并，成立了中华人民共和国文化和旅游部，简称文旅部。

物质文化遗产。

21 世纪伊始，政府在国家层面开展了一项意义重大的文化建设工作，就是非遗保护。这是一项关乎中华民族文脉传承和人类共同利益的大事。对于存在战争、武力冲突和暴力行为的地区来说，因为缺乏和平的环境，从而很难实现遗产的保护。所以，非遗保护是全世界爱好和平的国家和人们的共同要求与愿望，它关系到国际交往中的相互平等、相互尊重、和平共处、共同发展的前景。联合国教科文组织之所以在国际层面大力推动非遗保护这项工作，就是充分认识到了非遗在处理国际关系、民族关系和人与人之间相互沟通交流等领域中所发挥的重要作用与独特价值。

2001 年，联合国教科文组织评选首批"人类口头和非物质遗产代表作"时，文化部委托中国艺术研究院领导和组织戏曲等方面的专家、学者完成昆曲项目的具体申报工作。2001 年 5 月 18 日下午，联合国教科文组织宣布了第一批入选名单，共涵盖 19 个遗产项目，中国的昆曲是全票通过的 4 个遗产项目之一。从此，在中华大地开启了一项伟大事业 —— 非遗保护。

我国的非遗保护工作在政府主导下，得到了专家、学者的学术支持与社会民众的广泛参与和积极配合。通过全社会的共同努力，逐步建立起比较完备的、有中国特色的非遗保护制度，使我国珍贵、濒危并具有历史、文化和科学价值的非物质文化遗产得到有效保护，并且得以传承和发扬。我国用了 20 年的时间所取得的成果超过了一些国家半个世纪的努力。这不是浮夸，而是我国"集中力量办大事"的体制优势所在。20 年的实践证明，我国的非遗保护工作正是在党和政府的高度重视与大力推动下，才能够开展得如此顺利。之所以把政府主导放在首位，其原因是在这样一个具有中国特色社会主义的体制里，如果没有政府的主导，单纯依靠民间或社会团体的力量来推动这样一项浩大的工程，难度很大，也很难完成。其次，非遗保护具有较强的政策性、专业性和学术性。这"三性"特点是我对这项工作从管理层面进行的概括和总结。政策性指的是，保护工作首先要遵循《公约》与《非遗法》，这是我们作为《公约》缔约国必须要履行的国际责任和应当具备的大国担当，对内则关系到我国专门制定的《非遗法》的贯彻执行。

此外，我国是一个多民族的国家，这是基本国情，非遗保护关系到复杂的民族和社会问题，还涉及宗教、外交、可持续发展和遗产价值判断等多方面的问题，这些关系和问题的处理都有着很强的政策性。在专业性上，我国非遗有十大门类：民间文学、传统音乐、传统舞蹈、传统戏剧、曲艺、传统体育游艺与杂技、传统美术、传统技艺、传统医药、民俗。这些遗产都有着各自的文化特性和传承规律，专业性很强，其表现形式存在着较大的差异，真是隔行如隔山。在学术性上，十大门类的非遗都有深厚的文化内涵和知识体系，是一项集历史、哲学、宗教、艺术、科学、文学等于一体的文化现象和系统工程，这些需要从学理层面认真思考、研究、解读。总之，我们的非遗保护工作在这三个方面都要进行有机结合，形成一个工作基础和共识性原则。政府主导的同时还需要专家、学者的学术支持。非遗保护相关政策、法规的出台，如果没有强有力的、深厚的学术研究和对保护对象规律及特性的准确把握，则很难做到遵循其规律，把握其范畴。20年来，广大专家、学者在非遗保护工作中的献计献策、智力支持、学术研究是一支不可忽视的重要力量，它不断论证着我们非遗保护基本方向的正确性和模式的科学性。最后，我们的非遗是广大民众的、社区的、群体的、民族的，保护非遗人人有责。如果没有广大民众的广泛参与和积极支持，那么非遗保护的基础就没有了，其结果也会是虎头蛇尾。好在这20年来，我国的非遗保护工作在广大民众和社区的层面得到了强有力的支持。人们热爱非遗，支持非遗保护，积极参与到国家开展的非遗保护工作中来，这是最值得欣慰的一点。

以上是我总结的20年来中国非遗保护工作的三个层面，即政府主导、学术支持和民众的广泛参与。有了这三方面力量的有机结合，中国的非遗保护工作走上了蹄疾步稳的快车道，非遗的概念深入人心，保护工作也深得人心。我国的非遗保护工作经过20年的不懈努力，取得了举世瞩目的成就，成为我国文化建设事业的一个重要事项，一大亮点。这一点我深有体会。原文化部下设的非物质文化遗产司（简称"非遗司"）是2009年才成立的，当时是整个文化部司局级机构中最年轻的、也是最小的一个部门，只有3个处室，总共15名工作人员。虽然人手少、经验不足，但大家肩负使命，以极大的热情开展工作，推动了当时文化部唯一一个与文化保护相关的法律——《非遗法》在 2011 年颁布实施。所以，我们说非遗保护成为我们文化建设的一个重要事项和一大亮点，这个评价是不过分的。

目前，我们国家的非遗保护总体上呈现出"非遗热"的现象。对此，我个人的判断是，它是一件好事情，非遗的"热"总比"冷"要好。我们做一件事情如果花了大力气却毫无反应，政府、专家尤其是民众层面也没有一点回响，那这件事情是做不下去的。所以，"非遗热"有积极有利的一面。但是"热"的背后也会有一些问题，"热"过头了有时候会出现个别方向偏离的现象。这时有两个层面的人需要保持清醒的头脑，一个是非遗的管理者。社会民众的"热"是可以理解的，但如果管理层面也被这种"热"冲昏头脑，从而导致有时候不清醒、不理性，那么在非遗保护当中出现的一些问题就不容易被发现。因为这些问题往往会被一些现象所遮蔽或覆盖，所以我们管理层面的人需要有一个理性的态度。另一个是我们的学者，尤其是专家，应当保有先知先觉的意识和能力。当一个现象特别"热"的时候，我们需要关注这个现象背后可能会出现的一些问题。目前中国"非遗热"的背后也出现了一些问题，比如，现在社会上各种"江湖"机构比较多。去年民政部清理了两百多个非法机构，其中有好多是打着非遗旗号的。另外，也有些机构打擦边球，其成立的真正目的并不是为了非遗保护，而是为了一些产业的经济利益。国家清理非法机构，实际上也有打假的意图。另外，有一点必须明确，我们既然率先加入联合国教科文组织的《保护非物质文化遗产公约》，成为第 6 个缔约国国家（现在该《公约》的缔约国一共有 180 个国家），说明我们是拥护和赞成《公约》的宗旨、基本精神和基本原则。与此同时，我国在遵循《公约》基本原则的基础上，将国家层面的保护方针与《公约》的宗旨和基本精神相统一，根据国情制定了符合中国实际的非遗保护法律。我们就要以《公约》和《非遗法》为基本依据，将非遗保护从理念到实践引入到正确的轨道上。在学术领域要坚持学术的正统性，加深对非遗基本概念和规律的认识与理解。目前，有些学者并没有掌握非遗的核心理念，仅凭着一点专业背景就到处游说、宣讲，俨然成了"大专家""大师"。他们不研究《公约》，也不研究《非遗法》，国家 20 年来的非遗保护工作几乎也没参加过。这种现象，让非遗学术界出现了一些杂音。

因此，我们需要认真总结中国非遗保护 20 年的探索与实践，加强对非遗保护核心理念的认识与研究，进一步厘清非遗的基本特性、内涵和外延，深入探讨非遗传承发展的基本规律，在非遗保护工作中建立起以遵循《公约》和《非遗法》基本精神与原则为基础的理论研究体系，以更加科学严谨的学术态度深入开展非遗的理论研究，为我国非遗保护工作的可持续发展提供重要的理论研究成果。

第一节　非遗概念的提出

非物质文化遗产是外来词汇，源自英文 Intangible Cultural Heritage。这一概念的提出，是随着认识的深化以及立法建设的不断加强完善，得以成为各国开展相关工作的规范与共识。联合国教科文组织和世界各国对非物质文化遗产的认识是一个逐渐深入和完善的过程。这个概念曾经被翻译成"无形文化遗产""民间传统文化""民间创作""口头和非物质遗产"等名称。2003 年，联合国教科文组织第 32 届大会通过的《保护非物质文化遗产公约》，正式确定了"非物质文化遗产"的概念及内涵。我们国家原来相应的称谓有"民族民间文化""民族民间传统文化"等。2004 年，我国正式加入《保护非物质文化遗产公约》后，"非物质文化遗产"的概念逐渐取代了"民族民间文化"这一传统概念，成为从官方、学界到社会各界的规范性用语。

一、国际

1. 对无形文化遗产领域的关注

第二次世界大战期间，历史上有价值的文化遗产遭到了战争的严重损毁，使人们逐渐萌生了保护包括非物质文化遗产在内的文化遗产的意识。1949 年 1 月 26 日，一场熊熊大火把当时世界上最古老的木结构建筑 —— 日本法隆寺金堂烧成灰烬，墙壁上飞鸟时代的壁画顷刻之间在世界上消失了。1950 年 7 月 2 日，又一场大火把京都鹿苑寺金阁吞噬了。除此之外，还有 3 件国宝级建筑物被烧毁。5 件国宝在两年之内损毁，令日本朝野对文化遗产的保护忧心忡忡，在社会上也引起了极大的反响。正是在这样的背景下，1950 年 5 月，日本政府颁布了《文化财保护法》，并于同年 8 月 29 日开始实施，首次以法律的形式规定了无形文化遗产的范畴[1]。1954 年，文化财保护委员会对这部法律进行了较大修订，其中重要的一点就是，为使无形文化财的存在具体化，决定将这项技术与其保有者共同列入文化财予以保护。这些保有者被称为"人间国宝"，因此，也有人称日本的这种保护措施为"人间国宝制度"。日本的《文化财保护法》把文化遗产分为有形文化遗产和无形文化遗产，是首创性的，拓展了保护文化遗产的范围，并对世界范围内的文化遗产保护产生了积极影响[2]。1962 年，韩国受到日本的影响，将文化财分为有形文化财、无形文化财[3]、纪念物、民俗文化财，并颁布《文化财保护法》。韩国大学生们开始积极倡导韩国民族文化，并发动了一场复兴运动。随后数十年中，这场运动冲出校园，并迅速地深入广大民众之中，逐渐演变成全体民众共同参与的保护形态。

20 世纪 60 年代，埃及在尼罗河上游修建了阿斯旺水坝，致使两座千年神庙毁于一旦，此前尽管有许多呼吁，但仍未能遏止神庙的厄运。更为严重的是，为了经济的发展，在 20 世纪 60 至 70 年代，全世界因为发展旅游和修建水利工程而毁掉的古迹大大多于两次世界大战对古迹的破坏。这些事实和严峻的形势引起了联合国教科文组织对于保护世界遗产的重视。1972 年 11 月 16 日，联合国教科文组织在巴黎通过了《保护世界文化和自然遗产公

---

[1] 该段文字参考了王文章：《非物质文化遗产概论（修订版）》，教育科学出版社，2013 年版，第 205 页。

[2] 该段文字参考了王文章：《非物质文化遗产概论（修订版）》，教育科学出版社，2013 年版，第 35 页。

[3] 无形文化财：指具有较高历史价值与艺术价值的传统戏剧、音乐、工艺技术及其他无形文化载体。包括表演艺术家、工艺美术家等这些无形文化财的传承人。

约》，同时还颁布了《关于国家一级保护文化和自然遗产建议案》。这两个法案使"世界遗产""文化遗产"和"自然遗产"这些概念在国际上流行开来[1]。不过，《保护世界文化和自然遗产公约》第一条中明确指出，"文化遗产"只包括"文物""建筑群"和"遗址"三类。由此可见，其主要保护的是物质遗产，非物质文化遗产的概念尚未正式提出，其保护尚未进入联合国教科文组织相关文件。在《保护世界文化和自然遗产公约》公布以后，人类文化遗产中的另一种重要形态，即用文物、建筑物和遗址等物质类的文化遗产不能概括的文化遗产所面临的更为严峻的被破坏与快速消亡的问题，日益引起《保护世界文化和自然遗产公约》各缔约国的关注，并最终被提上联合国教科文组织的议事日程。

1970年，美国歌手保罗·西蒙（Paul Simon）的一支单曲风行于世。很快人们就发现这首名叫《老鹰之歌》的歌，实际上是一支安第斯民谣，在整个南美都有流传。以传统民谣音乐的商业利用所带来的伦理关切为契机，1973年10月1日，玻利维亚政府以其教育与文化部的名义向联合国教科文组织政府间版权委员会第12次会议提交了一份《保护民俗国际文书提案》，此举后来便成为《保护非物质文化遗产公约》的先声。联合国教科文组织和世界知识产权组织联手在世界范围内发起"保护民俗"的行动计划[2]。1982年，联合国教科文组织参照日、韩等国的做法，首次在内部特别设置了"非物质遗产"管理部门（现为教科文组织文化部门活态遗产署），负责相关工作的实时推进。1989年11月，联合国教科文组织在第25届巴黎大会上通过了《保护民间创作建议案》，正式在该组织的国际文件中提出了保护民间创作的建议。该建议案并没有使用"非物质文化遗产"的概念，而是

---

1 该段文字参考了王文章：《非物质文化遗产概论（修订版）》，教育科学出版社，2013年版，第34页。
2 该段文字参考了巴莫曲布嫫课件，其中《保护民间创作建议案》为教科文组织中文科译本，实际其英文含义还可以表述为《保护传统文化和民俗建议案》。

以"民间创作"[1]来指代。1995 至 1999 年，联合国教科文组织和世界知识产权组织在全球八大区域发起有关建议案的辩论，为其奠定了广泛的国际理解。

2. "人类口头和非物质遗产代表作"的建立

1997 年 11 月，联合国教科文组织第 29 届大会通过了建立"人类口头和非物质遗产代表作"的决议，并发布《人类口头和非物质遗产代表作申报书编写指南》，界定了"人类口头和非物质遗产"[2]的含义。1998 年，联合国教科文组织颁布了《宣布人类口头和非物质遗产代表作条例》，明确规定了"这种遗产是各国人民集体记忆的保管者，只有它能够确保文化特性的永存"。2000 年 4 月，该组织总干事致函各国，正式启动了"人类口头和非物质遗产代表作"的申报、评估工作，并于 2001 年开始在全球范围内选评。[3] 截至 2023 年 7 月，我国共有 43 个遗产项目被列入。2001 年 3 月，联合国教科文组织在都灵召开第 31 届成员国大会，在会议文件中，以"非物质文化遗产"代替了"民间创作"的概念。[4] 同年 11 月，该组织在此次会议上通过了《世界文化多样性宣言》，强调文化多样性的重要意义，主张各国应制定相应文化政策，保护文化的多样性。2002 年 9 月，联合国教科文组织专门就非物质文化遗产的保护召开第三次全球文化部长会议，通过了《伊斯坦布尔宣言》，强调非物质文化遗产是构成人们文化特性的基本要素，是全人类的

1　民间创作：指来自某一文化社区的全部创作，这些创作以传统为依据、由某一群体或一些个体所表达，并被认为是符合社区期望的作为其文化和社会特性的表达形式；其准则和价值通过模仿或其他方式口头相传。它的形式包括：语言、文学、音乐、舞蹈、游戏、神话、礼仪、习惯、手工艺、建筑术及其他艺术。

2　人类口头和非物质遗产：指"文化场所或民间和文化表现形式"。而"文化场所"是指"集中了民间和传统文化活动的地点"及这一活动周期时间。

3　该段文字参考了李树文等：《非物质文化遗产法律指南》，文化艺术出版社，2011 年版，第 37 页。

4　该段文字参考了王文章：《非物质文化遗产概论（修订版）》，教育科学出版社，2013 年版，第 5 页。

共同财富，各国政府有责任制定政策和采取措施保护它们，使之不断传承和
传播。

3.《保护非物质文化遗产公约》的出台

2003 年 10 月，联合国教科文组织第 32 届大会通过了《保护非物质文
化遗产公约》，正式确立了"非物质文化遗产"的概念。该《公约》由此成
为与《保护世界文化和自然遗产公约》相呼应的国际公约，使非物质文化遗
产的保护最终走向"在地赋权与国际合作"，标志着联合国教科文组织主导
的、世界各国参与的非物质文化遗产保护工作已经达到了新的水平和阶段。
特别应该提及的是，2004 年 8 月，我国政府正式向第十届全国人大常委会
第十一次会议提请加入该《公约》，经全国人大常委会审议后得到批准，我
国成为全球率先批准加入《保护非物质文化遗产公约》的国家之一。2006
至 2008 年、2010 至 2014 年、2018 至 2022 年，中国先后 3 次当选为联合国
教科文组织保护非物质文化遗产政府间委员会委员国。中国作为《保护非物
质文化遗产公约》的缔约国，不仅坚决地支持和执行该《公约》的相关规定，
而且还积极参与了该《公约》的起草和修订，为推进世界范围内的非物质文
化遗产保护工作发挥了重要作用。

联合国教科文组织对"非物质文化遗产"一词英文的全称表述为
"Intangible Cultural Heritage"，简称"ICH"，其源于日本"无形文化财"
的对译术语。从内容上来看，"人类口头和非物质遗产"概念，基本上沿用
了对"民间创作"的定义。虽然这些概念之间有细微的差别，但使用时的意
思基本上都是指"非物质文化遗产"。这种同义多词的现象在一定程度上造
成了人们认识的混淆，对宣传普及、科学研究和文化遗产的保护实践带来一
些不必要的混乱。2003 年，联合国教科文组织第 32 届大会通过的《保护非物
质文化遗产公约》正式确定了"非物质文化遗产"的概念及内涵，详细界定
了"非物质文化遗产"所包括的范围，并为联合国教科文组织各成员国提供
了可供操作的工作细则。以往许多不同的称谓都统一规范到这个名称里了。

二、国内

1. 历史上的非遗保护成果

我国"非物质文化遗产"概念下的保护工作到 2021 年整整 20 年了。我们一般以中国昆曲入选或者说是被联合国教科文组织宣布为"人类口头和非物质遗产代表作"为我国非遗保护工作的重要时间节点。之所以特意强调非遗概念下的保护工作是因为在没有非遗这一概念以前，我们已经做了大量的保护工作，最早可以追溯到《诗经》的搜集和整理。《诗经》是我国文学史上第一部诗歌总集，汇总了西周初年至春秋中叶约 500 年间的诗歌，是我国先民对民间歌谣进行记录整理的一个例证。20 世纪 50 年代以来，我们对民间歌谣、故事等民间文学的搜集、整理工作进一步推进，先后组织专家、学者到边疆少数民族地区采风并进行调查和记录，尤其是像著名音乐家杨荫浏先生对《二泉映月》等一批民间音乐的抢救性采录，留存了一大批珍贵的文化资料。20 世纪 80 年代初开展的《中国民族民间文艺集成志书》编辑工作，用时近 25 年，出版了几千本图书。这一工程浩大的项目，被人们称为"中国的文化长城"，同时也意味着我国非遗保护的抢救性记录工作取得了重要的成果。以上所列举的这些保护成果主要是以遗产的保存为主要任务的典籍性保护，并未正式使用"非物质文化遗产"的称谓。

其实，与"非物质文化遗产"相近的"非物质文化"这个概念，早在 20 世纪 80 年代中期，就已经在我国出现了，只不过那时并没有成为像现在这样的社会热门词汇。1988 年，由著名学者周谷城题写书名，中央民族学院出版社出版的《文化学辞典》中首次提出了"非物质文化"这个概念。

在《文化学辞典》中这样写道：

> 非物质文化，指人类调适于自然环境和生活环境所创造或利用的抽象事项，即人类在社会历史实践过程中所创造的精神财富。这种文化的内容大体上可分为三方面：（1）调适于自然环境所产生的，如哲学、自然科学、

宗教、艺术等；（2）调适于社会环境所产生的，如语言、文字、风俗、道德、法律等；（3）调适于物质文化所产生的，如使用器具、器械或仪器的方法等。

图1-1 《中国民族民间文艺集成志书》（白立扬提供）

该词条里有这样几个关键词：抽象事项、精神财富、调适、方法。首先，《文化学辞典》中对"非物质文化"的界定，为我们理解"物质"与"非物质"的区别奠定了基础。"抽象事项"和"精神财富"高度概括了"非物质文化"的表现形态和文化内涵。"非物质文化"的表现形态是抽象的，是社会实践中创造的精神财富，而不是物质财富。所以，我们今天把非遗比喻为中华民族的"精神家园""文化标识""文化身份""文化符号""文化的DNA"，强调的就是精神层面，如史诗、口头传说、戏曲、曲艺说唱、音乐舞蹈、节庆仪式等给我们带来的是精神的愉悦、美的享受、心灵的慰藉、文化的滋养。其次，该词条中出现的"调适"概念（"调适于自然环境所产生的，如哲学、自然科学、宗教、艺术等"；"调适于社会环境所产生的，如语言、文字、风俗、道德、法律等"；还有"调适于物质文化所产生的，如使用器具、

| 采料（金剑摄） | 煮料（金剑摄） | 捣浆（金剑摄） |
| 浇纸（王少云摄） | 研光（金剑摄） | 揭纸（金剑摄） |

图1-2 云南孟定地区傣族造纸技艺流程（部分）

器械或仪器的方法等"）与《保护非物质文化遗产公约》中出现的"适应"一词（"在各社区和群体适应周围环境以及与自然和历史的互动中，被不断地再创造……"），其含义是基本一致的。这里我们要注意的是，器具、器械、仪器本身不是非物质，但创造和使用器具、器械和仪器的方法是非物质。为了更好地理解这个概念，我们举两个典型例子。

案例一："撒马尔罕纸"的制作

汉代出现的造纸术是我国古代四大发明之一，后随着丝绸之路和其他途径传播到中亚、中东及世界各地，向世界分享了中华文明的这一优秀成果。如果不掌握造纸的技术，只是把纸张这个"物"买回去，有用吗？能造得出纸来吗？那是没有意义的。因为中国人的造纸工艺复杂多样，用木材、竹子、稻草、麦草、大麻、树皮、兽皮等材料加工成纸。我国安徽皖南地区将青檀树皮加

图 1-3 乌兹别克斯坦撒马尔罕城郊的"撒马尔罕纸"作坊制作所用水车（景潮杰提供）

图 1-4 图 1-5 "撒马尔罕纸"加工制作过程（景潮杰提供）

工成纸张，著名的宣纸就是最典型的例子；福建宁化、长汀，四川的夹江和浙江的富阳地区，是竹纸的重要生产地；江西上饶地区的国家级非遗代表性项目"连四纸制作技艺"，其原料就是当地的嫩竹子；新疆和田地区有桑树皮造纸技艺；西藏林芝地区有金东藏纸制作技艺，是用山上的灌木皮加工成纸张（这种纸张旧时曾是官方的公文和货币用纸）；西藏尼木地区还有用当地的狼毒草为原料加工制作成纸；云南临沧市孟定地区傣族手工造纸是用当地产的一种构树树皮来制作，这种树可以人工种植；还有中原等地有拿稻草和麦草造纸的技术等。如果不掌握这些用各种材料加工成纸的技术，不了解具体的工艺流程和制作方法是没有意义的，是造不出纸来的。

2019 年，我在乌兹别克斯坦的撒马尔罕古城考察，目睹了著名的"撒马尔罕纸"的制作工艺。那里的人们至今还用水车做动力，用当地的树皮做原料加工成纸。通过讲解我们得知，这项造纸工艺是从中国传过去的，只不过采用了当地的物质材料进行加工。"撒马尔罕纸"在古代享誉世界，深受中亚及阿拉伯地区伊斯兰民族的欢迎，民间曾经有这样的说法："撒马尔罕纸享誉东方，其生产技艺得自中国。"这表明，文化的学习与传承重要的是掌握方法和技艺这些非物质文化，而不是物本身。

案例二：欧洲的瓷器烧造

我曾经看到一份欧洲国家制瓷器的资料。英国人在清代来到中国景德镇学习制瓷，掌握了用高岭土烧瓷的工艺，回国后在英国等地发现了高岭土，于是制作出了陶瓷，工艺也大大改进了。烧制瓷器的先决条件是要有专门的瓷土，高岭土是瓷土中的优质原料，这样的土质烧制成的瓷器具有优良的品质。高岭土的称谓来自景德镇一个叫高岭的地方，这里的土质特殊，能够烧制高品质的瓷器。随着景德镇瓷器的声名远扬，这里的高岭土自然也出名，所以英文里就有一个词叫"Kaolin"，就是中文"高岭"的音译，这个词汇是我们对英语的一个贡献。如果当时英国人不跑到景德镇来学习瓷器的烧制技艺、掌握加工工艺，只是把盘子、花瓶、碟子等瓷器买回去，那他们还能造得出来瓷器吗？所以，非遗的核心是学习与掌握产品制作的技艺、方法，而不是得到产品这一物质本身。这是我们理解非遗的一个重要理念。在非遗保护中,我们应该强调的是"传技、传艺、传精神"。其核心是文化精神的传承,而不是见物和传物。

2. 中国昆曲入选"人类口头和非物质遗产代表作"

2001年5月18日,中国昆曲在联合国教科文组织宣布的第一批19个"人类口头和非物质遗产代表作"名单中名列榜首。自此,我国的非遗保护上升为履行保护人类共有文化遗产,维护世界文化多样性的国际义务。非遗保护工作引起了广泛的关注和重视,迎来了新的发展。

2003年1月20日,文化部与财政部联合国家民委、中国文联启动了"中国民族民间文化¹保护工程"(简称"保护工程"),并提出《中国民族民间文化保护工程实施方案》,明确指出其总体目标是:"通过'保护工程'建设,到2020年,使我国珍贵、濒危并具有历史、文化和科学价值的民族民间文化得到有效保护,初步建立起比较完备的中国民族民间文化保护制度和保护体系,在全社会形成自觉保护民族民间文化的意识,基本实现民族民间文化保护工作的科学化、规范化、网络化、法制化。""保护工程"采取一系列切实可行的保护措施,对具有重要历史文化价值且濒危的民族民间传统文化项目进行抢救性的保护。提出从2004年到2020年划分为3个阶段的实施步骤,主要内容包括:在全面普查、摸清家底的基础上,制订民族民间文化保护规划;建立分级保护制度、保护体系和民族民间文化保护名录;利用现代科技手段,抢救与保护具有历史文化价值并濒危的民族民间文化传统;建立民族民间文化传承人命名保护制度;在民族民间文化形态保存较完整并具有

---

1 民族民间文化:由传统艺术遗产的特有因素构成的、由某国的某居民团体(或反映该团体的传统艺术发展的个人)所发展和保持的产品,尤指:(1)口头表述形式,如民间故事、民间诗歌、民间谜语;(2)音乐表达形式,如民歌及器乐;(3)活动表达形式,如民间舞蹈、民间游戏、民间宗教仪式;(4)有形表达形式,如民间艺术品、乐器、建筑艺术形式。[资料来源:世界产权组织和联合国教科文组织《保护民间文学艺术表达形式,防止不正当利用和其他损害性行为国内示范法条》]

图1-6 联合国教科文组织宣布中国昆曲为人类口头和非物质遗产代表作

特殊价值、特色鲜明的地区，建立文化生态保护区；建立一支宏大的高素质的专业队伍，培养业务骨干。为更好地开展非遗普查工作，确定普查工作的标准，中国民族民间文化保护工程国家中心组织有关专家学者，结合开展普查工作的实际需求，编写了《中国民族民间文化保护工程普查工作手册》，对调查提纲和普查方法进行了详尽的介绍，为普查保护工作提供了方法指南。此外，试点工作是"保护工程"开展的一项重要工作，经过专家的科学论证，首先确定国家级保护试点项目40个。以中国昆曲入选"人类口头和非物质遗产代表作"为开端，以2003年文化部、财政部、民委和文联联合启动实施的"中国民族民间文化保护工程"为标志，我国的非遗保护逐步走上全面性的、整体性的、法制化的活态保护阶段，这和之前的保护是完全不同的。

3.《中华人民共和国非物质文化遗产法》的出台

随着我国非遗保护工作国际化进程的不断推进，"非物质文化遗产"的概念在我国逐渐取代"民族民间文化"的传统概念，对应的"中国民族民间文化保护工程"，也转变为"非物质文化遗产保护工作"。2004年8月，全国人大教科文卫委员会成立立法专门小组，决定由文化部牵头，组织有关方面的力量，在已有立法起草工作的基础上，根据我国实际情况的变化和《保护非物质文化遗产公约》的要求，重新起草，并协调各方加快该法的立法进程。2011年6月1日，《中华人民共和国非物质文化遗产法》正式施行。

该法案中对非遗的定义如下：

> 本法所称非物质文化遗产，是指各族人民世代相传并视为其文化遗产组成部分的各种传统文化表现形式，以及与传统文化表现形式相关的实物和场所。

《非遗法》中对"非物质文化遗产"的界定，主要依据联合国教科文组织的阐释，并结合我国国情及非遗的呈现形态加以概括。随着对同一概念称谓的规范化和人们对非遗概念认识的不断深化，"非物质文化遗产"的称谓逐渐在相关保护工作及社会性语言规范中得到确

图 1-7 《中华人民共和国非物质文化遗产法》

认。保护工作的不断深入也使得我国非遗的内涵不断得以丰富和深化。值得注意的是，"非物质文化遗产"中文简称为"非遗"，没有"非遗文化"这个概念。现在社会上有不少官员、媒体、专家和民众，在讲话中、文章里都用"非遗文化"这个概念，实际上是非常不准确的。"非遗"二字已经是对"非物质文化遗产"七个字的简称，不能在简称后面再加"文化"二字，这样就不通了。这些概念上的清晰是非常重要的，否则就混乱了。单独出现"非遗文化"容易导致歧义和混淆，产生一种有别于"非物质文化遗产"和"非遗"的新概念的错觉。所以，即使非遗保护工作已经进行到第 20 年了，我们也要从规范的概念开始讲起，将概念、内涵、外延都厘清，这样才能更好地开展保护和研究工作。学术的规范性、政策的规范性和表述上的规范性也是非常重要的。

第二节　非遗概念和定义的解读

　　"'非物质文化遗产'，指被各社区、群体，有时是个人，视为其文化遗产组成部分的各种社会实践、观念表述、表现形式、知识、技能以及相关的工具、实物、手工艺品和文化场所。"这是《保护非物质文化遗产公约》对非遗概念的定义。在这个定义里，"各种社会实践、观念表述、表现形式、知识、技能"是遗产的非物质属性，也是保护的核心内容。而"相关的工具、实物、手工艺品和文化场所"，指的是遗产的物质形态，它只是非物质遗产的载体或一种呈现方式，是辅助的东西。在《公约》中也对遗产传承规律、特性、功能、作用和保护基本原则进行了阐述："这种非物质文化遗产世代相传，在各社区和群体适应周围环境以及与自然和历史的互动中，被不断地再创造，为这些社区和群体提供认同感和持续感，从而增强对文化多样性和人类创造力的尊重。在本公约中，只考虑符合现有的国际人权文件，各社区、群体和个人之间相互尊重的需要和顺应可持续发展的非物质文化遗产。"我们对《公约》的这些表述需要更深层次的理解和认识。

一、社区

　　《公约》里提出了非遗"社区"的概念，我觉得这是一个非常重要的概念，它关系到了非遗项目传承与传播的区域范围和边界。我所理解的《公约》里的"社区"是一个广义的概念，它不是一个我们现在常用的城市生活中的小区、社区这个概念。具体到非遗项目来说，比如我们的书法艺术，在全中国的各地，城市乡村，许许多多的民众生活和学校里都有传承与传播，它不是存在于某一个局部。再如，以剪纸艺术为例，中央美术学院的乔晓光教授一生从事剪纸艺术的实践与研究，他带领的课题组经过数十年的调查研究得出结论，中国56个民族都有剪纸艺术。这就是说，剪纸艺术的社区传承实践活动在我们56个民族里都有存在。所以，这个"社区"有可能是一个国家，有可能是一个民族。非遗"社区"是一个比较广义的概念。

二、相关的工具、实物、手工艺品和文化场所

《公约》里关于"相关的工具、实物、手工艺品和文化场所",这一段表述中我们应注意的是"相关的"三个字,即与非遗"相关的"工具、实物、手工艺品和文化场所,这些与遗产密切相关的物质部分,是保护对象,不相关的就不是了。所以"相关的"这三个字就比较关键,否则毫无计划地把好多的"物"保护了,但是这些"物"和非遗没有太大的关系,就造成了有限精力和资源的浪费。我国非遗十大门类里传统技艺和传统美术类非遗项目有一定的物质载体,比如玉雕、木雕、石雕、砖雕、建筑营造、纺染织绣以及饮食类非遗项目等,包括一些重要的工具和道具,这些是跟这类遗产项目的文化表现形式相关的物质载体,是需要保护的。还有传统舞蹈中的舞具、服装等,传统音乐、传统戏剧中的乐器、乐谱和重要的场所等。文化场所里最典型的就是戏曲艺术,传统的戏曲表演时都会有一个戏台或者戏楼。无论是从故宫到颐和园,还是到民间,都有戏楼和戏台的遗存。过去由于晋商的兴盛,山西的传统村落和民间文化非常发达,现在山西的传统村落里能够看到的古戏台非常多。那么在保护传统戏曲时,戏楼和戏台也是戏曲艺术的重要组成部分。每到节庆的时候,山西的民俗活动场所中,一面是庙,庙的对面是戏台,逛庙会、赶大集、唱大戏就成为一个地区非常热闹的民俗文化景观。到了庙会,先祭拜神灵,然后就是看戏,看戏既是娱神又是娱人。所以这是一个整体,戏台是和戏曲艺术紧密相关的文化场所和文化空间,也是需要保护的。还有少数民族地区的一些民俗活动场所,如举行祭祀仪式的庙宇、祠堂、广场等重要文化场所,也是与非遗项目传承实践密切相关的文化场所,需要加以保护。

还有一些与遗产项目紧密相关的古籍与文物同样也属于非遗保护工作中需要关注的对象。如撒拉族的手抄本《古兰经》与"骆驼泉传说"和"撒拉族婚礼"这两个国家级非遗代表性项目息息相关。在青海循化撒拉族自治县街子清真寺珍藏的一部手抄本《古兰经》,全书共 30 卷,分上下两部,每

部分装成 15 册。整部经书重达 12.79 公斤。函封为犀牛皮制作，函套上印有精美的图案，函内每册封面为天蓝色丝绸装裱。整部《古兰经》正文为阿拉伯文字墨写，其书法给人一种庄重凝练之感。1954 年，这部《古兰经》被送到叙利亚参加国际展览会，在伊斯兰世界引起了很大反响，被人们盛赞为"少有的珍本"。2004 年 9 月，国家文物局和国家宗教局联合组建了专家鉴定组，来自北京大学、南京博物院、中国文物研究所和中国伊斯兰教经学院的权威专家，对这部手抄本《古兰经》进行了一次十分专业的鉴定。鉴定结论认为，这部手抄本《古兰经》的成书年代不晚于 13 世纪。也就是说距今已有 800 多年的历史。但是也有专家从这部古籍的书写体和纸张等方面进行研究后认为，它的成书年代在公元 11 世纪以前。不管是哪一种说法，这部古籍久远的历史是毋庸置疑的。"这是一部我国现存年代最早的手抄本《古兰经》，也是世界上保存完整的最古老的《古兰经》手抄本之一"，在这一点上专家们完全是有共识的。因此，多少年来，这一部《古兰经》成为撒拉族的"传世至宝"。由于它有着非常重要的历史、宗教和文化价值，2009 年 6 月，文化部组织专家评审，后经报国务院批准，这部循化撒拉族自治县街子清真寺藏的手抄本《古兰经三十卷》，入选《第二批国家珍贵古籍名录》（编号 06870）。这部《古兰经》不仅是撒拉族先民们从中亚撒马尔罕一带迁徙到中华大地，在青藏高原的黄河之滨落地生根的重要物证，也是撒拉族成为中华 56 个民族大家庭一员的重要见证，同时，它也是我们研究撒拉族的民族历史、民族宗教和民族文化不可多得的重要依据，具有非常重要的意义。

"撒拉族婚礼"和"骆驼泉传说"这两个国家级非物质文化遗产，一个是民俗文化，一个是口头文学表现形式。在传统的撒拉族社会，每当撒拉人家举行婚礼时，都要表演"骆驼舞"（也称"骆驼戏"或"舞骆驼"），撒拉族民间把它叫作"堆依奥依纳"。这一文化表现形式的主要内容，是以戏剧和舞蹈的形式向人们讲述撒拉族的先民，在首领尕勒莽、阿合莽的带领下，牵着一峰白色的骆驼如何千里迢迢，长途跋涉，向着东方迁徙的艰难历程。其中一个重要的情节是白色的骆驼身上驮着这部珍贵的《古兰经》。白

图1-8　骆驼泉遗址

骆驼也因驮着这部《古兰经》在民族的迁徙中立下汗马功劳，从而受到人们的尊重，所以骆驼这个形象在撒拉族的文化中有着广泛的影响力。"骆驼泉传说"是撒拉族社会中广大民众世世代代以口口相传的方式来记述民族迁徙历史的民间文学，传说中的核心点也是骆驼与《古兰经》的重要关系。每一个在撒拉族社会生活过的人，都是通过这样的传统方式习得自己民族的历史和文化的传承 —— 我本人的成长经历也是如此。对于一个没有文字的民族，口头文学的文化表现形式就成了传承民族文化和民族记忆的重要载体。这部《古兰经》自始至终起着连接民族情感和文化认同的重要作用，成为非遗保护工作的重要组成部分。

在《公约》对非遗的定义里，"相关的"三个字强调了与非物质遗产相关的工具、实物等物质形态，这些物质只是非遗的载体或呈现方式。因此，《公约》进一步概括了非物质遗产的范围和内容："1. 口头传统和表现形式，包括作为非物质文化遗产媒介的语言；2. 表演艺术；3. 社会实践、礼仪、节庆活动；4. 有关自然界和宇宙的知识和实践；5. 传统手工艺。"由定义的表述来看，非物质文化遗产是一种现在时态的文化遗产，即它是历史演变和承继的结果，同时将继续存续和发展。

三、世代相传

《公约》里提到的"世代相传"是非遗保护中一个十分重要的概念。我们首先要认识到它是非遗传承的一个时间概念。有些学者推翻了《公约》的定义，认为《公约》中没有对非遗进行具体的时间界定，应该给出80年、90年、100年这样的具体数字。其实这种观点没有正确认识和理解《公约》使用的"世代相传"这个概念的含义。实际上我们普遍认为，"世代相传"是对遗产项目的一个重要时间界定。这里包含了以下三个层面的内容。首先，非遗的传承主体是靠人的，是以人为主要载体。但是我们人不可能活千年，物却可以存续千年。比如巴黎圣母院经历了800多年，山西应县木塔建成了1000多年，中国的长城、埃及的金字塔经历了数千年仍然矗立在今天的大地上。但人活不了千年，所以这样的遗产就要靠活着的人一代一代、世世代代的传承，形成代际传承才能不被中断，才能使这个遗产的生命力得以延续，这是一个重要前提。其次，"世代相传"特别符合非遗的传承特点。如非遗的师徒传承、家族传承等模式，每一代之间的传承谱系及其相隔时间都清晰无比。这种传承方式不仅是我们中国各族人民的历史传统，同时也是整个人类社会实践中的普遍现象，不仅成为一种耳濡目染、潜移默化的共识性规律，也成为人们非常熟悉的一种地方性知识和实践活动。我国的汉族以及有文字的少数民族都有修家谱的传统，家谱里家族的传衍，家庭成员的结构、排序、辈分等信息记录清晰、严谨。家谱是一个家族的神圣之物，是要百倍珍惜，加以保护的，这些都是世代相传的传统。再次，以人为主要传承载体的非遗中，有些遗产项目其技艺本身很难用文字典籍的手段记录下来，如传统戏曲、传统舞蹈、传统音乐等表演艺术，师徒之间的传与承需要一个长时间的磨合才能传授其核心技艺。其中还有一些技艺是只可意会，不可言传的，十分微妙，有时师傅自身也说不太清，要不断体味才能获得。如艺术中的那种韵味、风格，那种惟妙惟肖、出神入化的艺术表现，把握这些要素要靠个体的悟性、才气、艺术的感觉和老师的不断点拨启发。加之我们许多民族有语言没有文字，遗产的传承主要靠人与人之间的口传心授、口耳相传、言传身教等方式完成。例如，撒拉族是有语言没有文字的民族，800年前撒拉族从中亚一带迁徙到青海东部积石山下、黄河之滨的循化地区，但历史上却没有留下这次迁徙历史的准确文字记载。我们正是通过"骆驼泉传说"这一国家级非遗代表性项目，以口头传说的形式记录了这样一个特殊的历史事件。年轻一代的撒拉族人，也是从父辈那里口口传承而习得的，而我的孩子们也是靠这一方式来了解这一段民族历史。在《公约》里的非遗的五大类别，其中有一个类别是"口头传统和表现形式"，之所以有这样一个类别，实际上是关注到了人类文化遗产的传承中"口头传统和表现形式"的存在及其重要性。所以，这里所说的非遗活态传承不是一句随便的话。正因为非遗中有这些独特的东西，所以遗产的传承更加强调通过人与人之间世代相传的方式完成。《公约》中的每一句话都是总结了遗产的特性和规律的，是经过反复斟酌研究、深思熟虑的成果。我们需要深刻认识非遗"世代相传"这个概念和内涵，不能随意草率地加以否定。联合国教科文组织将原来的组织机构"非物质遗产署"改为"活态遗产署"，这一行为也说明了教科文组织在强化非遗活态性的这个特点。

四、社区和群体适应周围环境

"社区和群体适应周围环境"这一表述认识到了人和环境的关系。这个环境包含自然生态环境和社会环境。人类为了生存，与所处的生存环境进行不断的调适，在不断适应或调适与环境的关系中产生出新的文化表现形式或者是文化样式，这种互动关系就具有一种动态性和活态性特点。自古以来，我们看人类的发展史，由于各种自然灾害、战争或人为因素等，造成民族的迁徙、人口的大迁移，流动到异地。到了一个新的地方和环境里，为了生存首先就需要调适和适应这个环境，在安居的同时产生新的生产生活方式，创造出新的文化样式。撒拉族从中亚迁到青海，产生了"骆驼泉传说""撒拉

图 1-9　撒拉族刺绣（韩仲伯提供）

花儿""撒拉族刺绣""撒拉族建筑"等文化样式，还有撒拉族的婚俗、民居、语言、宗教建筑等领域都受到了周边回、汉、藏等民族文化的影响。像"骆驼泉传说""撒拉族花儿"以及汉式传统建筑风格的清真寺等，完全是撒拉族到了青海循化这个地方，受到中原文化影响后形成的。我曾经两次考察过撒拉族先民迁徙的中亚撒马尔罕和土库曼斯坦等地，那里是没有这样的文化表现形式的。所以这是撒拉族到了新的环境，在自然与历史的互动中创造出的新的文化样式。

再如，撒拉族语言属于阿尔泰语系突厥语族西匈语支乌古斯语组。撒拉族的祖先所组成的部落，早年生活在今土库曼斯坦东南部。"撒拉族婚礼"中的"堆依奥依纳"这一传统舞蹈形式的名称是撒拉语的音译，意为耍骆驼、舞骆驼。在撒拉族的母语——土库曼语和撒拉语中，对于骆驼和婚礼的叫法是不同的。而土库曼语和撒拉语中，

"骆驼"一词的发音和含义是完全一致的，撒拉语中叫
"dye"（堆依），土库曼语中也叫"dye"。从中可以看出，
"dye"一词正是古突厥语对"骆驼"的称谓，在这些属
于突厥语族的民族语言中都得到了保留。现在唯一不同
的是对"婚礼"一词的称呼，在土库曼斯坦的撒鲁尔部
落语言中婚礼叫作"托奥依"（toi），而在今天的撒拉语
中已经没有与之对应的相同词汇，仍然叫作与"堆依奥
依纳"舞名近似的"堆依比特巴"。"托奥依"与"堆依
比特巴"这两词之间并没有任何词源上的联系，读音也
是完全不同的，可见，撒拉语中已经失去了母语的这一
词汇，这是在迁徙后800多年中发生在语言上的一种变化。[1]
与此同时，舞蹈中对于"骆驼"的装饰是用两件大皮袄

图 1-10　撒拉族传
统中式清真寺建筑
（马国忠提供）

1　马盛德：《西北地区信奉伊斯兰教民族婚俗舞蹈研究》，中华书局，2017 年版，
　　第 8—9 页。

图1-11 骆驼舞
（韩立军提供）

做成的，表演时把皮袄毛外翻，效果近似于汉族"狮子舞"的装饰。这些案例也从一个侧面印证了文化的发展规律。

五、与自然和历史的互动中，被不断地再创造

人类在与自然环境调适的同时，又在自然与历史的互动中进行着新的创造。每一种文化表现形式和文化样式的产生，都体现了人类的一种创造力，从而也有力地证明了人类是有创造精神和创造能力的。这是《公约》对遗产规律的一个总结，也是《公约》中非常重要的一个理念。人类区别于其他物种的重要一点也在于人类是具有创造力的。人类既可以仰望星空，产生出许多幻想、想象、梦想、理想的东西，又可以脚踏实地去实现这些想象和梦想，实现追求的理想。这是人与其他物种有所

不同的重要之处。如，我们今天说的"嫦娥奔月""飞天"的故事，都是古代的神话传说，是古人的一种想象和理想化的心愿。人类经过了漫长的发展历程，在今天实现了这一想象，有了飞机可以自由地在天上翱翔，创造了航天器，创造了宇宙飞船，更实现了登月。人类在遥远的年代仰望星空的理想与梦想，经过不懈努力和执着追求，得以实现。人类经历了漫长的文明进程，从采集、狩猎、游牧、农耕到工业文明，不同时期出现的许许多多发明创造与丰富多彩的文化表现形式，无不体现出了人类丰富的想象力和创造力。证明了人的主观能动性和创造力是无穷无尽的。这是一个规律性的总结。

有一个现象值得我们关注，在我国航天事业中，"祝融号""嫦娥五号""玉兔号""天宫一号"等这些最尖端科技产品、空间站的命名都出自中华文明里的远古神话。例如，祝融在中国传统文化中被尊为最早的火神，我国首辆火星车命名为"祝融"，寓意点燃我国星际探测的火种，指引人类对浩瀚星空、宇宙未知的接续探索与自我超越。"天宫"在神话传说中是天帝的宫殿，将空间站命名为"天宫"也是最恰当不过的了。这些命名非常精准地再现了我们古人在神话传说中对于天空和宇宙的一种向往与探索。它们都是存在于我们民间文学典籍里的故事，并且一直在活态传承。我们并没有使用"雅典娜""阿波罗""宙斯"这样的名字，而是从本民族远古神话中寻找灵感，这正是中国优秀传统文化在今天的延续与新生。这些令人印象深刻的"中国名字"获得了全球的瞩目。

在这里我们还需要关注一下"不断地再创造"这个表述。《公约》里的"再创造"是一个重要概念。非遗的载体是人，社区群体或个人在适应生活环境的过程中，不断地对遗产进行"再创造"，这是文化发展当中的一个基本规律。"再创造"概念要关注的是这个"再"字，在中文语境里的"再"字，不是一个凭空创造，推倒重来的含义，而是一个在原有的或已有的文化基础上进行一种新的创造，给遗存的文化赋予一个新的生命的行为方式。我们有句话叫"一而再，再而三"，这个"再"的行为是在"一"的基础之上进行和完成的，这是一个重要的认识问题。

在我们的戏曲艺术中有一个重要概念叫"二度创作"，其中的重要方面是针对戏曲表演艺术的实践活动而言的。戏曲演员在舞台上表演时可以根据剧情的发展和情绪的变化进行即兴发挥，进行"二度创作"。这样的行为不一定与事先练习时导演所设定的动作、节奏、情绪等完全一致。一些极具天赋和表演功力的艺术家，在舞台上表演时能够对人物角色、心理情绪有所把握，并将自身完全投入于角色当中，随着剧情的发展，临场进行即兴发挥，显示出超凡的才能。经过他们个性化的表演和独具匠心的"二度创作"，在一些艺术的呈现上往往能够收到与常态化状态下完全不同的、意料之外的，又与剧情和人物情绪发展浑然一体的最佳效果。这样的灵感状态一旦闪现，被同行高度认可，得到普遍赞誉，甚至最终成为一个行当、一个剧目中的经典范式，成为艺术家独特的表演风格。这种"二度创作"的设置给富有才华的表演者提供了一个在舞台上进行艺术的再创造的自由空间，从而也大大提升和增强了艺术的表现力与感染力，这也恰恰体现了表演艺术这一文化表现形式的魅力和活态文化的独特性。

梅兰芳大师是戏曲表演中大胆创新，不断进行再创造的典范人物。我们以梅兰芳先生表演的京剧《贵妃醉酒》为例。[1]《贵妃醉酒》又名《百花亭》，源于乾隆时期地方戏《醉杨妃》，是传统京剧剧目。其剧情讲述了杨贵妃与唐明皇相约百花亭饮酒，贵妃按约欣然赴宴，结果太监报唐明皇已转驾别宫，杨贵妃听后借酒消愁，独自回宫的情景。其细致表现了杨贵妃由期盼到失望，再到怨恨的复杂心绪。梅兰芳对这部传统剧目进行了多方面的改革创新，对众多程式化动作进行继承和发展。在传统剧目中，杨玉环一角原是由花旦踩跷表演，梅先生改以花衫行当的演法，不踩跷。梅先生又将"下腰""卧鱼""醉步""扇舞""袖舞"巧妙运用到表演之中，使程式化的表演尽量接近生活或具有生活依据。例如将"卧鱼"动作与贵妃嗅花的情节联系在一

---

1 该段文字参考了秦华生、刘祯：《梅兰芳艺术的传承与发展 —— 梅兰芳先生暨梅派艺术传承与发展研讨会文集》，知识产权出版社，2019 年版，第 50—61 页。

起，这样使"卧鱼"有了生活内容，并补足了"闭月羞花"的暗示。在传统表演中，跑龙套、宫女等配角多是作为活道具来使用的，他们常面部毫无表情，动作较机械。梅先生在表演杨贵妃醉酒险些跌倒时，加入了宫女想去搀扶，贵妃摇头，示意她们不必搀扶的生活化细节，使得整个表演显得自然、真实，又合理。

梅先生在介绍自己的表演经验时曾说："有的朋友看了我好多次《醉酒》和《宇宙锋》，说我喜欢改身段，其实我哪里是诚心想改呢，唱到哪儿，临时发生一种理解，不自觉地就会有了变化。"[1]这说明梅先生在戏曲中的"二度创作"，不是盲目、生硬的创新，而是在表演的情景中，细细揣摩、理解所扮演角色的心境之后，不自觉地进行的新创作。

再如，20世纪50年代初，梅兰芳和俞振飞演出的《断桥》给人留下深刻印象。一次俞振飞扮演的许仙正跪在梅兰芳先生扮演的白娘子面前，请求她饶恕。当梅先生用手戳许仙"这个冤家"的额头时，这突如其来的狠狠一戳令俞先生身子向后一仰，险些跌倒。梅先生见状赶紧伸手去扶，等扶住了，又立马想到白娘子此刻不应该如此怜惜眼前这个负心人，于是，又置气地伸手将他向外一推。这里的"一戳、一扶、一推"等动作，完全是即兴的补救和发挥，居然化腐朽为神奇，将白娘子对许仙又恨又爱的情绪表现得入木三分，成就了一段让后人争相模仿的经典表演。这一系列动作后来成为《断桥》中的一个经典的身段用来表现人物关系。从这段经历就能看出，在具体的表演过程中，梅先生没有拘泥于程式化的表演，而是切实、全情地融入表演之中，将体验和表现相结合，根据剧情需要适度进行"二度创作"。这种创造性的继承，也是中国戏曲表演艺术中非常重要的能力和精神。[2]

1　该段文字参考了秦华生、刘祯：《梅兰芳艺术的传承与发展——梅兰芳先生暨梅派艺术传承与发展研讨会文集》，知识产权出版社，2019年版，第59页。

2　该段文字参考了文化部文学艺术研究院戏曲研究所：《戏曲研究　第2辑》，吉林人民出版社，1980年版，第14—15页。

我们许多传统的经典剧目就是靠一代代、一批批这样的天才艺术家们在自己长期的艺术实践中不断地体悟，进行再创造，从而极大地丰富了艺术的内涵，增强了艺术的表现力，最终成就了精品力作的产生。"二度创作"是艺术实践活动中的重要规律，在音乐、舞蹈、曲艺及口头传统等文化表现形式中都有着不同程度的表现。其实这在我们传统美术、传统技艺等其他非遗门类里也有着同样的表现。很多有才华的徒弟们，在后来技艺的传承实践中有着很多的再创造，使得技艺更加完善，远远超过了自己的师长们，这种后来者居上的现象比比皆是。在这些艺术成就和文化规律的背后，恰恰体现的是人在文化上的一种创造力。

人类在社会历史进程中，通过不断的探索实践，展现出多样化的文化创造和再创造。这种再创造的方式和成果，最终为相关的社区、群体提供了认同感和归属感，提供了一种新的身份和文化的延续性，进而提升对文化多样性和人类创造力的尊重。这也是人类进行文化再创造所具有的根本动力。这样的行为已经成为整个人类生存和社会实践中的一个普遍现象与普遍规律，极大地丰富了世界文化的多样性，增强了对人类创造力的尊重。所以，创造力是人类社会中最为珍贵和最有价值的东西。如果失去了创造力，那么人类的生活一定是很单调、乏味的。因此，我们认为，文化的再创造是推动社会进步的重要力量。

六、关于《公约》中的"三个符合"

对于《公约》的理解，我们不能忽略了这样一段表述："在本公约中，只考虑符合现有的国际人权文件，各社区、群体和个人之间相互尊重的需要和顺应可持续发展的非物质文化遗产。"（为了便于理解和阐述，本文将上述概念称为"三个符合"）这一表述意味着我们的非遗保护是要有一定的选择性的，也就是说，不是所有的非遗都需要或者说都值得保护。遗产项目必须符合以上三个方面的要求才是值得被保护的。所以我们在非遗调查的时候，首先要对保护的遗产项目本身有一个确认，即这个遗产项目价值要符合现有国际人权文件，符合各社区、群体和个人之间相互尊重的需要，符合顺应可持续发展的需要。

1. 符合现有的国际人权文件

现有的国际人权文件，包括 9 个核心人权条约，即《消除一切形式种族歧视国际公约》《经济、社会、文化权利国际公约》《公民权利和政治权利国际公约》《消除对妇女一切形式歧视公约》《禁止酷刑和其他残忍、不人道或有辱人格的待遇或处罚公约》《儿童权利公约》《保护所有移徙工人及其家庭成员权利国际公约》《残疾人权利公约》《保护所有人免遭强迫失踪国际公约》。其中，《经济、社会、文化权利国际公约》《公民权利和政治权利国际公约》与《世界人权宣言》合并在一起，称为"国际人权宪章"。以上这些国际文件被形容为联合国人权"条约体系"，为保护和增进人权规定了国际标准和国际法则。这是遗产保护要遵守和持有的基本原则与精神。例如，在人类历史上的进程中，世界各地曾经出现的买卖奴隶、贩卖人口、压迫剥削等这些旧秩序、旧制度以及牺牲人的猎头祭祀等一些旧风俗，都是违反现有国际人权和当代价值的犯罪行为，是对人类生命的践踏和残害，这些行为与现有人权文件的基本精神完全是背道而驰的。在这个意义上，我们说 19 世纪的废奴运动是整个人类社会发展史上一个伟大的里程碑，也是人类社会走向平等、自由、进步的重要标志。所以说，今天无论是人类世界的发展还是非遗的保护，首先要符合现有国际人权文件精神，适应现代人类社会发展的基本要求。

2. 符合各社区、群体和个人之间相互尊重的需要

被保护的遗产项目不能有歧视性的内容和行为，比如国家歧视、地区歧视、民族歧视、性别歧视和个人歧视等。这一基本原则不仅是联合国教科文组织在文化遗产保护中所要秉持和坚守的原则，也是其他一些国际组织一贯坚守的原则。如国际奥委会组织的章程明确规定，在体育赛事中不得有国家

歧视、民族歧视、性别歧视和个人歧视的色彩。奥运会是当今世界一个具有全人类意义的国际体育运动盛会，也是一个以体育竞技来展现全世界各民族和平共处、共同发展的行为，彰显了奥林匹克运动在捍卫人类和平、友谊、团结这一崇高理想方面的精神和力量。我们在国际性的体育赛事中需要增强相互尊重的意识，同样，在国家、地区和民族的文化交流中更是要提高相互尊重的意识。2019 年 3 月 6 日，联合国教科文组织谴责了比利时阿尔斯特狂欢节上的种族主义和反犹太主义事件，同年 12 月，委员会决定将其移出"人类非物质文化遗产代表作名录"。这种仇恨表现和种族歧视的不雅刻画违背了联合国教科文组织所倡导的尊严价值观，作为反例很好地证明了非遗是尊重所有符合现有国际人权价值观文化的。如果联合国教科文组织在面对人类非遗代表作项目中出现的种族歧视或性别歧视等行为视而不见、毫无措施，那么人们就会对联合国教科文组织建立"代表作名录"机制的动机和推动非遗保护工作的最终目的产生动摇，导致非遗保护工作的理念和导向受到质疑。随着非遗保护工作的不断深入和对《公约》内涵的不断理解，我们越来越深刻地认识和体会到，在《公约》中为何多处出现"尊重"二字，并且反复强调遗产保护要尊重社区、群体、个人及相关利益方意愿和基本权益的深刻含义与深层内因。

3. 符合顺应可持续发展的需要

在非遗保护中不论其本体价值，以为越古老越值钱、越稀少越值钱的遗产价值观是不正确的。物品的古老与稀有并不是我们要强调的内容，传承的久远、强盛的生命力才是遗产的伟大之处。古老悠久的遗产要符合当代社会和人的可持续发展的需要，这样的遗产才是《公约》所提倡的。所以，我们保护的遗产项目不是越古老越好，而是古老传统的遗产要与我们当下人类社会的可持续发展有所关联。这些遗产的保护要对我们当今的人类社会、地区经济的发展与提高民众的福祉发挥积极作用。尤其非遗在增进人与人之间的相互了解、相互尊重等方面具有重要价值。这是我们保护和认识遗产的重要理念，而不是一味地为保护而保护，甚至让遗产保护成为我们当代人的包袱以及社会发展的消极因素。联合国教科文组织《37C/4：2014—2021年中期战略》中将"促进创造力和文化表现形式多样性"作为核心战略之一。其表明"经济不平等、社会排斥、对各种资源不可持续的利用以及争夺稀缺资源的冲突，是我们当今全球化世界的主要挑战。创造力包括文化表现形式和创新在知识社会中的变革力量，它有助于产生富有想象力和更好的发展成果。利用创新资产可以有效促使全球化成为一股更加积极的力量，造福全世界今世后代所有人民。因此，创造力对于促进和平与可持续发展至关重要"。[1] 其进一步明确了非遗的重要作用，表明"非物质文化遗产在不断被创造和再创造。将充分发掘2003年《保护非物质文化遗产公约》作为强大工具的潜力，用以提高各社区的社会和文化福祉。采取创新且在文化上适宜的措施应对可持续发展的各种挑战"。[2] 因此，《公约》中所倡导的"三个符合"实际上涵盖了一种递进关系，联合国教科文组织推动非遗保护的关键核心就是解决人的问题，包括以人权为核心的个人的发展、以相互尊重为核心的人与社会的关系、以可持续发展为核心的人与自然的关系。旨在通过非遗所体现的人类创造力和文化的多样性以及现有的实践模式，为当下人类生存和发展所面临的挑战提供经验借鉴。

所以，只有符合以上这些要求的非遗才是《公约》所提倡保护的范围，这也是非遗保护的基本原则。联合国教科文组织将非遗名录称为"人类非物质文化遗产代表作"，而我国的《非遗法》对我国国内的非遗名录表述为"国家级非物质文化遗产代表性项目"。"代表作"和"代表性"的概念非常关键，它强调了遗产保护的主要原则和保护的边界。对于我们国家来说，不是所有的传统文化都能成为非遗保护对象。我们的传统文化概念非常宽泛，

---

1 教科文组织：《37C/4：2014—2021年中期战略》，法国：联合国教育、科学及文化组织出版，2014年版，第25—26页。

2 教科文组织：《37C/4：2014—2021年中期战略》，法国：联合国教育、科学及文化组织出版，2014年版，第26页。

在中国的历史上曾经有裹小脚、留长辫子、抽大烟、打麻将赌博等习俗。我们还有一些少数民族的历史发展从原始社会直接跨到社会主义社会，这一现象被学界称为"直过民族"和"一步跨千年"社会现象。自然在这些民族和一些地区的传统文化中还有一些旧俗和旧时代的陋习。如西南地区历史上盛行的"猎人头祭木鼓"等，这些习俗无论是在内容和形式上，都与今天的时代和人类社会的发展进步完全不相适应，甚至是背道而驰的。这些传统文化表现形式虽然也是属于大的传统文化范畴，但它们不是民族传统文化中的优秀部分，自然也是不值得被保护和弘扬的。所以传统文化中的"优秀"二字非常关键，我们的非遗保护的一定是优秀的传统文化。

我们国家一直强调的是弘扬中华"优秀"传统文化，这一点跟一般意义上的传统文化概念是有严格区别的。我们保护的非遗要有利于增强中华民族的文化认同感、增强民族自信心和凝聚力，有利于维护国家统一和民族团结，有利于促进社会和谐与可持续发展，促进社会主义精神文明建设。保护和弘扬优秀传统文化，与生物多样性领域中的"代表性物种"的保护、联合国教科文组织非遗名录中的"代表作名录"以及我国《非遗法》中"代表性项目"的保护，这些表述在保护理念、保护宗旨与保护目标上都是异曲同工、一脉相承的，其含义与目的是完全一致的。

　　非遗是世代相传、历史遗留下来的，具有活态传承的特征；非遗具有一定的文化表现形式或载体，我们是通过一定的载体来实现保护目的的。如语言是非遗的重要范畴，但是单纯的语言是很难保护的。语言要依存于一定的使用语境，一旦失去或脱离一定的使用语境就会走向式微或逐渐消亡的境地。非遗中的语言保护是通过一定的载体来实现的，比如说用民族语言或地方方言来讲故事、唱歌、唱戏、说书等形式，通过保护这种载体达到保护语言的效果。所以我们鼓励少数民族地区和各地方言区，要用民族语言和地方方言来开展非遗的传承传播活动。如在《格萨（斯）尔》史诗的传播区域，要用当地民族语言和说唱风格进行传承传播；戏曲艺术要用当地民族语言、地方方言和表演传统进行展演；民歌要保持当地民族语言、地方方言和民族音乐风格特点；曲艺类的说唱艺术要以当地民族语言和地方方言进行表演活动（如苏州评弹保持苏州方言演唱）。

　　人们在欣赏不同艺术形式的同时，也强化了对民族语言和地方方言的认识，从而达到保护语言的目的。2017年"文化和自然遗产日"期间，我在"上海大世界"看到了一位女中学生用上海方言说书，她的表演生动、活泼、可爱，很有感染力，赢得了在场观众的阵阵掌声。值得一提的是，2022年1月上演的电影《爱情神话》，影片自始至终都用上海方言对话。这样的方法不仅使电影作品内容更加接地气，突出了人物的鲜明个性，增强了角色的表现力，而且从非遗保护的视角来看，也有力地宣传了方言作为一种地域文化的独特性和丰富性，增强了地方方言的影响力和认知度，对传统语言艺术的现代传播与传承起到了很好的推动作用。这样的做法我们应当是大力鼓励和提倡的。电影《爱情神话》对于地域文化中语言的传承传播来说是一个有益的探索，对我们开展语言类的遗产保护具有借鉴意义。

非遗是人的一种生活方式，从古至今是这样的，这一主要特征我们是要反复强调的。非遗因人类生产生活的需求而产生，也因其变化而变化，发展而发展。例如古琴艺术，考古发现和文献记载都证明其历史至今已有 3000 多年。在古代社会，古琴是文人、士大夫阶层的艺术。今天，具有悠久历史的古琴艺术仍然在中华大地传承，并没有消失。据统计，现在全国学习古琴艺术的人有 70 多万，这在 20 年前是难以想象的。在国家层面全面开展非遗保护工作以来，学习古琴的人主要是高校师生、白领人士、公务员等。随着传承传播力度的加大，古老的占琴回归当代，成为今天人们艺术生活的一种方式。

第一节　活态性

据清华大学美术学院著名教授常沙娜[1]先生考证，"intangible"（非物质）一词在英文、法文中有"不可触摸"之含义。"in"在英文里就有否定、排除的含义，所以称为"非物质"。物是可以触摸的，非物质是不可触摸的。比如说二十四节气，或者是传承人身上掌握的各种高超的技艺都是不可触摸的，是无形。在日本、韩国把这个"非物质"称为"无形文化"，这也是相对于"物质遗产"而言。物质是有形的，长城、故宫等物质遗产是可以看得见的、摸得着的。非物质是无形的，那么这种遗产技艺是如何存在的？它

1　敦煌守护者常书鸿之女，曾随父在法国生活多年，20 世纪 50 年代参与了北京人民大会堂等十大建筑的设计，是人民大会堂宴会厅的顶部、室内装饰，民族文化宫的装饰的主要设计者，是非遗传统工艺方面的重要专家。

又是如何传承的呢？它的存在方式是通过个体、群体和民族在长期社会历史发展中积累的实践经验，转化为人的一种知识系统，最终形成了一种文化记忆、文化留存和思维方式。我们中医的望、闻、问、切，还有许多无法用文字表达的艺术，抑或是师傅的记忆、经验与知识体系等，都需要人跟着前辈通过手把手、口传心授的方式学习，才能获得。因此，"经验、知识、技艺"成为传承的核心要素。所以，我们的非遗通常是人的一种知识与实践的经验积累。国内刚开始开展非遗保护的时候好多人都不太理解，尤其 2003 年我们申报古琴艺术为"人类非物质文化遗产代表作名录"的时候，很多人就会说你们为什么把古琴叫作非物质呢？明明是物质嘛！古琴是物质，但是我们申报保护的是古琴艺术，不仅仅是古琴乐器本身。古琴艺术就包含了古琴的制作技艺、演奏技艺、传统的记谱方式、演奏的仪式和相应的环境营造，以及音乐和人产生的那种情感交流、审美愉悦，这是古琴艺术的非物质文化。

一、让古琴醒来

2019 年的"文化和自然遗产日"期间，中国艺术研究院由田青先生主持的昆曲古琴研究会搞了一个活动，取名为"枯木龙吟 —— 让古琴醒来"。我觉得这个活动名称非常有意思，最核心的就是"醒"字。这次的古琴雅集上，演奏家用了一把中国艺术研究院收藏的唐琴。在本次活动以前，这把古琴一直存放在中国艺术研究院的乐器陈列室里（中国艺术研究院收藏有 90 多把唐宋以来的古琴），用玻璃罩保护起来。这次演奏的这把唐琴，因琴身刻着"枯木龙吟"四个字而得名。"枯木"是指一般的木材，也是指古琴，但它不是一般意义的枯木。"龙吟"，能发出美妙的声音，隐喻这把古琴能够发出龙吟一般的声音。之所以称它为"龙吟"，是因为古琴艺术在古代是雅乐体系。在古代社会崇尚的"琴棋书画"的生活中，古琴名居首位。在古代，古琴被人们誉为"圣人之乐"，具有很高的地位，它发出的声音象征着中华之声。所以这次的活动也是借助"枯木龙吟"的含义取名为"让古琴醒来"，它让我们当代人感受到了千年古琴的声音和古代高雅音乐的魅力，使得千年的古

图2-1　"枯木龙吟"琴·唐（正面）　　　图2-2　琴身背面刻有"枯木龙吟"四个字

（通长 121.6 厘米　肩宽 19 厘米　尾宽 13.7 厘米，现藏于中国艺术研究院）

琴获得新生。这个"醒"字有两个层面的含义，一是指乐器本身从物质层面来说需要不断演奏、发声，演奏家要不断与琴进行磨合，才能使琴声呈现出最好的状态和效果，实际上这样做也有利于古琴乐器本身的保护。只有让乐器"醒"了，才能使音乐艺术得以呈现。琴不发声等于死去一般，对活态遗产进行不断的维护是一种保护方式。人们将这一做法称为"使用性保护"。另一个层面是指古琴艺术，因为这个古琴不是一般意义的物体，它是有生命的，是活态的非遗。它的生命需要人来唤醒，使它能够发出美妙的声音，人不演奏就唤醒不了。另外，这个"醒"的相反面是"睡"。如果没有人弹琴，一直用玻璃罩子罩着，那它就是一个乐器，永远"沉睡"在陈列室里。只有让乐器"醒"了，成为"活"的状态，才能使我们感受到音乐艺术的美妙。

　　一千多年前的唐琴在今天得以被高超技艺的当代琴家重新演奏，使我们能够与古人进行一次跨时空的对话和交流，这种意义是不一样的。这次的古

琴演奏会产生了很大的反响，我觉得最核心一个因素就是在这个"醒"字上。它抓住了非遗保护"活态性"的根本。这次的活动对我们进一步理解在以"物"为主要载体的"非物质文化遗产"的保护实践方面有着重要的启示意义和参考价值。它给了我们一个常识性的提示，有时候即便是很好的房子，但总是不住人，不被使用，再好的房子也是会坏的。住人就没问题，人养着房子，这房子就有了人气。这实际上是一个非常简单的道理。那么我们悲观一点讲，假如说由于各种不可抗拒的因素，我们有一天没有保护好这些珍贵的古琴，但是只要有高超技艺的人在，琴家和琴师在，古琴艺术就不会因为这些珍贵乐器的消失而消失。只要这些人在，古琴文化的生命力是可以延续的。这也是我们要在非遗保护中反复强调"人"是最核心、最关键因素的原因。

图 2-3　琴家使用"枯木龙吟"琴演奏（刘晓辉提供）

图 2-4 沧源县翁丁佤族村（张家翰提供）

二、云南翁丁佤族老寨

2021 年 2 月，云南翁丁佤族老寨发生了火灾，损失惨重。翁丁佤族老寨是佤族文化的原生地，是佤族文化的活态博物馆，也是中国部落文化最后的活体，被列入"中国传统村落名录"。我曾经去过这个地方，古村落失火是很大的损失，我们很痛心。但好在这里有两项国家级非遗代表性项目的传习点，一是佤族创始神话"司岗里传说"，二是佤族的"木鼓舞"。佤族没有文字，神话传说是他们历史文化传承的主要方式。比较幸运的是这次火灾没有造成人员伤亡，我们的非遗传承人都安然无恙。这样佤族的这两个国家级非遗代表性项目和其他非遗就可以得到传承。因为只要传承人还在，佤族的非遗就不会被中断。有句话说得好，"留得青山在，不怕没柴烧"，非遗里要留的这个"青山"就是传承人，是拥有高超技艺的传承人与相关的传承群体。只要他们还在，技艺就可以传下去，文化就不会被中断。所以，非遗的保护核心是"人"，是人的"技艺和知识"，而不是"物"。

图 2-5　沧源县翁丁佤族村（张家翰提供）

　　活态包含着两层含义，首先，是世代延续并能够可持续发展。也就是说非遗不仅是从过去到现在，而且要从现在到未来。如今所有在册的非遗，都是从历史中发展到现在的，是世代相传具有历时性维度的。且非遗不是建筑这样的物质文化遗产，不是凝固的而是不断发展变化的。它是人类的一种生活方式，能够在生活实践中被再创造，并赋予新的内容和内涵，因此是具有当下性的。但值得注意的是，非遗不仅要活在当下，还要活在未来，能够顺应时代不断发展。非遗保护要注重遗产项目的存续力，通过传承和再创造，使之符合现代社会需求，为其文化主体提供持续的认同感和自豪感。其次，相对景观、建筑这样固态的遗产而言，非遗是鲜活的，因此是可以流动、共享的，这是活态的第二层含义。诸如泰山、长城这样的物质遗产，想要欣赏、

图 2-6　图 2-7
佤族"木鼓舞"（张
家翰提供）

感受只能去其所在地，但非遗不是这样，比如散落四海的华人同一时间过春
节、大家听同一首音乐，都是跨区域的共享。这就是因为非遗打破了行政区
划的界线，是人类所共有的，具有流动性，自然是可以被同时共享的。

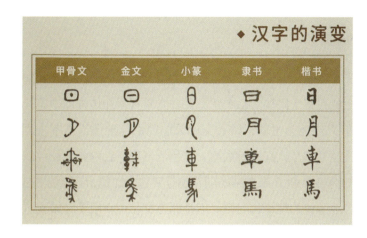

图 2-8　汉字的演变

第二节　流变性

非遗具有活态流变性和恒定性的规律，是被不断地再创造的，不是一成不变的。我们可以从以下几个案例中探寻非遗的活态流变性与恒定性特点。

一、汉字的演变

字体：甲骨文、金文（青铜器上的铭文）、篆文、隶书、草书、行书、楷书、印刷体；

载体材质：甲骨、兽骨、石头、青铜器、竹、木、皮、树叶、帛、绢、纸、电脑等；

书写工具：刀、竹、木、毛笔、粉笔、铅笔、钢笔、打字机、电脑等。

我们从以上的例子可以清晰地看出，中国的汉字和书法艺术在几千年的历史进程中，字体、载体的材质和书写工具都发生了很大的变化，不变的是象形字、指事字、会意字等字意、字形之基因。虽然我们今天用现代化的手机、电脑等高科技产品进行书写，但是中国的汉字自甲骨文至今从未中断，一直是我们使用的记录表达信息的方式和工具。汉字与现代科技、现代生活的融合是最成功的案例。这是值得我们其他文化领域认真思考和借鉴的。

二、婚葬习俗的演变

婚葬仪式和节庆活动是我们人类社会生活中的重要内容。尤其是婚礼和葬礼，是人生中的大礼，每个民族、每个家庭都非常重视。在传统的中国社会，婚礼的举行一般以红色为主调，婚礼上如果出现白色被认为是不吉利的。所以我们的传统婚礼都是大红表示大喜，红色的灯笼、红双喜、红色旗袍、红色头巾、红色的鞋袜，就是亲友结婚随礼也是要包个红包，不能是"白包"。这早已成为约定俗成的规矩和习俗。但是西方文化中新娘子在婚礼这天穿上白色的婚纱，象征着像天使一样的美丽纯洁、干净漂亮。所以，在21世纪现代化进程中，中国人的传统观念也发生了变化。在婚礼迎宾的时候穿上婚纱和西装，之后在敬茶敬酒的时候又换成旗袍和中式服装待客。这样喜庆祥和的婚礼仪式使人们同样感受到了美满幸福的氛围。

现代化进程同样影响着民族传统丧葬习俗。以撒拉族的丧葬礼俗为例。在撒拉族地区葬礼是最为隆重的仪式，撒拉族民间有"可以不参加婚礼，不能不参加葬礼"的说法。可见这一礼俗在撒拉族社会中的重要程度。在我记事的年纪里，参加葬礼的时候在墓地，主人家为了答谢前来送葬的人们，都要给大家分一些食物，如盐、茶叶是最为常见之物。早期一般是青盐为主，因为盐在那个时期是每家人的必需品，属于紧俏物资。小时候我们用帽子或手绢将分得的青盐拿回家。后来葬礼上送的盐被茶叶替代了，因为茶叶成为社会生活的主要需求。主人家将砖茶（也称"茯茶"）粉碎，装进麻袋里，用双手抓起散状的茶叶分给参加葬礼的年轻人们。给年长一些的人的茶叶稍微有一些区别，一般把一包砖茶切成四等份分送。而如今，撒拉族地区的葬礼仪式上答谢物品完全以纸币代替。主人家直接以现金来答谢所有参加葬礼仪式的人们，根据不同的年龄分给不同数目的现金。半个多世纪以来撒拉族地区丧葬仪式上的答谢物品由早期的青盐转变为砖茶，由砖茶又变成今天的现金，形式变得越来越简便、实用。虽然丧葬仪式的答谢之物不断发生着变化，但人们对逝者的祈福和哀悼之心、对亡者家人的抚慰之情依旧保持

图 2-9 西北回族现代婚礼

图 2-10 维吾尔族农村新式婚礼

不变。从这些传统婚丧习俗的变化，我们可以感受到民族的传统文化与所处的时代和社会发展的密切关系。

三、春节拜年习俗的演变

春节的拜年习俗也在随着时间发生演变。春节回不了家就用信息拜年、电话拜年、微信视频拜年等。2010年中国的春节和西方的情人节是同一天，当时就有机构进行调查，研究年轻一代是陪家人一起过除夕团聚还是和恋人在咖啡厅、酒吧浪漫。后来发现北京、上海、广东等地的酒吧场所一片萧条，大家都回家过年了。所以对年轻的一代不必这么苛刻，要包容。当他们面临A或B的选择，而没有中间环节时，更能体现他们内心真实的想法。显然，在情人节和春节之间，他们选择了回家和亲人们团聚。

四、文化的流变与本土化

文化的流变与本土化过程也是一个必然的现象。民族迁移，人口流动，不仅促进了文化的交流和相互融合，也改变了一方文化的风貌。如，佛教在中国的传播中，融入了传统文化，最终形成了儒、道、释三足鼎立之势，成为中国传统文化和哲学思想的三大流派；伊斯兰教在中国的传播，与传统儒家文化有机融合，实现了本土化。

民歌在不同民族、不同地域也有发展演变。西北民歌"花儿"，在多种形式的"花儿会"上，9个民族共同用汉语演唱，在音乐艺术上相互吸收，相互融合，形成了文化共享的独特景观；在云南，古老的拉祜族使用的吉他乐器是清代传教士传过去的，现在成为拉祜族重要的音乐表现形式。

新疆哈密维吾尔族刺绣与汉文化有着很深的渊源关系，据记载，清代的时候，哈密王到了北京，受到清朝皇帝的热情接待。哈密王在北京看到苏绣非常喜欢，回哈密的时候，皇帝送了他好多苏绣产品，而且还从江南选了两百个绣娘到哈密，帮助哈密地区的维吾尔族妇女开展刺绣艺术。今天的哈密维吾尔族刺绣艺术，已经申报成为国家级非遗代表性项目。哈密维吾尔族刺

图 2-11　哈密维吾尔族刺绣

绣的核心图案至今仍然保持着"牡丹花"这一主题，明显体现着汉文化的要素。在中华大地里，这样的案例数不胜数。

第三节　共享性

在非遗保护的视野中，"文化共享"是非常重要的理念。《公约》宗旨指出："在地方、国家和国际一级提高对非物质文化遗产及其相互欣赏的重要性的意识（认识）。"这一宗旨提出的"提高对非物质文化遗产及其相互欣赏的重要性的意识"，其核心是"相互欣赏"。这是一个重要理念。

我们从非遗自身发展的规律和特点，以及联合国教科文组织在全球层面推动非遗保护的目的来看，"共享性"是一个重要目的。在这样的理念和主旨下，非遗不强调文化主权，没有排他性，而强调文化共享。所以，在非遗领域没有"商标注册""申请专利""抢注"等之说。按照联合国教科文组织的遗产申报规则，同源共享的遗产，既可以由遗产国单独申报，也可以由遗产共享的国家联合申报。之所以有这样的申报规则要求，是基于非遗所具有的共享性这个特性。前些年在社会上曾经掀起的有关中国端午节与韩国江陵端午祭的遗产申报之争，完全是一些无知的媒体和专家炒作所致。这些人不懂《公约》，不了解联合国教科文组织遗产申报的相关规则，无端制造了社会大众层面的很多误读，引起了不必要的舆论关注，给政府和相关管理部门造成了很多压力。我们申报遗产，保护遗产，最终是让人类分享各国、各民族优秀的文化，从而达到相互了解、相互尊重、消除隔阂、和谐相处的目的。正如费孝通先生倡导的那样"各美其美，美人之美，美美与共，天下大同"。非遗的一个重要功能和目的就是共享，各美其美，美美与共。

一、关于非遗项目的联合申报

动态性和活态流变性是非遗的重要特性。在人类的历史进程中非遗始终伴随着人的实践活动，并在社区群体的各种实践活动中体现着文化的传播、整合、变化规律。因此，它有跨越一个或多个区域界限和广泛流布的特征。联合国教科文组织比较早地关注到了非遗的这一特征，所以在建立申报非遗项目名录的机制中，针对跨越主权国家政治边境共享的非遗，设立了共同申报保护的操作方法。[1] 联合国教科文组织实施《〈保护非物质文化遗产公约〉操作指南》第 13 条指出："如果遗产项目存在于一个以上缔约国领土之上，鼓励相关缔约国联合提交急需保护的非物质文化遗产名录和人类非物质文化遗产代表作名录的多国申报材料。"[2] 这是《公约》中有关共享的遗产项目开展联合申报的明确条款。根据联合国教科文组织官网公布的名录名册项目清单数据统计，自 2001 至 2021 年，联合申报的遗产项目共计 60 项。

早在 2005 年，我国和蒙古国联合申报了"蒙古族长调民歌"为"人类口头和非物质遗产代表作"。"蒙古族长调民歌"是蒙古族先民们的伟大创造，

---

1 该段文字参考了罗微：《文化生态保护区建设的缘起、实践及目标》；文化部非物质文化遗产司：《探索与实践：国家级文化生态保护区建设现场交流会暨专家论坛资料集》，文化艺术出版社，2011 年版。
2 该段文字参考了联合国教科文组织：《保护非物质文化遗产公约》基础文件汇编，外文出版社，2012 年版。

图 2-12　中蒙两国
蒙古族长调民歌中
国境内联合田野调
查启动仪式（斯琴
提供）

图 2-13　中蒙两国
长调民歌保护联合田
野调查（刘杨提供）

是整个蒙古民族的共同遗产。虽然现在有不同地区、国家之分，但这一遗产是蒙古族人民彼此分享和传承的共同遗产，蕴涵着这个民族厚重的历史与鲜明的文化，是这个民族共享的优秀的非物质文化遗产。经过中蒙两国沟通协商，达成了共同申报的意愿和合作协议。2005 年成功将"蒙古族长调民歌"申报为人类口头和非物质遗产代表作，并根据协议对这一遗产开展系统的联合调查、联合保护，实现共同分享。"蒙古族长调民歌"联合申报的成功，使我国在执行《公约》，尤其是在国际层面开展同源共享遗产的联合申报和联合保护方面起到了一定的示范作用。

图 2-14　中蒙两国
联合保护蒙古族长
调民歌学术研讨会
（董小健提供）

2016 年 11 月，在联合国教科文组织保护非物质文化遗产政府间委员会第 11 次常会上，有诸多项目多国联合申报，如"训（训与驯不同，非遗公约公布的是"训"，体现了对动物的尊重）鹰术 —— 一项人类活态遗产"，一共有 19 个国家联合申报。在 2021 年 12 月联合国教科文组织以视频会议方式召开的评审会上，这个遗产的申报国被扩展到 24 个国家。这些国家有：阿联酋、奥地利、比利时、克罗地亚、捷克、法国、德国、匈牙利、爱尔兰、意大利、哈萨克斯坦、韩国、吉尔吉斯斯坦、蒙古、摩洛哥、荷兰、巴基斯坦、波兰、葡萄牙、卡塔尔、沙特阿拉伯、斯洛伐克、西班牙、叙利亚。这个项目由阿联酋为牵头国家，其他包括中亚地区、北高加索地区、阿拉伯地区、蒙古高原、亚洲和欧洲地区的国家，是目前联合申报的遗产项目中所涉国家数量最多的。训鹰术是指训练和放

飞猎鹰等猛禽的传统技艺。它最初是一种捕猎手段，现在则作为娱乐活动和与自然联系的方式融入了社区。如今在80多个国家，各个年龄层的人口都参与训鹰活动。现代训鹰术着重保护猎鹰、猎物和栖息地以及这一传统本身。训鹰术通过师徒关系、家族传授或在俱乐部/学校的正式训练传承。[1] 我国也有很多民族传承这个遗产，如新疆地区的柯尔克孜族、维吾尔族、哈萨克族、塔吉克族以及生活在蒙古高原的蒙古族等。"训鹰术 —— 一项人类活态遗产"，这一遗产项目就像申报书的名称一样，它是一项至今存活的人类遗产，在众多的国家和民族中传承并分享着。24个国家共同申报，充分体现了这一遗

图 2-15　柯尔克孜族训鹰（艾拉提·买买提明提供）

1　资料来源：公众号"非遗中华"：《教科文组织非物质文化遗产名录新增43项内容》，2021年12月21日。

图 2-16　图 2-17
柯尔克孜族训鹰
（苏海龙提供）（该
遗产项目已被列入
2011 年第三批国家
级非遗代表性项目
名录）

产项目广泛的传播度和认知度。

　　2021 年 12 月 13 至 18 日，在联合国教科文组织保护非物质文化遗产政府间委员会在线举行的年度会议上，将 4 项遗产列入联合国教科文组织《急需保护的非物质文化遗产名录》，并将 39 项遗产列入《人类非物质文化遗产代表作名录》。该会议上，除扩展了"训鹰术——一项人类活态遗产"这一遗产项目的申报国外，"阿拉伯书法：知识、技艺和实践""北欧叠板船传统""刚果伦巴"等 3 个遗产项目也成为此次联合申报的优秀案例。

2020 年 12 月，在毛里求斯举行的联合国教科文组织保护非物质文化遗产政府间委员会第 15 次常会上，共评审 57 个国家申报的 50 个非物质文化遗产项目。会议审议通过了 3 个"急需保护的非物质文化遗产名录"项目和 29 个"人类非物质文化遗产代表作名录"项目，并将 3 个项目列入"优秀实践名册"。在这 35 项中就有 14 项是多国联合申报的项目。从 2001 年开始建立申报机制以来，这一年是多国联合申报遗产数量最多的一年。除了中国和马来西亚联合申报的"送王船 —— 有关人与海洋可持续联系的仪式及相关实践"项目以外，还有伊朗、土耳其、阿塞拜疆和乌兹别克斯坦等国联合申报的"细密画"，摩洛哥、阿尔及利亚、毛里塔尼亚、突尼斯等国联合申报的"与古斯米的生产和消费有关的知识、技术和实践"等。

2009 年，阿富汗、阿塞拜疆、阿尔巴尼亚、马其顿、伊朗、印度、哈萨克斯坦、吉尔吉斯斯坦、土耳其和土库曼斯坦等成员国共同提交的"国际诺鲁孜节"的申报，成功列入"代表作名录"。联合国还将 3 月 21 日定为"国际诺鲁孜节"。"诺鲁孜节"是中亚、阿拉伯地区和北高加索一带的国家民间广泛流传的一项世俗性节日。它相当于新年，一到开春就到田间地头举行各种仪式，迎接春天的到来。作为文化遗产团结的象征和多个世纪的传统，"诺鲁孜节"对各国人民建立在相互尊重、和平及睦邻友好的理想基础上的关系发挥着重要作用。2021 年，上海合作组织在北京举行庆祝"国际诺鲁孜节"的活动，俄罗斯、阿塞拜疆等八国大使共庆。

再如，突尼斯、摩洛哥、阿尔及利亚和毛里塔尼亚联合申报的"古斯古斯"。"古斯古斯"被上述国家的民众当作"国菜"，但它不仅仅是美食，更是这些国家历史与文化共同的纽带。这些国家还曾为这一美食到底源自哪里而激烈争执，各国民众都认为自己国家的"古斯古斯"才是最正宗的。然而，饮食文化的魅力是跨越国界的，并不以某一个国家的意志为转移。最终这些国家不再固执己见，而是"抱团取暖"。2019 年，四国一起向联合国教科文组织提出"古斯古斯"的非遗申报，2020 年该遗产项目最终被列入"代表作名录"。联合国教科文组织指出："古斯古斯出现在每个社交或文

图 2-18　2021 年 3 月，俄罗斯、阿塞拜疆等八国驻华大使馆共庆"诺鲁孜节"（李欣提供）

化活动中，是既平凡又特殊的美食。这种美食的平凡之处，在于它是家常菜肴，特殊之处则在于在分享食物的欢乐社群场合中，起到了团结及抚慰人心的作用。"并强调说"古斯古斯是一道具有象征意义、充满凝聚力和节日情绪有关的文化和社会元素的菜肴。上述几个国家，在政治和外交上都存在着这样那样的矛盾，各自的利益诉求迥然不同，但这一回，小小的美食却把他们凝聚起来，使他们携起手来，完成了一次难能可贵的'团结行动'"。[1]此类优秀案例还有中亚、阿拉伯国家联合申报的"烤饼的制作技艺及其文化分享"以及多国联合申报的"拔河"体育项目等。

在人类漫长的历史进程中，很多遗产广泛地相互传播并被人们享用，就像"训鹰术"这一项遗产。根据联合国教科文组织的统计，在全世界 80 多个国家的不同年龄

1　资料来源：黄培昭：《古斯古斯，北非四国共同的"国菜"》，《环球时报》2020 年 12 月 28 日。

层中开展着此项遗产的传承实践活动，足见其传播地域跨度之大、民族之多、时间之久，现在我们很难搞清楚它的准确起源。因为遗产在传播过程中无论是在形式和内容上都发生了深刻的变化，并且早已成为当地民族文化的重要组成部分。

同源的非遗，在传承流变中形成新的不同的特质。我们尊重遗产在适应各自环境中所呈现的特质，在地区间的交流和对话中增进了解、促进对遗产源流及发展方向的深入研究，这是我们保护、弘扬遗产应秉持的正确态度。因此，联合国教科文组织的申报文件中不提倡过多地追溯遗产项目的起源问题，而是更多倡导和重视遗产的分享以及遗产在分享中增进社区间的相互交流、相互尊重方面的重要作用。这也是有意识地避免和淡化人们对遗产的利益纷争，陷入狭隘僵化的观念意识中。

联合申报正是体现了人类的合作精神，人和人、民族与民族、国家与国家之间的合作，最终通过遗产申报、遗产分享带来好的结果。而在后续的联合保护中，更是需要这种合作和契约的精神。这也体现了《公约》宗旨强调的"在地方、国家和国际一级提高对非物质文化遗产及其相互欣赏的重要性的意识（认识）"。遗产项目的联合申报最有力地体现了这样的精神和理念。但无论是联合申报还是单独申报，每一项非遗，都代表了一个国家或者地区的人们共同的生活方式或生活记忆，这种珍贵的文化遗产需要传承，更需要分享。所以，我们要正确理解《公约》所蕴含的丰富内涵。

二、"人类非物质文化遗产代表作"与"世界级非遗"名称的差异

联合国教科文组织的非遗名录为什么不叫世界级非遗？"人类非物质文化遗产代表作"与"世界级非遗"名称的差异是什么？这些概念我们需要澄清。现在无论是非遗管理和研究层面，还是普通民众层面，尤其是在新闻媒体的报道中，都把联合国教科文组织的"人类非物质文化遗产代表作"称为"世界级非遗"。有些地方直接就说拥有"世界级非遗"共多少多少项。由此可见人们对这两个概念有着较大的误解。这两个概念实际上有着本质的区

别，其背后的文化意义和工作目标完全不同。联合国教科文组织的非遗名录有以下三个类别："人类非物质文化遗产代表作名录""急需保护的非物质文化遗产名录"和"优秀实践名册"。在三个名录中没有"世界级"这样的表述。

首先，要强调的一点是，联合国教科文组织非遗名录的申报机制不是一个具有竞争性、竞赛性的机制和平台，与体育运动的竞技性比赛性质完全不同。它跟全运会、亚运会、奥运会，亚洲杯、世界杯、世锦赛完全不是一个概念，所以非遗名录的申报自然就没有冠军、亚军、季军之分。我国在开展非遗项目的展演活动时是不设奖项等级的。以传统舞蹈为例，藏族的锅庄舞、傣族的孔雀舞、朝鲜族的农乐舞、维吾尔族的刀郎舞、塔吉克族的鹰舞、汉族的狮舞和龙舞等，这些舞蹈项目放在一起展演，我们如何评选出一等奖、二等奖、三等奖呢？同样都是舞蹈艺术的表现形式，但风格不同、各具特色，都在各个民族文化中具有典范性和代表性，因而无法以奖项等级形式来区分高低。所以非遗展演活动不分等级，不设创作奖和编导奖。因为这些遗产并不是某个编导个人的创作之物，而是这些民族的先民们在漫长的历史实践中而形成的群体性的创造性产物，是世代相传的珍贵遗产。在这样一个遗产观的统领下，我们对非遗的展演活动坚持一个基本原则，那就是在异地演出和现代舞台化的场景中，对非遗项目进行加工、排演时要做到不"伤筋动骨"，不能进行颠覆性的改变，要保持遗产项目的基本风貌和本质特色。在排演节目署名时，专业的工作人员以项目的排演者身份出现，如排演者×××，没有作品创作和编导这样的冠名。这些做法看似很细小，实际上体现的是对遗产的创造者、持有者和传承者的尊重，也就是对民族文化的尊重。

其次，联合国教科文组织使用"人类非物质文化遗产代表作名录"，用"人类"定义"非遗代表作"而非"世界级"，是站在了全人类文化共享的高度上看待非遗，强调非遗是代表着全人类共性的产物，是具有全人类意义的文化现象和精神追求。所有文化之间都是平等的，不会因为是发达国家的文化就更高级，具有全人类意义的非遗项目之间也没有孰优孰劣之分。文化多样性是人类共同创造、共同分享的。非遗是文化多样性的熔炉，又是可持续发展的保证。"人类非物质文化遗产代表作"等概念的表述，申报机制和平台的建设，以及所追求的最终目标，是把非遗放在一个人类文化的高度，以人类文化的共享、分享为最终目标。这样的视角和高度，完全打破了地区、民族、国家之间的壁垒和界限。它体现了文化的包容性和开放性，体现了不同文化之间的相互尊重、平等、交融互鉴、和谐共处的期望，体现了对提高遗产的可见度、影响力和增强保护意识的心愿。

再次，这也是非遗的特性决定的。非遗可以同时共享，超越时空，物质遗产则很难实现。这是"物质遗产"与"非物质遗产"在保护理念上的重要差异，以及在保护实践中的重要区别。如，我们的"二十四节气"，是超越时空、超越地域、超越民族的共享的遗产；西北的民歌"花儿"，9 个民族共同用汉语演唱，各种形式的"花儿会"成为一大文化景观和文化空间，最典型地体现了文化的共享性。春节、端午节、中秋节、清明节等传统节日和各民族的传统节日、仪式等，都是跨越时空的，在不同的地域、环境里，在同一个时间节点，人们共同分享节日的欢乐，体现了人类在文化上的一种认同感。

"人类非物质文化遗产代表作"从民族的视角转向人类的视角，从民族的高度转向人类的高度，体现了人类命运共同体的特点。最大程度避免和克服了人类在追求利益方面所表现出的狭隘与短视。人类现代生活中的共享，讲究人类的贡献。遗产项目不过分追求其起源与来源。更多地强调遗产项目在社区群体里，尤其是在 16 岁以下年轻一代的群体里所发挥的重要作用，强调其是否符合一种凝聚、和谐、相互尊重的要求。这是我们在认识"世界级非遗"与"人类非物质文化遗产"这两者之间为什么不能等同的重要因素。与此同时，在我国当下社会，尤其是非遗保护领域，"世界级非遗"和"非遗文化"这些概念的正确辨别、区分也成为判断非遗保护工作专业性和非专业性的一个尺度。

最后，我们申报"人类非物质文化遗产代表作"的目的大概体现在以下四个方面。第一，申报工作的开展有利于提高遗产的可见度，让更多的人了解这些遗产，达到分享共享的目的。第二，遗产本身体现了人类文化的多样性和人类的创造力，这一申报机制有利于促进人们尊重文化的多样性。第三，申报国向国际社会庄严宣示对遗产项目保护的责任，并增强保护遗产的自觉性，这是一种庄严的承诺。例如，我国的"黎族纺染织绣技艺"于 2009 年申报为"急需保护的非遗名录"。2020 年我去考察时了解到，其濒危的状况已经大有改善，参与人数过万。我们就在向教科文组织提交的履约报告中表明这一遗产的状况已得到改善，生命力传承有序。这也是我国在国际遗产保护领域履行大国责任，展现大国担当的一种庄严承诺。第四，这一申报工作也有利于开展国际交流，有利于加强国际合作。

三、文化共享的典范 —— 西北民歌"花儿"

"花儿"是一种广泛流传于甘肃、青海、宁夏和新疆等地区的民歌（山歌），2009 年申报为"代表作名录"。这一音乐表现形式是文化共享理念的典范，是人类文化遗产中的珍品。

"花儿"的主要传播区域是在大西北青藏高原与黄土高原的接合部，这里是农耕文明与牧业文明的交汇处，是藏传佛教文化、伊斯兰教文化、儒家文化等多元文化相融合之地。生活在这里的 9 个世居民族共同以汉语演唱着不同民族风格的"花儿"，将各自方言的衬句融进了"花儿"的演唱中。博大精深的汉语像一剂黏合剂，将各民族团结如一的精神，在民歌中体现得淋漓尽致。这是一个非常奇特的文化现象，生动地体现着中华文化多元一体和中华民族共同体意识。"花儿"歌词统一用掺杂了大量地方土语和语言习惯后形成的汉语方言演唱，音乐上受羌、藏、汉、土及回等各民族传统音乐的影响，因歌词中把女性比喻为花朵而得名。

一般认为，"花儿"产生于明代初年（1368 年前后），最初是农业祭祀仪式的一部分，是人与神交往，祈求风调雨顺的一种重要方式。随着社会的发展，"花儿"逐渐从祭祀活动中分化出来，其社会功能也从娱神向娱人转化。由于音乐特点、歌词格律和流传地区的不同，又被分为"河湟花儿""洮岷花儿"和"六盘山花儿"三个大类和传承传播地。"花儿"是覆盖西北地区族群面最多，传播地区最广的艺术形式。其艺术的魅力和强劲的生命力浸润着西北各民族老百姓的文化记忆与心灵底层。

据"花儿"研究专家考证，在中国西北甘肃、青海、宁夏、新疆四省区的汉、回、土、东乡、保安、撒拉、藏、裕固、蒙古等民族聚居区，都有传唱"花儿"的传统，而且至今仍在以活态的方式进行传承。"花儿"是吸吮着众多民族的奶汁成长的花朵，与黄土、黄河、黄皮肤血脉融通，是中华民族珍贵的精神资源，诉说着各民族共同的心灵之声。一种民歌（山歌）有9个民族共同传唱，形成了一个跨地域、跨民族、跨文化的民歌传统。这是一种在人类文化发展传播史上非常罕见的文化现象。不同文化的相互渗透融合，形成了和而不同、风格迥异的民族"花儿"音乐文化的表现形式。"和而不同"铸就了"花儿"特有的亲和力，推动了各地区文化相互交流和民族情感的相互沟通。

人们除了平常在田间劳动、山野放牧和旅途中即兴漫唱之外，每年还要在特定的时间和地点，自发举行规模盛大的民歌竞唱活动——"花儿会"。例如分布在甘、青、宁、新四省区的"莲花山花儿会""松鸣岩花儿会""二郎山花儿会""莲花山花儿会""老爷山花儿会""丹麻山花儿会""瞿昙寺花儿会""六盘山花儿会"等。各种形式的"花儿会"是"花儿"的重要载体，也是各民族相互交流的重要文化空间。来自四面八方的"花儿"爱好者会聚一起，"朝山""听花儿""漫花儿""对唱花儿"，已经成为相关社区内的各族民众自发参与的民俗实践，具有多民族文化交流与情感交融的特殊价值。如青海大通地区的"老爷山花儿会"，于每年农历六月初三至初八举办，以演唱"河湟花儿"为主。内容以爱情生活为主线，涉及了古代及近代先民的商贸、军旅、耕作、狩猎等大量生产生活场景，展现了婚嫁、居室、服饰、饮食、交通、日常生产生活用品、岁时习俗等民风民俗。演唱形式有两种：一是群众性自发演唱。农历六月六，在老爷山密林花丛中，或数

图 2-19　图 2-20
中国青海首届老爷
山花儿会（郭秋芳
提供）

十人或几百人自由唱和，情景交融。二是有组织演唱。由政府文化部门组织
的"老爷山花儿会"是新中国成立后兴起的。演出有固定的演唱场所和舞台，
歌手经过层层选拔，有较高的演唱技巧。演唱形式有独唱、对唱、联唱、打
擂台等。"老爷山花儿会"是大通地区各族人民期盼的一年一度的民间盛会。
在老爷山脚下，同时进行的还有外地商家云集的大型商贸活动，以及地方曲
艺、灯影和外来剧团的演出活动。"老爷山花儿会"期间，游客每天可达
20 万人。大通当地以传统花儿会演唱活动，带动了周边地区的广大民众的

文化娱乐活动，同时也带动和激活了民间经济商贸交易，形成了以"花儿会"为重要载体的独特文化景观和文化生态，成为文化共享的典范。

2006至2014年，"莲花山花儿会""松鸣岩花儿会""二郎山花儿会""老爷山花儿会""丹麻土族花儿会""七里寺花儿会""瞿昙寺花儿会""宁夏回族山花儿"等11种"花儿会"或"花儿"演唱形式相继列入"国家级非遗代表性项目"名录（详见表2-1）。与此同时，共有11位"花儿"歌手被认定为国家级代表性传承人。2011至2015年，中央财政共投入专项资金3001万元人民币用于该遗产项目的后续保护行动。

序号	名称	公布时间	类型	申报地区或单位
1	花儿（莲花山花儿会）	2006（第一批）	新增项目	甘肃省康乐县
2	花儿（松鸣岩花儿会）	2006（第一批）	新增项目	甘肃省和政县
3	花儿（二郎山花儿会）	2006（第一批）	新增项目	甘肃省岷县
4	花儿（老爷山花儿会）	2006（第一批）	新增项目	青海省大通回族土族自治县
5	花儿（丹麻土族花儿会）	2006（第一批）	新增项目	青海省互助土族自治县
6	花儿（瞿昙寺花儿会）	2006（第一批）	新增项目	青海省乐都县
7	花儿（七里寺花儿会）	2006（第一批）	新增项目	青海省民和回族土族自治县
8	花儿（宁夏回族山花儿）	2006（第一批）	新增项目	宁夏回族自治区
9	花儿（新疆花儿）	2008（第二批）	扩展项目	新疆维吾尔自治区昌吉回族自治州
10	花儿（新疆花儿）	2008（第二批）	扩展项目	新疆维吾尔自治区巴音郭楞蒙古自治州
11	花儿（张家川花儿）	2014（第四批）	扩展项目	甘肃省张家川回族自治县

表2-1　入选国家级非遗代表性项目名录的"花儿"

2009 年，"花儿"成功入选联合国教科文组织"人类非物质文化遗产代表作名录"。其当选理由为（节选）：

> "花儿"产生于明代初年（公元 1368 年前后），是流传在中国西北部甘、青、宁、新四省（区）的汉、回、藏、东乡、保安、撒拉、土、裕固、蒙古等民族中共创共享的民歌。因歌词中把女性比喻为花朵而得名。它用汉语演唱，音乐上受羌、藏、汉、土以及回各民族传统音乐的影响。由于音乐特点、歌词格律和流传地的不同，花儿被分为"河湟花儿""洮岷花儿"和"六盘山花儿"三个大类。人们除了平常在田间劳动、山野放牧和旅途中即兴漫唱之外，每年还要在特定的时间和地点，自发举行规模盛大的民歌竞唱活动——"花儿会"，具有多民族文化交流与情感交融的特殊价值。

自该遗产项目被列入国内"四级名录"及联合国教科文组织"代表作名录"以来，我国公众对非遗的整体关注有所提高，"花儿"的社会可见度也随之得到了一定提升。在一批优秀的"花儿"歌手被认定为该遗产项目的代表性传承人之后，提高了民间歌手、民间文化社团、基层文化机构自觉保护和传承遗产的积极性。各地区积极展开传承人、"花儿会"的系统调查，掌握各地"花儿会"的历史沿革、传承人的传承谱系等方面的信息，同时收集各类音像、图片和文字资料，征集民间"花儿"作品，进行资料建档。并出版"花儿"资料集及研究专著，其中包含专业性的研究专著、中小学生教材、民歌集成以及各地歌手的音视频资料等。

相关社区以该遗产项目实践者群体的居住地为中心建立传承基地，利用传承人的日常活动空间如歌会、学校、文化站等地点进行传统的"花儿"展示、教学和对歌等活动。通过创办"花儿茶社""传习所""花儿学校"等形式，对传承人、社区民众进行演唱技巧、历史文化等方面的培训。在有效提升该技艺的实践频率之外，也增加了歌手之间的交流和学习，吸引了更多青年人参与项目的保护与传承。例如，青海互助县为发挥社会群体力量，成

图 2-21　二郎山花
儿会（季绪才提供）

立了"互助县花儿艺术团"，扶持组建了"白毡帽花儿艺术团"，培养职业
"花儿"歌手数十名，为职业"花儿"歌手提供发展平台。大通县文化馆成
立"老爷山花儿合唱团"，吸收全县各社区上百位"花儿"爱好者参加，每
周二、周四在文化馆进行系统培训。在大通，"花儿"已成为各乡镇、社区
群众居民，汉、回、土等几个民族共同传唱的民歌，他们自发成立了"花儿
艺术团""花儿茶园"进行"花儿"演出。

　　各地区积极开展"花儿"进校园活动，安排代表性传承人定期在"花儿"
艺术学校授课。各级学校设立"花儿"传承保护基地，有意识地提高该遗产
项目在学生群体中的认知度和参与度，扩展遗产后备人才的选择范围。与此
同时，还创作以"花儿"为音乐素材的歌舞剧如《花儿》《月上贺兰》等，
通过全国巡演进一步扩大该遗产项目的社会可见度及大众认知度。

　　通过举办"花儿"大赛及汇演活动，增强遗产的社会影响力及歌手的实
践频率。例如，每逢"六月六"这一传统节日，"西北五省（区）花儿演唱
会"都会在青海如期举行，在国内外形成广泛影响。在宁夏举办的"中国西
部民歌（花儿）歌会"，已有20多个民族近千名歌手参赛，并由中央电视台、
宁夏电视台全程转播。这些举措不仅为"花儿"的传承发掘和培养了后继人

才，同时也使得当地社区民众进一步认识到了保护非遗的重要性，有效地提升了"花儿"乃至非遗项目在全国的影响，提高了相关社区、群体和个人对于保护民歌乃至传统文化表现形式的自我意识。

在国际层面上，长期从事"花儿"研究的域外专家、学者也对该遗产项目列入名录以来的保护实践进行了跟踪调查，并与代表性传承人和国内民俗学界保持良好的对话和学术交流。他们多次联合举办讲座和研讨会，相关的研究成果在一定程度上提升了该遗产项目的认知度，也增进了国际社会对于口头传统尤其是"歌会"这类非遗对于丰富人类文化多样性的价值认知。

《非遗法》强调，非遗具有"历史、文学、艺术和科学价值"。所以在《非遗法》中有"保护"与"保存"的提法。"保护"是指对具有积极意义与进步意义的，具有体现中华民族优秀传统文化的遗产，建立传承传播机制，进行保护和弘扬，这是主流。而"保存"是指有些遗产可能含有一些与时代不相符的因素，还不能完全确定其重要价值，其中可能存在着某些消极因素，但这些因素在整体的遗产中不具有主流性。所以为了使遗产有个相对的整体性风貌，需要将此类遗产从科学性角度先保存起来，方便我们进一步加强研究，认识其遗产的本质意义，而不是把它一棍子打死。但是我们传承、传播和弘扬的一定是正能量的、优秀的、具有积极与进步意义的遗产，是符合《公约》要求的遗产。为进一步加深对非遗的认识，我们需要了解其价值，以此增强我们对其遗产内涵及重要性的认识，提高对相关保护工作的重视程度，并加大保护力度。

第一节　非遗是人类爱好和平的共同需求

非遗的保护具有强烈的现实意义，是全世界爱好和平的国家与人民的共同要求和期望。它关系到国际交往中的相互平等、相互尊重、和平共处、共同发展的前景。《公

图 3-1　中非思想对话会现场（李昱明提供）

图 3-2　范正安表演泰山皮影

图 3-3　辜柳希展示潮州木雕

　　　中国非物质文化遗产保护十讲

约》认为"非物质文化遗产是密切人与人之间的关系以
及他们之间进行交流和了解的要素，它的作用是不可估
量的"。我对这句话是深有体会的。

2016 年 9 月，应中国驻南非大使馆的邀请，我率中
国文化代表团一行六人前往南非比勒陀利亚参加"2016
南非'中国遗产月'启动仪式暨中非思想对话会与中南
遗产研讨会"系列文化交流活动。这次我们的代表团特
意邀请了两位国家级非遗代表性传承人，一位是皮影戏
的国家级代表性传承人范正安，另一位是潮州木雕的国
家级代表性传承人辜柳希。

中国皮影戏是 2011 年列入"代表作名录"的，在中
国有着广泛的影响力，形成了多种表演流派，其中山东
泰安皮影戏深受人们喜爱。七十高龄的范正安老先生，
掌握着一门在皮影行业里的绝活 ——"十不闲"。在演

图 3-5 范正安皮
影戏表演现场

图 3-6 南非小朋
友们在幕布后体验
皮影表演

图 3-7 范正安展
示南非长颈鹿皮影

出的时候，他自己一个人可以表演 16 种人物角色，双脚可以击打 8 种乐器。通常在我们的演奏会中，8 种乐器是需要 8 个人来完成的，但是范老先生可以一个人完成。老先生是一个事业心非常强，技艺又很精湛的人，工作一丝不苟。他的准备工作做得细致又认真，从国内用一个大的旅行箱携带了泰安皮影戏的幕布，在南非的会场上专门搭建了一个小舞台进行表演。在演出时没有安排翻译，只是在表演前有个简单的介绍。这次他表演的是《武松打虎》《西游记》等中国传统剧目。老先生边唱、边表演、边演奏，时而吼叫，时而模拟旦角声腔，时而又将孙悟空的形象装扮起来，表演的人物形象生龙活虎、活灵活现、生动可爱。一个人看似手忙脚乱，但他有着自己的节奏，当时的场面真是热闹非凡。整个演出生动形象，充满趣味，深受南非观众尤其是南非青少年朋友的欢迎。

这样的艺术，不需要过多的言语介绍，观众对他在表演皮影戏时对每一个人物的塑造，包括对他自身的表现力的理解是非常到位的。这是因为艺术有一种共性，会在现场产生一种共鸣。在这次南非之行中，他的表演是最有亮点的。老先生为了让南非的观众更好地了解和欣赏中国的皮影艺术，在去考察南非自然保护区时，特意观察长颈鹿和狮子的形象与动态，回到宾馆后用纸板制作了长颈鹿和非洲狮子的形象，在演出的最后又表演了带有长颈鹿和狮子形象的皮影戏，使现场的南非观众感到熟悉又亲切。表演结束后，南非的观众纷纷跑到皮影银幕的背后，详细观看、了解范大师幕后表演的道具、乐器和场景，并向他学习皮影的表演技艺，交流互动非常热烈。整个会场呈现出一片友好而祥和的氛围。南非人民感受到了中国皮影艺术的独特魅力，感受到了中国文化的博大精深。

我们还邀请了国家级非遗代表性项目潮州木雕的代表性传承人辜柳希先生，他的木雕技艺堪称一流。因为考虑到南非的木雕艺术比较发达，为便于相互交流学习，所以特意选择了木雕项目去交流。南非的木雕和我们潮州的木雕风格完全不同。潮州木雕工艺讲究精雕细刻，将一块木头完全雕刻镂空，这一工艺被称为"满雕"。表现内容大都是蟹、荷花、莲蓬、金鱼等，寓意

图 3-8 辜柳希展
示木雕作品

为和谐、祥和美满、年年有余，都是非常吉祥的象征含义。而南非的木雕艺术，更多讲究线条和造型。根据木材原料的形状进行巧妙的构思，加工处理，展现出一种造型上的曲线之美。两国木雕大师各自拿着作品和雕刻的不同工具进行交流，碰撞出不同观点和体会，收到了意想不到的效果。此次交流活动，不仅加深了中非两国的友好关系，增进了友谊，还提高了不同文化之间相互欣赏的意识，起到了文明交流互鉴的作用。这也是非遗的独特价值。

2016年11月，在埃塞俄比亚首都亚的斯亚贝巴举行的联合国教科文组织第11次常会期间，我深刻见识了非洲人民那激情四射、烈火般的音乐和

图 3-9　南非艺术家
展示非洲木雕作品

舞蹈的表演。在大会的闭幕招待晚会上，东道主埃塞俄比亚为来自世界五大洲的各国代表组织了一场凸显本国民族特色的音乐舞蹈专场演出，给大家留下难忘的印象。虽然大家都有着不同的文化背景和审美传统，但是欣赏这样的艺术却没有任何障碍。所有人都被非洲艺术那动感强烈、充满炽热的表现力所感染、打动，情不自禁地要参与到晚会互动环节。这场演出完全超越了地域、民族、国家之界限，超越了意识形态的壁垒，让人深切地感受到文化共享的重要性，认识到非遗是人类共同的情感表现和共同的遗产这一深刻而重要的理念。

北京三元桥附近一家撒拉族老乡开的"撒拉花儿"餐厅，有一种特别的食物叫"锅吉"（撒拉语：guoji）。这道菜是用麦子做原材料，将新鲜羊肉切成碎块或杂碎原料熬制成粥状，有点像肉粥。在撒拉族的传统生活里，每逢村庄里有重大的活动或某户人家有丧事的时候，都会在一个巨大的铁锅里煮"锅吉"，请村庄里的人来喝，之后还要送到亲属家里和附近的村庄人家里，让大家分享。这一习俗实际上是源于古代突厥民族的一种饮食文化和风俗习惯。一位土库曼斯坦驻中国的大使，在印度生活了 15 年后来到中国。有一次我们请她到"撒拉花儿"餐厅吃饭，老板特意做了撒拉族的这道特色美食"锅吉"。当她喝了第一口后，即刻准确地叫出"锅吉"这个名字。因为"锅吉"这个名称是突厥语，撒拉族语言属于阿尔泰语系突厥语族，喝"锅吉"是古代突厥民族的一种共同饮食文化和风俗习惯，因此"锅吉"的叫法和发音跟讲突厥语的土库曼斯坦人是完全一致的。这位大使在离家乡几千公里之外的地方能吃到这么纯正的家乡美食，她当时表现出的那种发自内心的喜悦感染了在场的所有人。场面一片和谐，欢声笑语。后来这位大使还请乌兹别克斯坦和土耳其的朋友们专门到"撒拉花儿"餐厅来品尝"锅吉"。这样一段小插曲，给人留下了深刻的印象。虽然大家来自不同的国度，有着不同的社会身份，但就是这样一种不起眼的食物把这些国家和民族的人们联系在一起，营造了和谐、喜悦的氛围。饮食文化在这里起着文化认同、文化交流、文化共享的作用。这也再一次印证了《公约》中所说的"非物质文化遗产是密切人与人之间的关系以及他们之间进行交流和了解的要素，它的作用是不可估量的"的真正意义和价值。

第二节　非遗是人类社会实践活动中的创造性产物

"非遗是历史遗留下来的，并且值得持续发展的创造性产物。保护它的目的，首先是保存人类的创造能量，寻求人类与其既往的联系，使人类加深对自身的认识，仰视自身已经达到的创造高峰，以便激励今天的创造。"[1] 非遗是见证人类创造力的重要载体，创造性产物是我们对非遗认识的一个重要基点。

"梁山伯与祝英台"的传说，原本是一个带有悲剧色彩的口头文学项目，

1　该段文字参考了王宁：《中国口头与非物质文化遗产价值的评定原则与保护方法》，王文章：《非物质文化遗产保护国家学术研讨会 2004 论文集》，文化艺术出版社，2005 年版。

但是后来却以传说故事为原型衍生出了一系列艺术产品，这些艺术作品雅俗共赏，深受广大民众的欢迎。有小提琴协奏曲、交响乐、电影、歌剧、舞剧、多种戏曲艺术等上百种表现形式。"化蝶"情节是这个传说故事中的点睛之笔，充满了想象力，它使这个悲剧故事得到了升华，达到了一种出神入化的境界。这样的文化遗产是人类智慧的结晶，是文化的创造性产物，它充分体现了人类天才般的创造力。这一文化遗产之所以在人们长期的社会实践中表现出如此强大的生命力和影响力，就是因为其本身具有了较高品质。还有刘三姐的歌谣，后来衍生出有关刘三姐的歌剧、电影，"印象刘三姐"系列等。

图 3-10　鲁班锁结构展示（史志晔提供）

　　我国古代建筑、木器行业有榫卯结构，依据此出现的"鲁班锁"，同样体现了极高的创造性。当年，李克强总理把鲁班锁送给德国总理默克尔，她对中

图 3-11　鲁班锁（史志晔提供）

国的这一器物充满了好奇。后来我也曾在明式家具店里看到各种形式的鲁班锁，并进行了体验，从那种巧妙的构造、衔接之中，我感受到了中国人高超的智慧。无论怎么样，一般人是解不开这种传统的榫卯结构的，而娴熟的匠人们却能把它拆开装上。它就像积木一样，是有原理的。在不同的环节里都有相互之间的卡槽，像磁石一样牢固在一起，这就体现了人类的智慧和创造力。还有著名的"样式雷"图档，也充满着东方人的智慧。我们古代中国的建筑不像西方那样会先有个设计图，然后按照设计图进行施工。中国的很多

图 3-12　图 3-13
客家围屋（张雁鸰
提供）

传统建筑会先制作建筑的模型，然后再根据这个模型结构放大搭建，这其中充满了东方人的智慧，是一种东方科学性的体现。

还有我们的先民为保家族平安，创造出了防御与居住性质兼备的大型民居建筑，聚族而居。江西赣南燕翼围堪称赣南客家围屋的代表。其建造年代久远，建筑布局严谨，防御性能突出。分布在广东省梅州市及其周边地区的围龙屋是客家族群另一种聚族而居的封闭式大型民居。其整体结构表现出强烈的内聚性。高山的层层阻隔，赋予永泰人协作共进的精神，庄寨聚族而居正是这种生活方式的最好展现。闽西南的土楼既能以最小的土地容纳尽可能多的人口，又使家族凝聚力得以增强。人们把这种生存智慧直接表现在他们居住的建筑中，充分体现了人的智慧与创造力。

二十四节气、中医针灸、造纸术、昆曲、京剧、侗族大歌、苗绣、古琴以及传统舞蹈等文化遗产，实际上是用数百年、数千年的历史积淀完成的。这些遗产都是人类社会历史进程中的精华，是值得被仰视的。同时，这些遗产也是我们今天再创造的重要资源。《公约》反复强调要尊重和见证人类文化创造力，就是认识到了只有拥有了文化创造力才能达到人类文化的高峰，才能创造出人类优秀的文化。人的创造力是最珍贵的，我们今天保护的这些遗产实际上都体现了人类的智慧和创造力。我们今天所说的保护，就是在保护代表人类文化发展高峰、让人仰视的天才创造的智慧结晶，就是在保护体现主体价值与积极意义、体现代表民族基因的优秀的传统文化。现在的好多艺术作品都是相互模仿，缺乏创造性的，缺乏梁祝传说中那种"化蝶"的情节升华；缺乏想象力和创造力，缺乏鲁班锁所展现的那种既实用又巧妙的构造和智慧。创作高峰不是很容易达到的，也不是短时间内能够出现的，是需要积累，需要有一批有创造力、有天赋、有才华的巨人们去创造的。上千年流传至今的非遗恰恰在这一点上站在了民族文化的高峰，是值得我们持续传承和发展的，是今天实现创造性转化和创新性发展的一个重要资源。

二十四节气是一项十分了不起的遗产，二十四节气中的各种习俗是其重要的组成部分，而这一遗产中最核心的部分是它的科学性的体现。二十四节气实际是一种利用科学精准的方法计算出太阳的周年运动而形成的时间体系。河南登封的观星台是元代郭守敬组织建造的。当时他为了给历法的制定提供准确的天文数据，领导了一次大规模的"四海测验"。观测范围从北纬15°的南海起，每隔10°设一个点，直到北纬65°的地方为止，建立了27个天文观测台和观测站，涉及范围之广、规模之大，实所罕见。这个测量是非常精确的，首先这个观星台也是一个水平仪，是砖石混合建筑结构，由盘旋踏道环绕的台体和自台北壁凹槽内向北平铺的石圭两大部分组成。台体用水磨砖砌成，近似一座城堡，通高12.62米，台高9.46米，台下边宽16米，呈方形覆斗状。台下北部东西两侧设有对称的登台通道，通道铺设砖石阶梯和围栏簇拥中间台体。台顶北侧所建两间小室之间设有上下贯通的凹槽，凹槽正对台前青石铺就的31.196米石圭。上下贯通的凹槽称为"高表"。石圭用于度量日影长短，故称为"量天尺"，由36个石块拼接而成。圭面上刻两条平行双股流水渠，这是测石圭水平之用。在建筑行业里必须要说到一点，地平不平，肉眼看是不行的，你必须拿这个水平仪，看那个水珠子是不是在中间。这是非常精准的测量，特别奇妙。这样一种看似简便的工具，能够测量出的数据却非常精准。经多年观测，郭守敬推算编制出当时最为先进的历法《授时历》，求得的回归年周期为365.2425日。通过这样一个测量仪测量出来的数据，与现代测量出的地球绕太阳公转的实际时间，只差26秒。这些成果成为申报二十四节气为"代表作名录"时最具有遗产可见度的重要依据。1961年，国务院公布登封观星台为全国第一批重点文物保护单位。2010年，登封观星台、周公测景台等8处历史建筑群被列入世界遗产名录。2016年，"二十四节气——中国人通过观察太阳的周年运动而形成的时间知识体系及其实践"成功列入"代表作名录"。所以，如果二十四节气没有这些精准的科学原理作为支持，没有精确度较高的测量仪器辅助，而只是强调一些民俗类的祭典活动，那是远远不够的。因为这些事项无法完整准确地表达出这个遗产的伟大之处和遗产全貌，也不能体现遗产的核心技艺

图 3-14　河南登封观星台遗址（登封市文化馆提供）

图 3-15　周公测景台遗址（登封市文化馆提供）

图3-16 日晷

和价值。

中国的二十四节气充分体现了《公约》中"有关自然界和宇宙的知识与实践"这个知识体系。它是中国人认识自然，探索宇宙运动规律的一种科学体现，这一点是非常重要的，它体现了我们中国人天才的创造力，体现了中国人高超的智慧和技艺，这是最值得我们骄傲和仰视的。同时，二十四节气典型地体现了非遗"不可触摸、无形的、跨时空、跨民族、跨地区、跨意识形态"的特性，这项遗产实现了全民最大程度的共享。这样的文化表现形式在人类文化遗产中达到了难以企及的价值高度。

第三节　非遗的历史、文学、艺术、科学价值

非遗具有历史、文学、艺术、科学价值，这是《非遗法》中所确认的。我国是一个具有文化多样性的国家。由于人口多，民族多，地区之间、民族之间的文化差异都很大，因此形成了丰厚的非遗资源。非遗的十大门类，内容种类繁多，面对多样化的遗产我们可以列举出很多种价值。但是《非遗法》中提到的历史、文学、艺术、科学四大价值是对非遗价值的高度提炼和归纳。

从历史、文学、艺术、科学的角度看，非遗有着研究、实用、观赏、传

承、传播等价值。说起非遗的历史、文学、艺术价值一般比较好理解，但通常可能会对它的科学价值认识不清。其实非遗的科学价值在我们的遗产中体现得非常多。我国古代的"四大发明"，就充分体现了科学成就和科学价值。拿其中的造纸术来说，古人用竹子、木材、树皮、稻草、麦草、大麻、动物皮、灌木、狼毒草等作为原材料加工成各种质地、各种规格的纸张，这些加工工艺、制作流程有着很强的技术性和严谨的科学性。2009 年，我国列入"代表作名录"的"宣纸传统制作技艺"，就是中国造纸技艺中的一个典范，至今仍在活态传承。

还有对"二十四节气"这一遗产的认识，我们大多习惯于关注因不同节气的变化而产生的各种影响，尤其是在社会层面对人们衣食住行的影响和对民俗仪式、祭典等相关活动的体验。但我们往往忽略了它的科学价值。其实这一遗产的核心价值体现在它的科学性方面。我国在申报二十四节气为"代表作名录"时的项目名称为"二十四节气 —— 中国人通过观察太阳周年运动而形成的时间知识体系及其实践"，这是对这一遗产项目的定义。二十四节气是中国人认识自然，探索宇宙运动规律的一种科学体现。这样一种科学观念、科学方法的诞生，体现的是中国人天才般的创造力，是我们民族文化智慧的结晶。二十四节气被国际社会认为是中国的"第五大发明"。正因为有了这样一个对宇宙和自然界变化规律的科学认知，我们才能在生活中衍生出一系列在不同节气中的各种样态的生产实践和社会实践活动。所以，科学价值是这一遗产的第一价值。

在我们传统建筑营造技艺类的非遗项目中，也充分体现了遗产项目的科学性和科学价值。从故宫、天坛、颐和园等皇家建筑园林到徽派建筑、江南园林等民间工程的营造，从 1000 多年前依山而建的布达拉宫，到福建闽西的客家土楼（围屋），等等，这些伟大的遗产无不体现出高超而精湛的技艺。这些工程的建造需要地质、气象、水文、风水、天文历算、数学、物理、建筑材料等多方面的科学知识与实践才能完成，是一项非常严谨的科学性的工作。

中国传统的酿酒技艺具有悠久的历史。19世纪60年代，法国科学家巴斯德（L.Paster，1822—1895）在研究葡萄酒变酸、啤酒变质等问题时，发现了发酵过程是与微生物（酵母菌、细菌）活动相联系的，由此揭示了酿酒的机理。此后西方学者开始注意中国酿酒的独特方法。1892年，法国著名学者卡尔麦特（L.C.A.Calmette，1863—1933）研究了传教士从中国带回的酒曲，从中分离出了毛霉一类的微生物。在法国巴斯德研究所同事的帮助下，他于1989年申请了应用毛霉于酒精生产的专利。现在盛行于欧洲各国的以淀粉发酵法生产酒精就是这一专利推广的成果。这种方法使酒精生产由过去的单边发酵（先糖化，后酒化）演进到复式发酵（糖化、酒化同时进行），不仅提高了生产效率，也保证了质量，降低了成本。这是科学促进生产的又一范例。20世纪上半叶，随着现代科学在中国的传播，孙学悟、方心芳、陈騊声等一批科学家认识到中国独特的酿造技术（酿酒、制醋、做酱）的科学内涵和已积累的丰富实践经验，决定把中国传统酿造技艺及相关的微生物菌系作为研究的主攻课题，并对传统酿造技艺进行考察，科学总结老师傅的实践经验，先后写出《高粱酒之研究》《汾酒酿造情形报告》《酒花测验烧酒浓度法》《汾酒用水及其发酵秕之分析》等调查研究报告。这些报告标志着中国学者用科学理念审视中国传统酿造技艺的起步，也促使中国传统酿造行业和微生物工业迈入了新的发展阶段。中国科学家在研究、总结、提高传统酿造技艺的基础上，建立了微生物菌种保藏库，为人类共同研究和利用微生物做出了重要贡献。方心芳、陈騊声等人认为中国先民在尚不知微生物为何物的前提下，能利用微生物创造出独树一帜的发酵技艺，实在是一件了不起的事，国人应为祖先的聪明才智引以为豪。[1] 我在考察泸州老窖时，在他们的企业文化展厅中看到一句话："在窖泥中，目前能够提取检测和认识的微生物约1000余种，况且它们每天都还在繁衍生息……正如著名微生物学家、中科院院士方心芳所说'谁要是把泸州老窖窖池里的微生物研究清楚了，谁

---

1 该段文字参考了廖育群：《传统手工技艺的保护和可持续发展》，大象出版社，2009年版，第50—51页。

就可以得诺贝尔生物学奖'。"近几年，各大高校与泸州老窖固态酿造工程技术研究中心展开紧密合作，甚至从百年老窖泥中还分离获得了 2 株未命名功能菌，命名为"老窖梭菌"和"老窖互营球菌"。这更加印证了泸州老窖酒酿造技艺所蕴含的科学价值和至今未能揭示的微生物方面的科学奥秘。以上这些案例充分表明了非遗所蕴含着的丰富的科学价值。

图 3-17　图 3-18
泸州老窖窖池

第四节 非遗的文化认同价值

非遗是我们民族文化身份的象征，保护它的重要价值在于它对文化的认定作用和认同作用。非遗与某一种文化的联系带有标志性。保护它，就是保护了人类文化的多样性。

从表演艺术类的传统舞蹈角度来看，一个舞步、一个体态、一个造型可以判断出一种舞蹈的民族属性。如傣族舞蹈的"三道弯"体态、塔吉克族舞蹈模拟"雄鹰展翅"的舞姿、藏族舞蹈"上身前俯，长袖飞舞"的体态、蒙古族舞蹈"昂首挺拔"的造型体态，等等，都能够鲜明地体现出这些舞蹈的民族属性。这些舞蹈语言特征成为这一民族的文化标识和文化符号，具有文化认同的意义。从传统音乐的角度看，一种乐器，一个音乐的形象、节奏、旋律等，也可以判断出这个音乐艺术的民族属性。如从马头琴的音色以及表现出的音乐形象、音乐旋律中，鲜明地感受到蒙古族音乐艺术的特色和美感。而马头琴也成为蒙古民族文化的重要象征和文化符号。蒙古族的人们即便是身处异国他乡，当他听到这种音乐旋律也会产生一种亲切感和熟悉感，这样的状态实际上就是一种文化的认同感；葫芦丝的音色演奏出的音乐形象成为傣族文化的标识与符号；鹰笛与帕米尔高原的塔吉克族文化；热瓦普、艾捷克与维吾尔族文化；冬不拉与哈萨克族文化等，都非常鲜明地表现出这些音乐的民族性。

从各种建筑样式、纺染织品的色彩构图等形式中，同样可以感受到一个民族的文化特色和文化符号。如藏族氆氇，土族七彩绣，维吾尔族艾迪莱斯绸，白族扎染，柯尔克孜族的白云、羊角图案，土家族、壮族、黎族、侗族、傣族、佤族等民族织锦的色彩、图案等，都成为民族文化中的标志性符号，起到了族群识别和民族认同的重要作用，体现了一个民族的审美观念。各民族的建筑样式和风格，都是一个地区和民族独特的文化符号与文化基因，这一现象的背后蕴含的是这些民族内心深处的文化认同。

同时，这些色彩、图案、样式也展示出一种高超的技艺。传承人在编织

图 3-19　图 3-20　土家族织锦图案

图 3-21　图 3-22　图 3-23　青海贵南藏族刺绣图案

图 3-24　图 3-25　苗族刺绣图案（张官菊提供）

图 3-26　苗族刺绣
图案（张官菊提供）

图 3-27　图 3-28
土族盘绣图案

织锦时并没有一个现成的图案标本样式，她们编制的图案、搭配的各种色彩都是在自己的脑海里，并早已以一种民族文化记忆的方式进行储存。另外，民间的这种图案和色彩的搭配从专业色彩学的角度是解释不通的，有的颜色在色彩学里是不适合搭配在一起的。但是我们的传承人们却能灵活地运用，她们无所顾忌地将这些色彩搭配在一起，运用自如，呈现出一种特色鲜明、和谐的美感。这就是民间艺术独特的魅力所在，这些文化表现形式生动地体现了非遗的独特性和创造力。

　　例如，贵州地区苗族妇女做的背扇是用来背小孩的。人们会好奇地问这些母亲，背小孩完全可以用一块结实一些的布料，为什么要把它绣得这样精

图 3-29　侗族织锦　　　　　　　　　　　图 3-30　拉祜族织锦

图 3-31　不同样式的背扇绣图案

美呢？苗族的母亲回答说："背扇里背的是我的未来和希望。"这时人们才理解她们为什么要把背扇绣得那么精美、那么精致。背扇里的孩子感受到的是来自母亲的一片爱心。有了这样一种情怀，每个母亲绣出的背扇图案、色彩都不重样，这不仅表达了她们的爱，也体现了民间艺术的创造力。

　　从民俗类传统节日的角度来看，传统节日的文化价值和文化意义首先体现在文化认同。节日最能体现一个民族、一个族群、一个家庭的文化认同，如果一个人没有参与节日或是在远离故土之外的地方，就会有被群体抛弃的感觉，会有非常强的孤独感。我们常说"每逢佳节倍思亲"，字面上看好像是对亲人的思念，实际上它的背后更多体现出的是一个民族、一个群体的内心文化认同。同时，传统节日的文化价值也在于节日体现的和谐。在节日这个大背景下，不管是家庭还是个人，那些平日的矛盾和不愉快都烟消云散。节日的和谐，是其文化价值中非常珍贵的一点。与此同时，传统节日所展现出来的仪式感和文化多样性也是非常突出的。节日体现出群体性的、强烈的仪式感。尤其是少数民族的节日，非常有庄重感。但在如今的都市中缺少了这种仪式感，使得人们对生命的珍惜、对生灵的敬畏之感淡化了。而在民族地区，这种仪式感还是非常突出的。节日所体现的文化多样性和巨大的包容性，只有在这样一个特殊的氛围里，才体现得更加鲜明和丰富多彩。所以我们说，非遗是一种连接民族情感的精神纽带。它们在人类漫长的历史进程中，经过大浪淘沙，不断地进行传承、发展、再创造，最终成为一种世代相传，活态传承的共同遗产，成为一个民族能够认同的文化标识和文化符号，是民族文化的历史基因。

第五节　非遗是可持续发展的重要资源

非遗见证着人类的创造力，是文化多样性的体现和可持续发展的保证。非遗中所蕴含着的"可持续发展"的概念，包括遗产项目自身绵延不断的创造性转化和创新性发展，人与自然的和谐共生，以及人与社会的包容共进等内容。

《公约》认为：非物质文化遗产是密切人与人之间的关系以及他们之间进行交流和了解的要素，它的作用是不可估量的。联合国教科文组织推动非遗保护的核心也是想通过世界各地、各民族非遗所体现的人类创造力和文化的多样性，为当下人类社会的生存和发展所面临的挑战提供经验借鉴，从而实现人与自然、人与社会的可持续发展。

在我国新疆有一项非遗名为"麦西热甫"（列入"急需保护名录"），它在维吾尔语里意为"聚会""场所"，是一种集民间歌舞、乐器演奏、竞

图 3-32 喀什麦西
热甫中的"敬茶舞"
（道歉）

图 3-33 英吉沙家
庭麦西热甫（梁立
提供）

技表演和游戏等为一体的综合性民间娱乐活动。在节假日里，在丰收之后，
在婚礼上，在一切欢欣愉悦的时候，能歌善舞的人们便成群结队地聚集在一
起，举行麦西热甫，跳起欢快的麦西热甫舞蹈。这其中，还有一种叫"道歉
麦西热甫"，就是为过失双方请求谅解、解除恩怨、调解关系而举行的麦西
热甫。如果人们之间出现矛盾或纠纷，村子里的长者会出面主持这场麦西热
甫，促使当事双方重结友善，相互敬茶、道歉。这样古老而传统的方式，能
让人们在音乐和舞蹈的作用下化干戈为玉帛，也是今天我们可以借鉴用以处

理矛盾的一种方式。在非遗保护中，鼓励用这种方式让矛盾消解在萌芽状态，处理纷争问题。如果民间的一些纠纷都要上法庭去解决，那势必会造成矛盾双方都非常尴尬，人们的关系将会发展至更加不和谐的状态，甚至从此结下更深的恩怨。那么，以"道歉麦西热甫"这样的方式处理是最能达到和谐的一种手段，这些文化内涵是我们在保护中非常值得去挖掘的地方。

地球是人类生存的家园，如同环保和气候问题在今天成为全世界共同关心的议题，非遗也对人类的可持续发展具有重要意义。联合国教科文组织从国际层面来推动非遗保护，也是因为各个国家认识到了非遗所起到的举足轻重的作用和具备的巨大潜力。因此联合国鼓励遗产的共享性，让文化遗产在世界范围内实现共享。希望各国和地区在申报遗产的时候相互了解，彼此尊重，共同分享文化遗产所带来的和谐关系与和平的环境。按照联合国教科文组织制定的申报规则，"同源共享"的遗产项目，既可以遗产共享国联合申报，也可以单独申报。在非遗联合申报、联合保护、共同分享的过程中，可以增进民族间、国家间的友谊、合作、交流和文化的共享。比如我国与蒙古国共同申报"蒙古族长调民歌"，与马来西亚共同申报"送王船 —— 有关人与海洋可持续联系的仪式及相关实践"。而"猎鹰训练术 —— 一项人类活态遗产"这一遗产则在全球共有 24 个国家联合申报。

今天保护的非遗有很多内容在历史上是不被主流社会所认可的。尤其是以民间文化为表现形态的遗产项目大多都不能登堂入室。但民间文化在人类漫长的历史进程中就像一条暗河，生生不息，有着一种野生的力量和品质，表现出了顽强的生命力。这种生命力也恰恰是我们获得可持续发展的重要资源。人们总结出一个规律，"文化生于民间，死于庙堂"。人类历史上许多庙堂文化由于朝代的更替，社会的发展变革，最后走向了式微和消亡。但历史上有许多精英文化和民间文化同样有着很强的生命力，至今仍然保持着活态传承，并成为人们生活中的重要组成部分。如在现代生活方式的冲击下，哈密维吾尔刺绣技艺曾一度衰弱。哈密传统工艺工作站建立后，来自清华大学美术学院的师生对哈密刺绣的传统图案进行抢救性采集记录。一批时尚设

计师则依据哈密刺绣的传统图案纹样及原材料，设计开发了耳机、钱包、家居用品等新产品，甚至将哈密刺绣运用到高级定制时装中，在国际 T 台上大放异彩。维吾尔族绣娘们在接受订单的同时，重新激发了对传统刺绣艺术的热情和活力。

与维吾尔族刺绣技艺一样，我们还有很多其他生产性保护的传统美术、传统技艺类的非遗项目，同样在改善当代人的生活品质、丰富人们多样化的生活需求及带动就业等方面发挥出了其所蕴含着的巨大能量。在我国政府大力推动的脱贫攻坚工作中，此类项目就发挥了积极作用。

我们民族文化的可持续发展，不能是建立在一个无本

图 3-34　送王船——有关人与海洋可持续联系的仪式及相关实践（田米提供）

图 3-35

图 3-36 | 图 3-37 贵州雷山传统工艺工作站开发的非遗文创产品（赵罡提供）

之木、无源之水式的模式上，而是要紧紧建立在以民族优秀传统文化为雄厚基础的土壤之上，这样才能使文脉传承有序。古琴艺术已有 3000 多年的历史，在古代是文人及上流社会修身养性的重要艺术实践。在 21 世纪的今天，古琴艺术仍然在沟通人与人之间的情感交流、审美愉悦、陶冶性情等方面发挥着重要作用。据不完全统计，现在全国从事古琴艺术实践的人员达 70 多万。这一古老艺术的生命力在当代人的生活中得到了很好的延续。节日民俗类非遗，在构建当代家庭和睦、社会和谐、民族团结和文化认同方面同样有着不可替代的重要作用。还有昆曲、京剧、侗族大歌、传统舞蹈等，这些遗产不仅见证了人类的创造力，而且是我们当代文化发展和再创造的重要资源。

　　非遗是可持续发展的重要资源，非遗最珍贵的是文化创造力的体现。丰富多彩的非物质文化遗产是我们的先民从对遥远又美好的想象转化为思考与探索后形成的。它带给我们中华文化的可知性，这对今天人们的创造，是一个极大的激励。在非遗的活态保护与传承中我们需要把握好"介入的尺度"，遵循整体性保护理念，构建可持续发展的非遗保护生态系统，为促进人类社会的和谐、友好与文化共享贡献中国力量和中国智慧。

由于非遗种类繁多，内容复杂，作为综合性的文化遗产类型，联合国教科文组织为方便申报及保护工作的顺利推进，在《公约》及《申报指南》中明确了非遗的范围及分类。我国也依据自身实际情况制定了自己的分类体系。

第一节　《公约》五大类与《非遗法》六大类

我国是一个非遗资源非常丰富的国家，这是由特殊的国情决定的。也因此，我们在制定非遗的保护范围时，是基于《公约》的权威性和适用性，将其精神贯彻到中国的保护实践工作中，结合我国非遗的呈现形态、保护实践和法规加以概括，形成了具有中国特色的分类体系。

一、我国国情的基本特点

第一，地域辽阔，自然资源丰富。地域辽阔，地貌地形复杂。有专家研究认为，在中国这片土地上，地球上的一些典型地貌和自然生态都能找得到，这是一个生物多样性非常丰富的地方。

不同的自然生态环境，有着不同的气候、物候特点，这些差异性决定了不同的经济类型、建筑样式和文化类型。同样是农业作物，水稻与小麦种植的自然条件差异

图 4-1　客家围屋
（张雁鸽提供）

图 4-2　干栏式建筑

很大。牧业、渔业、林业、狩猎及种植业等生产方式的环境条件更是千差万别。各地区人们建造的建筑样式也是因自然环境的差异形成了多样化的特点。如西北地区的民居建筑出现了窑洞、地炕、平顶式，西南地区是吊脚楼、干栏式，东北地区有干打垒式，东南地区出现了像福建闽西的客家围屋、土楼等样式。

　　这种不同类型和多样化的建筑样式都是各地域环境中生活的人们在长期社会实践中总结出来的，体现了人的生存智慧，也是对所在地的自然环境规律的一种把握。不同环境里产生的不同经济类型，形成了不同的生产生活方

式，最终影响了一方人的文化样式和人的性格。我老家在青海海东地区，这里虽然地处黄河岸边，但是因为黄河河道太深，过去没有抽水技术，黄河水的利用率很低。加之属于青藏高原与黄土高原的接合部，又有一定的海拔高度，所以这里就不可能种植茶叶、水稻之类的经济作物，那么就无法产生和这种经济作物相关的稻作文化、茶文化。但是到了江南就不一样了。江南地区雨水充沛、海拔低，非常适于种植茶叶等经济作物，所以就产生了与茶相关的生活方式和文化样式，形成了采茶歌、敬茶歌、采茶戏和茶艺等艺术形式。这些都是独特的环境造就的。一般而言，牧业生产孕育出牧歌，渔猎生产形成渔歌和"鱼灯舞"这样的舞蹈艺术形式，农耕生产则生发了秧歌等艺术形式。

图 4-3　浙江湖州安吉白茶采茶（叶涛提供）

图 4-4 浙江湖州
安吉白茶市场（沈
伟明提供）

图 4-5 浙江湖州
水 口 乡 禅 茶 大 会
（叶涛提供）

　　不同地域的生产生活方式还深深影响着一方人的性格。我们一般说北方人粗犷豪放，南方人细腻小巧。就拿戏曲艺术而言，产生于江南的昆曲艺术委婉细腻，极其唯美。到了中原和西北大地情况则完全不同，就像陕西秦腔、河南豫剧。秦腔艺术在陕西老百姓不叫唱，而是叫吼。有句民谚，"八百里秦川吼秦腔"，可见其人的性格和艺术的豪放程度。曾经在央视春晚上表演的广泛流传于陕北民间的皮影戏"华阴老腔"，表演者们吹着唢呐、拉着胡琴、弹着三弦，还有乐手手拿青砖有节奏地拍打着长条板凳，用嘶哑的声音

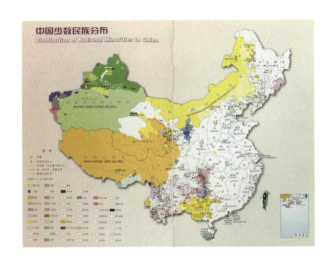

图 4-6　中国少数民族分布图

吼着华阴老腔，充分表现出一群面朝黄土背朝天的北方汉子形象，显示出彪悍粗犷的性格特征。这一情景与江南文化形成了鲜明对比。这就是"一方水土养育一方人，一方人造就了一方文化"的真实写照。"逐水草而居""依山择水而居""靠山吃山，靠海吃海，靠水吃水"的俗语，是我们的先民们认识自然，适应环境和遵循自然规律的一种生存之道。

第二，历史悠久，文明古国。中华五千年的文明史，我们创造了游牧、农耕、工业等文明形态，这些文明形态经历了产生、发展到辉煌的阶段。中华民族对人类社会贡献最大的是农耕时期，不只是四大发明，我们的二十四节气、茶叶、丝绸、瓷器等在那个时候都处于世界领先地位。

第三，人口多，民族多。我国有 14 亿多人口，56 个民族，其中 55 个是少数民族。北京中央民族大学，并没有起名为中国少数民族大学，正是中国56 个民族团结一心思想的重要体现。她象征着在新中国真正实现民族平等，人人都有受教育的权利这一深刻内涵。

第四，非遗资源丰富。我国从 2005 到 2009 年，花了 5 年的时间，发动70 多万人次开展非遗的普查。这次普查摸清了非遗的种类、数量、分布、生存的状况等信息，最后汇总我们的非遗资源信息近 87 万项。与单一民族的国家相比（如韩国、日本等），我们体量大，情况更加复杂，保护难度大。

二、分类区别

《公约》将非遗分为了五大类，我们国家的《非遗法》根据中国自身的情况，把非遗分为六大类。具体如下：

1.《公约》：

（1）口头传统和表现形式，包括作为非物质文化遗产媒介的语言；

（2）表演艺术；

（3）社会实践、仪式、节庆活动；

（4）有关自然界和宇宙的知识和实践；

（5）传统手工艺。

2.《非遗法》：

（1）传统口头文学及作为其载体的语言；

（2）传统美术、书法、音乐、舞蹈、戏剧、曲艺和杂技；

（3）传统技艺、医药和历法；

（4）传统礼仪、节庆等民俗；

（5）传统体育和游艺；

（6）其他非物质文化遗产。

特别需要指出的是我国非遗的分类体系中最后一个类别叫"其他非物质文化遗产"。因为我们国家民族多，地域辽阔，非遗的体量比较大，所以我们目前对遗产的认识和分类可能不完全做到那么准确。可能将来还会出现一些新的文化表现形式，因此就用"其他非物质文化遗产"作为一个兜底条款。

第二节　实践层面的十大门类

面对我们国家这么大体量的非遗资源，怎样开展保护工作是个重要的问题。探讨便于开展工作的具有可操作性的方法，首先要对遗产进行基本分类，避免"眉毛胡子一把抓"的现象。目前我国是按照十大门类来推进的，即：民间文学、传统音乐、传统舞蹈、传统戏剧、曲艺、传统体育游艺与杂技、传统美术、传统技艺、传统医药、民俗。

一、关于"民间"与"传统"名称的区别

2006 年国务院公布的第一批国家级非遗代表性项目名录中，有几个门类的项目名称中仍有"民间"二字，如"民间音乐""民间舞蹈""民间美术"。2008 年国务院公布第二批国家级非遗代表性项目名录时，以上名称中的"民间"二字用"传统"代替了，称为"传统音乐""传统舞蹈""传统美术"。很多人注意到了这些名称的变化，但并不太清楚其中的缘由。为什么第一批的名称是"民间"，后面就变成"传统"了？之所以把"民间"改成"传统"，是因为在研究中我们认识到以"民间"形式冠名不能够将现有的文化表现形式全部涵盖。比如说古琴艺术，我们把它放在民间音乐的类别里就很不合适，它和二胡、唢呐、笛子等音乐的表现形式不在同一个层面里。古琴艺术是古代社会士大夫、文人阶层的文化享受（表现）形式。古琴在古代社会中是属于雅乐系统，不是俗乐。还有传统音乐里的编钟、磬及各类宗教祭礼乐，也都不是民间音乐的范畴。在舞蹈艺术中也有很多类似的情况，比如说宗教乐舞，萨满教舞蹈、道教舞蹈、佛教舞蹈、寺庙的祭礼乐舞"羌姆""查玛"、五台山的"金刚舞"、雍和宫的"跳布扎"等，把这些宗教乐舞称为民间舞蹈就不合适。我们把昆曲称为民间戏曲也是不准确的。还有美术类别中很多艺术形式也不属于民间美术的范畴。所以在第二批公布的国家级非遗代表性项目名录时就把第一批的"民间"纠正为"传统"。"传统"这个概念可以涵盖民间、宫廷、宗教等范围。我们要强调的是，这些名称的纠正和变化，

体现了我们对非遗在认识层面上的一个深化。2006年首次组织申报时"非遗"一词刚刚出现，我们对这一领域的研究不足。后来在研究、分析和考察等实践活动中发现这种称谓是有问题的，所以第二批的时候我们就及时纠正，用"传统"取代了"民间"。因此，我们在非遗保护的实践中还要不断加深对遗产自身的研究，发现问题就要及时纠正。

我国开展的中国传统村落保护工作过程中，在名称上也有一些类似的问题出现。过去一直叫"占村落"保护，后来在制定名录过程中专家们一致认为"古村落"这个概念并不准确。这个"古"到底以什么时间为界线呢？"古"到什么程度，如何把握"古"的这个时间概念呢？最后经过反复研究论证，大家认为，"传统村落"这个名称比较准确，也比较科学，所以将原先的"古村落"称谓纠正为"传统村落"。中国传统村落的保护已经形成国家层面的名录保护体系和制度，目前国家已经命名6819个"中国传统村落"，保护了一大批最具特色和重要文化价值的传统村落。

二、代表性项目阐述

1. 民间文学：人民大众口头创作、世代口耳相传的语言艺术。如史诗、故事、神话、传说、谚语等，最具代表性的有中国少数民族的三大史诗《格萨（斯）尔》《玛纳斯》《江格尔》，还有在汉民族中广泛流传的《梁山伯与祝英台》的故事以及青海土族《拉仁布与吉门索》等。

（1）《格萨（斯）尔》：传唱千年的史诗《格萨（斯）尔》流传于中国青藏高原的藏、蒙古、土、裕固、纳西、普米等民族中，以口耳相传的方式讲述了格萨（斯）尔王降临下界后降妖除魔、抑强扶弱、统一各部落，最后回归天国的英雄事迹。千百年来，史诗艺人一直担任着讲述历史、传达知识、规范行为、维护社区、调节生活的角色，以史诗形式对民族成员进行温和教育。《格萨（斯）尔》史诗不仅具有表达民族情感、促进社会互动的功能，同时也是相关族群社区文化的主要载体，是唐卡、藏戏、弹唱等民间传统艺

图 4-7　图 4-8
图 4-9 《格萨(斯)
尔》史诗(青措提供)

图 4-10　图 4-11　讲唱《拉仁布与吉门索》
（青措提供）

术创作的灵感源泉和其他现代艺术形式的源头活水。[1]

（2）《拉仁布与吉门索》：这部流传于青海的土族民间文学作品用生动的形象、深沉悲壮的语言及讲唱的形式记述了穷人拉仁布和牧主的妹妹吉门索的爱情悲剧。两人从雇佣关系发展到热恋关系，由于吉门索兄嫂的百般阻挠，这对恋人的爱情终归于失败。[2]这个民间故事和梁祝很相似，受到各种礼教的束缚，两个人无法相爱，最后含冤死去。关于两个人的命运结局在民间主要有三个版本：一种是说在两个人的坟地里，长成了两棵大树，这两棵大树在空中合抱在一起。还有一种说法就是两个人化成一朵牡丹。另外还有两个人变成一对鸳鸯的说法。

2. 传统音乐：各族人民在长期社会生活过程中，集体创造出来的一种广泛流传于民间和上层社会、深受人们喜爱的传统的音乐艺术表现形式。如古琴艺术。我们不能将它简单的定义为民间音乐，否则我们说的这种上流社会、宫廷文化、雅乐体系就都不包含在内了。

（1）古琴艺术：古琴是古代的雅乐，被人们称为圣人之乐。知音、打

1　该段文字参考了中国艺术研究院·中国非物质文化遗产保护中心：《第一批国家级非物质文化遗产名录图典》，文化艺术出版社，2006 年版，第 44—45 页。

2　该段文字参考了中国艺术研究院·中国非物质文化遗产保护中心：《第一批国家级非物质文化遗产名录图典》，文化艺术出版社，2006 年版，第 48 页。

图 4-12 古琴演奏
（刘晓辉提供）

谱这些词都是从古琴艺术演变而来的。学术界将古琴视为极富文化内涵的一种乐器，已经超越了乐器本身。之所以位居四艺之首，是因为它在很大程度上提升并影响了中国书画等其他艺术门类的境界。[1]

（2）侗族大歌：侗族大歌是民间音乐中非常了不起的音乐艺术形式。在中国西南山区居住着一个历史悠久、文化独特的民族——侗族。侗族人民在漫长的历史长河中为了生存和发展，依山傍水，建造了山寨、古楼、风雨桥。他们以族姓据占而居，整个民族的历史文化由他们的歌声世代相传。侗族早前没有文字，歌就是民族的

1　该段文字参考了中国艺术研究院·中国非物质文化遗产保护中心：《第一批国家级非物质文化遗产名录图典》，文化艺术出版社，2006 年版，第 111 页。

图4-13　侗族大歌（袁刚提供）

历史、歌就是民族的生命。从开天辟地到人之初，从稼穑农事到婚丧嫁娶，事事都有专门的歌。对于侗家人来说，鼓楼是民族文化的象征，侗族大歌是这个民族的精神支柱。

侗族大歌流行于西南地区，包括贵州省的黎平、从江、榕江三县和广西三江侗族自治县的榕江河一带及毗连的部分村寨。侗族大歌是民间多声歌的组成，包括大歌、声音歌、叙事歌、童声歌、采糖歌、拦路歌。侗族大歌是我们中国民间音乐的高峰之一。其形式无伴奏、无指挥、多声部。搞音乐的都知道多声部是非常困难的，对演唱者的声音、耳朵，尤其是听觉的要求非常高，一个音唱不准，就会影响全局。大型交响乐在演奏的时候，要先发一个音，所有的乐器要找这个音，即基准音。但是我们的侗族大歌就不需要这些，就是站在那儿直接开始唱。曾经有一次在法国的巴黎演出，专家听完以后完全被征服，说这是像天籁一般的声音。侗族人喜爱音乐，饭养身歌养心，汉人靠文字传，侗家人没有文字就靠歌来传。侗族的历史，侗族的文化，一代一代靠着侗族大歌的演唱而传承。所以这个音乐艺术表现形式在整个民族的文化中，具有举足轻重的地位。这种艺术形式，表现了侗族先民的创造力。这一遗产项目列入"人类非物质文化遗产代表作名录"也显示了我们中华民族音乐艺术的独特价值和高超技艺。

图 4-14　图 4-15
侗族大歌（袁刚提供）

图 4-16　侗族大歌
（粟周榕提供）

3. 传统舞蹈：以人的肢体语言为载体来表达中华各民族的生存方式、历史文化心态、风俗习惯、审美传统和民族性格的艺术形式。非遗保护视野下的传统舞蹈，主要是指由广大民众创造，具有悠久的历史文化传统，在民众中世代相传，广泛流传，并以活态方式延续至今，具有鲜明的民族风格和地域特色的舞蹈形式。这一舞蹈形式，有别于经过艺术家有意加工、整理、创作而成的舞台化的表演性民间舞蹈；也有别于经过"学院式"专业化、系统化教育后所呈现的舞蹈形式。传统舞蹈与民俗在产生初期就已融为一体，在民俗活动中产生、传承和发展，并承载着民俗的特殊功能。在一些重要民俗活动和祭祀仪式中，舞蹈支撑着整个活动的过程，并成为人们信仰的载体。在这一过程中传统舞蹈始终保持着鲜明的民族特征，具有无限的生机和活力。如藏族锅庄舞、朝鲜族农乐舞、傣族孔雀舞、塔吉克族鹰舞、维吾尔族刀郎舞等。

（1）藏族锅庄舞：锅庄舞又称为"果卓""歌庄""卓"等。因为"锅庄"的"锅"被译为汉字"铁锅"的"锅"，所以有专家就想象是因为藏族过游牧生活，走到哪里就把锅背到哪里，到地方把锅架起来点上火，一高兴就围着锅台跳舞，于是将"锅庄舞"解释为围着锅台跳舞。这完全是一种误解。藏族人民听后非常不高兴，说我们什么时候围着锅台跳舞了？这完全不是一个概念。在藏语里"锅"是"圆"的意思，"庄"（也发"卓"音）是"舞"的意思，所以翻译过来就是"圆圈舞"。这一舞蹈形式非常古老，在传统民间舞蹈形式中具有普遍性。

1973 年青海河湟流域大通县上孙家寨出土的新石器时期 5 人图形"舞蹈彩陶盆"，以及 1995 年青海同德宗日出土的 13 人与 11 人图形"舞蹈彩陶盆"，都表现了原始舞蹈的一个场景。古代河湟流域是羌族文化非常活跃的区域。后来羌族向西南迁徙，但是这个地区的文化仍然在很大程度上受到了羌文化的影响。

从传统民俗舞蹈角度看，一些地区的民族至今仍然保持与彩陶盆中舞蹈表现形态非常相似的舞蹈表现形式。如甘肃舟曲的藏族舞蹈"多地舞"，舞

图4-17 图4-18
青海玉树藏族舞蹈
"卓舞"

图4-19 1973年青海大通县上孙家寨出土的新石器时期5人图形"舞蹈彩陶盆"

图4-20 1995年青海同德宗日出土的13人与11人图形"舞蹈彩陶盆"

（图片资料来源：刘恩伯：《中国舞蹈文物图典》，上海音乐出版社，2002年版，第2页）

图 4-21　图 4-22　图 4-23　甘南舟曲"多地舞"

蹈表演形式与彩陶盆形象完全一致，舞蹈内容反映先民们狩猎生活的场景。

还有西南地区的拉祜、普米、傈僳、纳西等民族的民俗舞蹈，仍然保持着"联袂踏歌、顿地为节"的原始舞蹈特点。因为这些民族在历史上都是从青海、甘肃一带羌族生活地域迁徙而来的，他们的文化与古羌人文化有着重要的关联。

（2）傣族孔雀舞：在傣族人民心中，"神鸟"孔雀是幸福吉祥的象征。相传 1000 多年前，傣族领袖召麻栗杰数模仿孔雀的优美姿态而舞，后经历代民间艺人加工成型，流传下来，形成孔雀舞。我在考察云南孟连县传统傣族孔雀舞时看到传统的架子孔雀表演，有"飞跑下山""林中窥看""漫步森林""抖翅""点水"等惟妙惟肖模拟孔雀神态的动作，[1]极具表演性和艺术性，在民间深受欢迎。

（3）塔吉克族鹰舞：塔吉克族视鹰为强者、英雄，在民间广布有关鹰的民歌和传说。甚至连舞蹈的起源都与鹰的习性、动态联系在一起，形成了

1　该段文字参考了中国艺术研究院·中国非物质文化遗产保护中心：《第一批国家级非物质文化遗产名录图典》，文化艺术出版社，2006 年版，第 276 页。

图 4-24　傣族孔雀舞（杨明提供）

图 4-25　傣族孔雀舞（杨明提供）

图 4-26　傣族孔雀舞（勒都提供）

图 4-27 | 图 4-28

图 4-29

塔吉克族鹰舞
（金娟提供）

"鹰舞"。[1] 我在帕米尔高原考察塔吉克族的时候，曾看到寄宿小学的孩子们在课间即兴跳了一段鹰舞，由此可见舞蹈的传承和普及非常广泛，孩子们从小就耳濡目染了。

4. 传统戏剧：中国各族人民共同创造的综合性表演艺术。中国的戏曲剧种丰富，历史悠久，如京剧、昆曲、川剧、越剧、豫剧、皮影戏等。

（1）京剧：京剧被人们认为是戏曲的集大成，虽然仅有 200 多年的历史，但是成就辉煌，出现了一大批大师级的表演艺术家和一些经典剧目。20 世纪 30 年代，梅兰芳到美国巡演，当时演出的场景和欢迎总统的仪式一般隆重。

---

1 该段文字参考了中国艺术研究院·中国非物质文化遗产保护中心：《第一批国家级非物质文化遗产名录图典》，文化艺术出版社，2006 年版，第 295 页。

中国传统表演艺术在当时就已经走向国际，产生了很大的影响。后来出版了一部中英文对照版的《梅兰芳访美图集》，系统记录了此次巡演活动。梅兰芳被评为世界戏剧三大表演体系之一（苏联戏剧家斯坦尼斯拉夫斯基体系、德国戏剧家布莱希特体系和中国京剧表演艺术家梅兰芳体系），成就辉煌。

（2）昆曲：昆曲又称昆腔、昆山腔、昆剧，是元末明初南戏发展到昆山一带，与当地的音乐、歌舞、语言结合而生成的一个新的声腔剧种。明代初年在昆山地区形成了"昆山腔"，嘉靖年间经过魏良辅等人的革新，昆

图 4-30 | 图 4-31
　　　　| 图 4-32

梅兰芳演绎《贵妃醉酒》（梅兰芳纪念馆提供）

图 4-33　昆曲《牡丹亭》(李筱晖提供)

图 4-34　昆曲《游园惊梦》(杨耐提供)

山腔吸收北曲及海盐腔、弋阳腔的长处，形成委婉细腻、流丽悠长的"水磨调"风格，昆曲至此基本成型。[1] 随着实践的不断发展，昆曲达到了中国艺术的一个高峰，被认为是戏曲之母，成就辉煌。

1　该段文字参考了中国艺术研究院·中国非物质文化遗产保护中心：《第一批国家级非物质文化遗产名录图典》，文化艺术出版社，2006 年版，第 299 页。

　中国非物质文化遗产保护十讲

图 4-35　苏州评弹表演（苏眉提供）　　　　图 4-36　相声表演（赵梵溪提供）

5.曲艺：以口头语言进行"说唱"叙述的表演艺术形式。民间性比较强，老百姓喜闻乐见。如评弹、相声、京韵大鼓等。

（1）苏州评弹：苏州评弹为"苏州评话"与"苏州弹词"的合称。苏州评话是采用以苏州话为代表的吴语方言徒口讲说表演的曲艺说书形式，流行于江苏南部和浙江北部，并包括上海大部的吴语地区，俗称"大书"。苏州弹词俗称"小书"，由于和苏州评话同属说书行业，曾经拥有共同的行会组织，民间即习惯性地将其与苏州评话合称为"苏州评弹"。[1]

（2）相声：相声是普及面最广、最受群众欢迎的曲艺品种之一，以滑稽、讽刺见长，充满戏剧性。它大约在清代咸丰、同治年间形成于北京，而后在广大北方地区广泛流传，尤以京津一带最为活跃。[2]

（3）京韵大鼓：京韵大鼓主要流行于京、津、华北及东北地区，历史上曾有过"京音大鼓""小口大鼓"等名称。表演时一人站唱，自击鼓板掌握节奏，旁边一般有三人操大三弦、四胡、琵琶伴奏，有时还佐以低胡。[3]

1　该段文字参考了中国艺术研究院·中国非物质文化遗产保护中心：《第一批国家级非物质文化遗产名录图典》，文化艺术出版社，2006年版，第559—561页。

2　该段文字参考了王文章：《第二批国家级非物质文化遗产名录图典》，文化艺术出版社，2012年版，第503页。

3　该段文字参考了王文章：《第二批国家级非物质文化遗产名录图典》，文化艺术出版社，2012年版，第505—506页。

图 4-37 太极拳教学（王天琪提供）

图 4-38 太极拳表演（高崇焱提供）

6. 传统体育游艺与杂技：是数千年来中华民族健体强身，玩物适情的文化生活不可或缺的部分，具有广泛的社会基础。如太极拳、抖空竹、吴桥杂技等。

（1）太极拳：2020 年被列入"人类非物质文化遗产代表作名录"。有人说印度有瑜伽，中国有太极拳。太极拳不涉及场地限制，非常灵活。其具有强身健体，修身养性的普世价值，同时又有天人合一宇宙观的哲学意义，文化内涵十分丰富。

（2）吴桥杂技：吴桥位于河北省东南部，很早就是冀州大地杂技表演密集的地区。晋代墓室中已有宴乐杂技表演的壁画出现。到了宋代，杂技走向民间，出现"勾栏""瓦舍"等演出形式。在 2000 多年的变迁过程中，

吴桥杂技的节目种类不断丰富。据统计，传统节目主要有肢体技巧、道具技巧、乔装仿生、驯兽、马术、传统魔术、滑稽7大类486个单项，集中体现了尚武好义、百折不挠的吴桥杂技文化精神。[1]

（3）抖空竹：空竹，以竹木为材料制成，中空，因而得名。清代曾与空钟混称，俗称响葫芦，江南又称之

图4-39
图4-40
图4-41

吴桥杂技表演（河北吴桥杂技艺术学校提供）

---

1 该段文字参考了中国艺术研究院·中国非物质文化遗产保护中心：《第一批国家级非物质文化遗产名录图典》，文化艺术出版社，2006年版，第635—636页。

图 4-42 清末杨柳青年画《大过新年》，描绘过年时儿童抖空竹玩乐的情景（北京市非遗保护中心提供）

为扯铃。以北京、天津所产的最为著名。明代《帝京景物略》一书中就有空竹玩法和制作方法的记述，明定陵亦有出土的文物为证，可见抖空竹在民间流行的历史至少在 600 年以上。抖空竹是靠四肢巧妙配合完成的运动项目。当双手握杆抖动空竹做各种花样技巧时，上肢的肩关节、肘关节、腕关节，下肢的膝关节、踝关节，加之颈椎、腰椎都在不同程度地运动着，有助于人们的身心健康。[1]

7. 传统美术：指民间社会与人们日常生活紧密相关的传统造型技艺。如唐卡艺术、剪纸、木雕、年画、刺绣等。

（1）剪纸：一种用剪刀或刻刀在纸上剪刻花纹，用

---

[1]　该段文字参考了中国艺术研究院·中国非物质文化遗产保护中心：《第一批国家级非物质文化遗产名录图典》，文化艺术出版社，2006 年版，第 639—640 页。

图 4-43　抖空竹表演（北京市非遗保护中心提供）

图 4-44　图 4-45
库淑兰剪纸作品
（裔萼提供）

于装点生活或配合其他民俗活动的一种民间艺术形式。中国剪纸具有广泛的群众基础，交融于各族人民的社会生活。其所呈现的视觉形象和造型格式，蕴涵了丰富的文化历史信息，表达了相关社区、群体的道德准则、哲学思想和审美理想。

（2）刺绣：刺绣是针线在织物上绣制的各种装饰图案的总称。主要有苏绣、湘绣、蜀绣和粤绣四大门类。苏绣在四大名绣里达到了高峰，它能够用刺绣的语言来表现诗情画意山水一般的写意化图案，与其他的刺绣艺术有很大的不同。图 4-46 不是真正的青铜器，而是绣娘们绣出来的，非常逼真，显示出高超的技艺和创造力。

图 4-47

图 4-46　苏绣青铜器样式　　　　　　　图 4-48　苗绣刺绣（张官菊提供）

8.传统技艺：传统技艺类的遗产项目是十大类别里最多的。诸如瓷器的制作方法、制茶的方法、织丝绸的方法及种类丰富的饮食文化（酒、醋、酱油等酿造类的项目），都是各民族人民在长期劳作实践中，不断探索、总结、提高而形成的具有鲜明特色的手工技艺。我们把这一类非物质文化遗产称为传统技艺。

（1）中国传统木结构营造技艺：中国人造房子不用钉子，而是用榫卯结构紧紧拉在一起。"营造"这个词不只是指盖房子的技术，还包括与房屋相关的园林环境等，这些构成了一个整体。

（2）饮食类的相关制作技艺：传统技艺里比较多的一类就是饮食的制作技艺。我们这几十年的生活发生很大变化，有些遗产项目确实是处在一个濒危状态，但是饮食文化并没有出现这种情况，仍然坚韧地保持着良好的生存状态。各地的饮食文化体现了浓郁的地域性特征。如传统面食制作技艺中

图 4-49　普洱茶制作技艺（李兴昌提供）　　　图 4-50　茉莉花茶制作技艺（林耘提供）

图 4-51　安吉白茶制作技艺（秦盰丰提供）　　图 4-52　西湖龙井茶制作技艺（张闻涛提供）

的拉面能拉成头发丝一样，煮完了不糊在一起，仍旧保持那种韧劲，显示了制作者的高超技艺。还有过桥米线制作技艺、普洱茶制作技艺、花茶制作技艺，等等。

　　9.传统医药：中国重要的非物质文化遗产之一，它在维系人们的生命中发挥着重要的作用。传统医药不仅包括汉民族的医学、药学，还包括藏、蒙古、苗、土家、瑶等少数民族的传统医学、药学。

　　（1）针灸：针灸是我国古代劳动人民创造的一种独特的医疗方法。几千年来，人们利用金属针具或艾炷、艾卷，在人体特定的部位进针施灸，用

图 4-53　藏医诊治（青措提供）

以治疗疾病，解除病痛，并由此创立了独具特色的人体经络腧穴理论，成为中国医学的一朵奇葩，在世界上享有盛誉。[1]

（2）藏医药：藏医药学是藏族文化的重要组成部分，对研究藏族社会的发展具有极其重要的价值。14 世纪以后，藏医药在学术上分为南、北两派。两派的学术内涵各有所长，互有交叉，但南、北两派均为藏医药学的组成部分。[2]

10. 民俗：即民间风俗，指一个国家或民族中广大民众所创造、享用和传承的风俗习惯。包括信仰习俗、传统节日习俗、服饰习俗、饮食习俗、居住习俗等。这里要注意一下，服饰并没有放在传统技艺里面。因为服饰不仅只是它的制作技艺，关键还体现在与其相关的各种仪式当中。在一个民族和地区最隆重的节庆里，穿着民族盛装出席。比如苗族的服饰、青海玉树藏族的服饰，都是在盛大节日中进行展示的，所以要把它们放在民俗中。体现了民族服饰在节庆中的地位。

1　该段文字参考了中国艺术研究院·中国非物质文化遗产保护中心：《第一批国家级非物质文化遗产名录图典》，文化艺术出版社，2006 年版，第 972 页。

2　该段文字参考了中国艺术研究院·中国非物质文化遗产保护中心：《第一批国家级非物质文化遗产名录图典》，文化艺术出版社，2006 年版，第 977—980 页。

图4-54　九华立春祭（柯城区文化和旅游体育局提供）

图4-55　班春劝农（遂昌县非遗保护中心提供）

图4-56　江西婺源篁岭晒秋（方云提供）

（1）二十四节气：二十四节气反映了太阳的周年运动，起源于黄河流域。远在春秋时期，中国古代先贤就定出仲春、仲夏、仲秋和仲冬四个节气。到秦汉年间，二十四节气已完全确立。公元前104年，由邓平等制定的《太初历》，正式把二十四节气定于历法，明确了二十四节气的天文位置。二十四节气是我国劳动人民独创的文化遗产，它能够反映季节的变化，指导农事活动。一些节气和民间文化相结合，已成为人们的固定节日。最著名的

如清明、立春、立夏、冬至等。在这些节令中，往往伴有丰富多彩的民俗活动。[1]

（2）郎木寺正月法会——瞻（展）佛仪式：很多人将这个表述为"晒大佛"。我们觉得"晒"这个字不太准确，不是说把大佛从大殿里搬出来像晒被子一样地晒佛，而是把它搬出来进行瞻仰、展示，并举办一系列的宗教祭典仪式活动。

图 4-57 ｜ 图 4-58
图 4-59 ｜ 图 4-60

郎木寺的正月法会——瞻（展）佛仪式

1　该段文字参考了中国艺术研究院·中国非物质文化遗产保护中心：《第一批国家级非物质文化遗产名录图典》，文化艺术出版社，2006年版，第1103页。

第一节　20 年来的主要工作成果

一、主要数据

2001 年，中国昆曲入选联合国教科文组织"人类口头和非物质遗产代表作"（2001—2020 年，我国积极参与联合国教科文组织非遗项目名录的申报工作，入选"人类非物质文化遗产代表作名录"35 项、"急需保护的非物质文化遗产名录"7 项、"优秀实践名册"1 项，共计 43 项，目前数量位居世界第一）；

2003 年，联合国教科文组织通过了《保护非物质文化遗产公约》，此举具有里程碑意义，我国非遗保护事业由此开启，2004 年全国人大常委会批准我国加入该公约组织；

2005 年 3 月 26 日，国务院办公厅印发了《关于加强我国非物质文化遗产保护工作的意见》（国办发〔2005〕18 号），同年 12 月 22 日，国务院印发了《国务院关于加强文化遗产保护的通知》（国发〔2005〕42 号）；

2005—2009 年，开展全国性非遗资源普查，我国的非遗资源信息有近 87 万项；

2006 年，国务院设立"文化遗产日"（每年 6 月的第 2 个星期六），后更名为"文化和自然遗产日"；

2006—2021 年，国务院先后公布五批国家级非遗代表性项目名录，共 1557 项；

2006—2021 年，中央财政累计投入非遗保护专项资金 87.9 亿元；

2007—2018 年，文旅部先后认定五批国家级非遗代表性传承人，共3068 人（"十三五"期间启动国家级非遗代表性项目抢救性记录工程，对942 位 65 周岁以上国家级非遗代表性传承人开展全面、系统和专业的记录）；

2007—2020 年，设立国家级文化生态保护区（实验区）23 个（其中有11 个在少数民族地区，分布 17 个省区）；

2011 年，《中华人民共和国非物质文化遗产法》正式颁布并实施，开启国内非遗保护法制化的轨道；

2011—2014 年，建立国家级非遗生产性保护示范基地 100 个；

2015—2019 年，全国 110 所院校开展中国非遗传承人群研培计划；

2016 年起，在新疆哈密、贵州雷山、青海果洛、安徽黄山等传统工艺项目集中地区设立 15 个传统工艺工作站，帮助当地传统工艺企业和从业人员解决工艺难题，提高产品品质，培育品牌；

2016—2020 年，建设非遗保护利用设施建设项目 219 项；

2017 年，国务院转发文化部、工信部、财政部共同出台的《中国传统工艺振兴计划》；

2018 年，文旅、工信、财政三部公布第一批国家传统工艺振兴目录；

2021 年，中共中央办公厅和国务院办公厅联合印发《关于进一步加强非物质文化遗产保护工作的意见》（厅字〔2021〕31 号），这是首次以"两办"名义印发的关于加强非物质文化遗产保护工作的政策性纲领性文件，对今后一个时期以来的非遗保护具有重要的指导意义。

二、二十四节气项目申报

在中国申报的 43 项联合国教科文组织非遗名录中，值得一提的是 2016年二十四节气的申报工作。这一遗产项目申报时的全称为"二十四节气——中国人通过观察太阳周年运动而形成的时间知识体系及其实践"，这个名称中的副标题就是对二十四节这个遗产项目的定义。这个定义的确定非常关键，我们的专家、学者对此费尽心思，贡献了巨大的智慧。时任文化部部长雒树刚在遗产申报成功后有重要批示，他提到这一遗产项目的成功入选"是我国非物质文化遗产保护工作取得的一项重要成果，也是对外文化交流的一次成功实践"，这是对这项工作给予的高度认可和肯定。

中央电视台新闻频道也在第一时间对此进行了报道，视频解说内容实录如下：

当地时间 11 月 30 日，在埃塞俄比亚首都亚的斯亚贝巴举行的联合国教科文组织保护非物质文化遗产政府间委员会第 11 届常会上，中国申报的"二十四节气——中国人通过观察太阳周年运动而形成的时间知识体系及其实践"正式通过评审，被列入联合国教科文组织"人类非物质文化遗产代表作名录"，这也是中国第 31 个被列入此名录的项目。此次会议从 11 月 28 日持续到 12 月 2 日，除了评审非遗各类名录项目外，还要对优秀实践名册、国际援助等项目进行评审。当地时间 11 月 30 日，会议主要对 37 个申报"代表作名录"的项目进行评审。当会议主席宣布中国所申报的二十四节气项目（11.COM/10.b.6 项目编号）通过时，全场响起了热烈的掌声。二十四节气是中国人通过观察太阳周年运动，认知一年中时令、气候等方面的变化规律所形成的时间知识体系和社会实践。中国古人将太阳周年运动轨迹划分为 24 个等份，每 1 等份为 1 个节气，统称为二十四节气。中国政府代表团表示："此次二十四节气成功入选，既是教科文组织对该遗产项目的一致认可，也体现出国际社会对保护传统知识与实践类非遗的重视。"中国代表团表示："今天对我们中国来说是个非常值得庆贺的日子，也是非常难忘的日子。咱们的二十四节气在今天的常会上成功入选，非常顺利，毫无悬念。说明整个教科文组织对二十四节气这个项目的高度认可。这个项目能够入选我们觉得非常有意义，非常高兴，是一个重大的突破，重大的项目。"相信《二十四节气歌》很多人从小就会背诵，也正是这种点滴的传承，让古人智慧的结晶一代一代地流传了下去。本次二十四节气的成功入选也正是对这种文化财富最好的保护。

图 5-1 中国政府代表团与亚太中心人员参加保护非物质文化遗产政府间委员会第 11 届常会（联合国教科文组织亚太地区非物质文化遗产培训中心提供）

在申报此项目时，我在文化部非遗司任巡视员并主持工作，受文化部党组的委派，以中国申遗代表团团长的身份去参加联合国教科文组织的常会。我深感责任重大，好在我们前期的准备工作比较扎实，在对二十四节气相关文本的制作和翻译，还有申报片的制作等工作上，各个环节的工作人员都倾注了很多心血。我们代表团一行到达亚的斯亚贝巴后，第一时间到教科文组织秘书处将二十四节气遗产项目需要更正和补充的材料提交上去，确保申报材料的万无一失，所以当时的申报还是比较顺利的。

二十四节气入选后，在国内和海外华人世界引起了强烈反响。我国各大新闻媒体纷纷予以密集报道，一时间成了网络热点。各类新闻快讯、专题报道、科普文章、专家解读、精美图片在网络和社交媒体中广泛传播。二十四节气申遗也激起了广大网友的文化自豪感和爱国情怀，成了热议话题。这个是我们没有预料到的。由于二十四节气涉及语文、地理、历史、政治等多个学科，申遗成功后，相关内容也成为当年的公务员考试、高考、中考等的热门考点。申报的成功也激发了许多艺术家的创作热情和灵感，他们尝试着以影视、舞台艺术等形式表现二十四节气。我当时也接待了多位艺术家，大家都是想着怎样用艺术的手法表现二十四节气。这些让我们感到非常欣慰。国家大剧院交响乐团从事交响乐的朋友跟我讲，他们把二十四节气与西方的交响乐进行有机的结合。我对此很感兴趣，就问他们是怎样结合的呢？他们给我举了个例子，如将二十四节气中的"大寒"这个节气与西方音乐家海顿的交响乐曲《告别》进行结合。因为"大寒"是二十四节气中的最后一个节气，虽然是最寒冷的节气，但是也意味着与寒冷冬季的告别，并迎接春天的到来。而音乐家海顿的《告别》，恰恰也是表达了这样一个意境，二者在文化表现上有相同之处。这使我深刻感受到，人类的文化创造，在很多方面是可以沟通的，可以相互结合，相互欣赏。这样一种效果实际上增进了文化之间的相互了解，真是"各美其美，美美与共"。

同时二十四节气项目的申报成功还带来了很多商机，商家抓住时令气候的节点开发出了很多产品。我见过一种茶叶，一盒就是二十四包，每一包代表一个节气。一般非遗的商业化我们是比较忌讳的，但是像这种方式，我觉得很有意义。通过喝茶的方式，不仅身心愉悦，同时又对非遗项目起到了宣传的作用。这也是《公约》和《非遗法》所倡导的。

二十四节气申遗成功，在国内掀起了一股学习中华传统文化的热潮，这股热潮至今还在持续。这样一个小的生态，实际上激活了传统文化的整体性，比如什么节气喝什么茶，配什么样的古琴表演、文房四宝等。这一情景，与17 年前的 2001 年昆曲申报成功时社会反映冷清的状态，形成强烈反差。这足以证明，短短 10 余年间，我国国民的文化自觉意识的进步与觉醒。后来我也分析，之所以形成这种反差的原因主要有两方面。一个原因是遗产本身。没有一个遗产像二十四节气一样具有广泛的认知度，可以超越民族、学科、地域、意识形态、宗教等。还有二十四节气体现了人类的创造力。在科学技术还不是很发达的古代，先民们就可以较为准确地测算出节气时间节点的变化，并以此指导生产实践，这首先体现出了这一遗产项目的精确性、科学性。所以国际气象界把"二十四节气"称为中国的第五大发明。这样一种广泛的认知度和价值是其他遗产不具有的，所以它在申报成功以后引起了巨大的共鸣和社会反响。另一个原因是我们国家经过多年的文化建设，整个社会和国民的文化自觉意识的进步与觉醒。所以基于以上这两点原因，我们说二十四节气产生的反响和其他遗产是不一样的。

三、饮食文化类遗产项目的申报

传统技艺类项目在十大门类中是最丰富，也是最多样化的。中国传统工艺研究会在 2003 年文化部启动非遗保护工程后，多次邀请有关专家进行探讨，最终将传统技艺厘定为 14 大类，后又有学者提出 18 类的分法。但无论哪种划分形式，从前四批的国家级非遗代表性项目名录中我们可以看到，传统技艺这一门类中与饮食文化相关的遗产项目都是其重要组成部分。饮食文化项目和我们生活的关系最为密切，各地对它都非常关注。据粗略统计，2006—2014 年的四批国家级非遗代表性项目（含扩展项目）中，传统技艺项目合计 507 项，饮食类项目在其中各批次所占的比例依次为 11%、29%、14%、33%。2019 年，文旅部开展了第五批国家级非遗代表性项目推荐申报工作。评审委员会进行审议后，提出第五批国家级非遗代表性项目名录推荐项目 337 项，其中，新列入 198 项，扩展 139 项，并于 2020 年 12 月 22 日至 2021 年 1 月 19 日期间公示。据现有公示信息看，传统技艺类项目共计 86 项，其中饮食类项目约占传统技艺类项目的 35%。这一数据较前四批国家级非遗名录项目的相关数据仍有所增长。需要说明的是，前四批国家级非遗项目评审时，我们对饮食类的项目在总量上有所控制。当时专家们讨论的结果是，饮食类项目本身的生存状况与其他遗产项目相比，其存活力较好，自身的造血能力也比较强。人们对饮食文化有所依赖，这种依赖程度相比其他遗产项目来说更深厚。另外，国家刚开始制定非遗保护名录的时候，原文化部从大的方向战略上也应该有一个导向，如饮食类项目过多，就会很容易在导向上造成保护项目时只关注有经济效益的项目，而更少关注那些不能产生效益的遗产项目的倾向，例如民间文学、民俗、传统戏曲、传统舞蹈、曲艺等遗产。所以当时考虑到鉴于饮食类非遗项目自身生存状况较好的境况，在评审项目时适当压缩了比例，从国家总体保护非遗的目标上来看，这种考量还是有必要的。后来好多人对这种做法不是很了解，说前四批饮食类项目少的原因是因为一些专家只顾着自己的表演艺术、口头文学，对老百姓的事情不关注，等等。实际上完全不是这样。国家在制定方针时要有一个总体的考量，而不是专家不懂之类的问题。当然我们也不能否认饮食文化也是中华传统文化的重要组成部分，它丰富了我们的社会生活，从文化多样性的角度来说也是非常重要的。所以在第五批国家级非遗项目的评审时，比例上有较大的提高。

2021 年 6 月举行的第五批国家级非遗代表性项目名录国务院政策例行吹风会中，《新京报》记者也曾就饮食类的非遗项目提出问题："我们注意到这次在评审组方面有非遗 10 个门类，包括 1 个饮食类，一共 11 个评审专家小组。问一下为什么这次把饮食类单独设置了 1 个评审专家组？"文旅部非遗司负责人对此问题做如下回答："本次评审在非遗 10 个门类的基础上，还单独设立了饮食类评审专家小组，原因主要是：一方面，本次各地推荐申报的饮食类非遗项目数量较多，包括与饮食相关的民俗类项目，共 135 个，占推荐申报项目总数的 1/6。另一方面，在前四批国家级非遗代表性项目名录评审中，饮食类非遗项目都是与传统技艺项目，如制陶、纺织、建筑等一起评审的，而饮食类非遗项目与这些项目的评审标准还是有较大的不同，单独设组评审标准会更加清晰、明确。更重要的是，饮食类非遗项目与其他传统技艺类项目相比具有一些特殊性。'民以食为天'，饮食在人民群众的日常生活中具有最重要的地位。在数千年的历史积淀中，我国人民依据各地、各民族不同的生态环境、物候特产与生活习惯，创造并世代传承着富有民族或地域特色的饮食文化。饮食类非遗项目不仅仅只是饮食制作的技艺，它是一整套与食材遴选、配料加工、菜肴烹制和美食消费相关的知识和实践，是人际交往、礼仪节庆等社会活动的重要组成部分，传达着中国人尊崇自然、顺应时节、食治养生等思想观念和健康理念。可以说，饮食类非遗项目充分体现了中华民族的伟大创造力和文化多样性，对维系文化认同、促进社会和谐与可持续发展都具有重要作用。在本次公布的国家级非遗代表性项目名录当中，共有 18 个饮食类项目列入，13 个项目进行了扩展，涉及了 57 个申报地区或单位。其中就包括了中餐烹饪技艺与食俗这样的综合性项目，徽菜烹饪技艺、潮州菜烹饪技艺、川菜烹饪技艺、土生葡人美食烹饪技艺这样的地方菜系项目。还有刚才介绍的沙县小吃制作技艺、柳州螺蛳粉制作技艺、桂林米粉制作技艺、兰州牛肉面制作技艺等食品制作技艺项目，以及君山银针茶制作技艺、古井贡酒酿造技艺等茶类、酒类非遗项目。本次评审，根据饮食类非遗项目的突出特性单独设立评审小组，主要是发挥国家级非遗代表性项目名录的导向作用，引导社会各界在关注某一种食品、某一样菜肴制作技艺的基础上，更加关注到饮食类非遗项目所蕴含的文化意义、社会功能和当代价值。"

第二节 2005 年国务院关于非遗保护的两个重要文件

2005 年 3 月 26 日，国务院办公厅颁布了《关于加强我国非物质文化遗产保护工作的意见》（国办发〔2005〕18 号），首次以中央政府文件的形式明确指出要充分认识我国非遗保护工作的重要性和紧迫性，并确定了非遗保护工作的目标、指导方针和工作原则。文件后附《国家级非物质文化遗产代表作申报评定暂行办法》《非物质文化遗产保护工作部际联席会议制度》等说明。2005 年 12 月 22 日，国务院发出了《关于加强文化遗产保护工作的通知》（国发〔2005〕42 号），针对各行政单位统筹部署了"物质遗产"与"非物质文化遗产"的工作安排。当时《非遗法》还没有出台，所以这两个文件的颁布对于认识、保护文化遗产的紧迫性和重要性，完善文化遗产保护体系起到了非常关键的作用。

一、保护方针与原则的阐述与解读

1. 保护方针：《关于加强我国非物质文化遗产保护工作的意见》（国办发〔2005〕18 号）是特别关键的一份文件，当时《非遗法》还没有出台。我国 2004 年加入了《公约》，2005 年 3 月份就出台国办文件，这一文件对非遗保护是具有里程碑意义的。文件中全面部署了非遗保护的工作，首次提出"保护为主，抢救第一，合理利用，传承发展"的十六字方针。这与文物保护的方针"保护为主，抢救第一，合理利用，加强管理"，只有四个字不同。非遗"传承发展"，文物"加强管理"，这四个字的差异，在两个文件里有不同的表述，说明这两者本身的规律和特性是不一样的。非遗是活态的，所以要传承发展。文物保护的首要是保障文物的安全，所以要加强管理。但同时二者都要强调保护、抢救和合理利用。

（1）保护为主：把"保护为主"放在十六字方针中的首位也是基于在全球化的大背景下，我们的非遗保护受到了巨大的威胁和挑战。尤其是我们国家自改革开放以来，传统文化的整体生态环境发生了根本性的变化，这种变化不是局部的而是颠覆性。非遗的生存状况令人担忧。就遗产面临的现状与总体状况而言，应该受到保护。所以提出非遗要"保护为主"。把保护作为首要任务，这是我们对整个遗产形势和遗产生存状况的一个总体性的判断。在全社会需要营造一个"人人关注遗产，人人保护遗产"的意识和氛围，这是一个十分紧迫的任务。

（2）抢救第一：在全面推进非遗保护的同时，要对一些具有重要价值，但又处于濒危、传承链条断层状态的非遗项目和传承人进行紧急抢救。这是一个紧急的行为，能够最大限度地避免"人亡艺绝，人亡歌息"现象的发生。所以，在"保护为主"的整体要求下，又突出强调了"抢救第一"，也就是把传承人和技艺本身生存状况比较危急的项目，先抢救起来。这一行为是有轻重缓急的，显示了对遗产保护的紧迫性和重要性意识的强化。

（3）合理利用：遗产的"合理利用"是遗产保护工作中的一个核心问

图 5-2　中国艺术研究院陈列室内的"枯木龙吟"古琴

题。首先，这个考虑也是基于"遗产不能成为我们的包袱，它应当是我们的财富"这一理念。曾经有一句话说的是"传统顶在头上是包袱，踩在脚下是财富"。遗产的保护不能成为我们的包袱，遗产在保护的同时也要为当代人的福祉和社会生活发挥作用，为社区、群体和个人所享用，这也是遗产的持有者和传承者的基本权利，也是《公约》所提倡的主要精神，符合遗产保护规律和可持续发展道路的。习近平总书记对文物有一个重要的指示"让收藏在博物馆里的文物、陈列在广阔大地上的遗产、书写在古籍里的文字都活起来，丰富全社会历史文化滋养"，这实际上强调的就是对遗产的利用问题，虽然其针对的是物质遗产的保护与利用，但完全适用于非遗保护。以活态性为主要特点的非遗，更是要在一代代传承者的社会实践中得到广泛的使用和享用，其生命力才能得到延续。就拿前文中我们列举的中国艺术研究院乐器陈列馆中的唐代古琴"枯木龙吟"的例子来说，如果我们一直把它作为一个珍贵的国宝级文物，长期陈列在展柜里，那么它就完全成为了一个物质遗产。这种状况并不理想。因为它并不是一件普通的唐琴，而是古琴艺术的重要载体。它是有生命的，所以需要让它"醒"来。这次古琴雅集的名字就叫"让古琴醒来"，这个"醒"字就特别点睛。让它"醒"来，发出美妙的声音让人们去感受和欣赏，实际上这是最好的保护。但是这样珍贵的乐器要是使用得太频繁、太随意也是不行的，比如教学、练习、一般性的演奏都要用它是不可以的。这里面就存在着合理利用的问题，利用、使用需要有个"度"，需要遵循遗产的规律和特性。因为我们使用或利用的不是一个普通的物质，而是祖先创造的，历史遗留下来的珍贵的遗产。

目前在全国各地对非遗有一些盲目地开发、产业化现象。我们一再强调，非遗是我们祖先遗留下来的珍贵的遗产。我们需要敬畏和小心地呵护它。《非遗法》第五条明确规定"使用非物质文化遗产，应当尊重其形式和内涵。禁止以歪曲、贬损等方式使用非物质文化遗产"。合理利用的关键问题是，什么是合理利用？怎样做才是合理的？如何界定？这在操作层面是难于把握的。我曾经有一个比喻是，一条船，核定的载客量是30人，船主为了多赚钱，载了50人或60人，严重超载，中途发生事故，这就严重违反了规定。如果对遗产也是这样的态度的话，那将会是严重的伤害和破坏。非遗的"合理利用"，需要采取符合遗产规律和特性的方式方法来指导具体的实践。所以我们后来出台的关于非遗生产性保护指导意见和生产性保护示范基地命名的相关文件，进一步规范了这一保护方式的基本原则。

（4）传承发展：非遗的"传承发展"涉及两个层面。首先，是传承。非遗是我们祖先创造的珍贵遗产，陪伴了我们数千年。这些非遗最终成为中华民族能够认同的文化符号、文化标识以及文化身份的象征。所以，无论从民族文脉的传承，还是从人类可持续发展需要，其首要任务就是传承，没有传承就谈不上保护。我们要千方百计地做好传承工作，要"传技、传艺、传精神"，而不是去见物。"世代相传、活态传承"，强调的都是非遗的传与承。我们保护遗产的目的是传承，传承遗产的目的是延续民族的文脉，使民族文化的基因和生命力不被中断。其次，我们要认识到非遗的活态性和动态性。非遗在社区群体为了适应周围环境，在自然和历史的互动中是不断地被再创造的。人们为了生活的需求，将祖先传下来的遗产在新的环境下进行一种新的创造、新的发展，这是遗产的持有者和传承者的基本需求和基本权利。所以遗产在传承的基础上，不断地进行再创造，这是符合人类社会的发展和文化传承的规律的。实际上这些行为本身就是一种对遗产生命力的延续。所以在这一点上，非遗保护与文物遗产保护有着较大的差别，文物遗产保护不

图 5-3　泸州老窖酒传统酿制技艺展示板

图 5-4　泸州老窖窖池展示板

适用于发展和再创造的思维。假如故宫再发展创新，建一个新的故宫就意味着造假，这是万万不能的。

值得注意的是，我国近 87 万项非遗资源信息，我们大体分为 10 个门类。这些遗产表现形式多样，各类遗产的特性、内涵及传承规律有着较大差异性，所以非遗保护在总体上呈现出较强的特殊性与复杂性。因此，我们在谈非遗的传承与创新发展时，还要对不同遗产项目的传承规律与特性进行科学研判，认真研究，区别对待。不是所有的非遗项目都需要创新发展的，我们有些遗产是越老越旧越好。如传统技艺类项目中的酒、酱油、醋的酿制技艺。酒、酱油、醋贮存的时间越久越有价值，产品更加珍贵。所以此类食物人们讲究的是一个"老"和"陈"字，习惯称为陈年老窖、老陈醋等。我在考察列入"世界文化遗产预备名单"和国家级非遗代表性项目"泸州老窖酒传统酿制技艺"时，看到至今仍在使用着的 449 年前建造的国宝窖池群，和已有数百年历史的天然藏酒洞 —— "纯阳洞"（约 7 公里长的天然藏酒洞）。泸州老窖酒核心工艺流程恪守传统，延续着"古法"酿造技艺。这些传统技艺包括泥窖制作维护技艺、酒曲制作鉴评技艺、原酒的酿造摘酒技艺、原酒陈酿技艺和尝评勾调技艺。数百年来由先辈们口传心授，一代代传承至今。自明万历年（1573 年）开始酿制美酒开始，百年窖池群连续不间断使用至今。随着时间的推移，窖池连续使用的时间越长，促进生香的微生物就越多，生产出的酒就越香。正如著名微生物学家、中科院院士方心芳所说："谁要是把泸州老窖窖池里的微生物研究清楚了，谁就可以得诺贝尔生物学奖。"说明此类遗产技艺经过数百年的传承积淀达到了一种难以企及的高度，形成了一套非常成熟的核心工艺，这也充分体现了此类非遗项目的特殊性和复杂性。所以我们在面对种类繁多、内涵丰富、文化特性和传承规律差异较大的非遗项目时，更加需要科学研判，审慎研究，不可一概而论，盲目创新。

2. 保护原则：政府主导、社会参与，明确职责、形成合力；长远规划、分步实施，点面结合、讲求实效。这一原则，一步步扎实地实现了当时制订的工作目标："通过全社会的努力，逐步建立起比较完备的、有中国特色的非物质文化遗产保护制度，使我国珍贵、濒危并具有历史、文化和科学价值的非物质文化遗产得到有效保护，并得以传承和发扬。"我国用了20年的时间所取得的成果超越了一些国家半个世纪的保护成就。

二、四级名录制度与代表性传承人认定的推进

1. 四级名录制度

为贯彻《关于加强我国非物质文化遗产保护工作的意见》（国办发〔2005〕18号）的精神，总结非遗保护工作的经验，2005年，文化部在北京组织召开了"全国非物质文化遗产保护工作会议"。会议着重介绍了我国非遗保护工作的基本情况，分析了工作中存在的一些问题，并就当前开展的几项重点工作提出了具体的要求和措施。一、在全国范围内开展非遗资源普查；二、各地要推荐和申报第一批国家级非遗代表作，建立非遗保护名录；三、建立有效的非遗保护机制；四、继续推动"保护工程"试点工作；五、扩大宣传，提高全社会非遗保护意识。2005年6月至2009年10月，文化部开展了全国非遗普查工作，登记了非遗资源信息总量约87万项。除了解已知非遗项目的生存状况以外，还发现了一批新的非遗项目，如苗族史诗《亚鲁王》，壮族坡芽歌等。

随着申报工作的不断推进，我国国家、省、地市、县的四级名录保护制度基本形成，这也是我们中国实践的一个重要特色。这一措施是根据《公约》

各缔约国需要拟定遗产清单的要求，并结合国内实际情况而制定的名录保护制度。国家级非遗代表性项目名录是国务院公布的，省级以下的是各省区市人民政府公布。截至目前，国务院共公布了五批共 1557 项国家级非遗代表性项目。

"四级名录"的"四级"指的是：国家、省、地市、县。那么建立"四级名录"保护制度的依据是什么呢？第一，这来自《公约》的第 12 条"为了使其领土上的非物质文化遗产得到确认以便加以保护，各缔约国应根据自己的国情拟定一份或数份关于这类遗产的清单，并应定期加以更新"。《公约》要求"根据国情拟定一份或数份遗产清单"这一条在我们国家就是建立"四级目录"。"定期加以更新"这一条在我们国家就体现为国家级非遗代表性项目名录已经从第一批更新到第五批了，有些地方的非遗名录已经更新到第六批、第七批不等。第二，我们强调的是国家的名录制度要建立代表性项目名录的政府层级。有些专家说中国把遗产分成了三六九等，国家的、省的、市的，这是一个严重的误解。项目保护为什么要进行分级呢？这是中国的行政体制决定的，要让每一个行政层级发挥他们保护遗产的作用。目前我们调查出来有近 87 万项遗产资源信息，这么大的体量若都拿到国家级层面保护是保护不过来的，因此必须要有分级制度，给予合理的划分。"四级名录"是符合中国国情的分级保护政策，它强化了各级政府的主体责任。第三，因为非遗保护是一项行政层面的管理工作，需要政府主导。全国人大进行《非遗法》的执法大检查，也是要检查各级政府在贯彻落实《非遗法》的情况，尤其是政府部门主体责任的落实情况。此外，分级保护也是能够把我们有限的行政和财力资源加以科学的利用。第四，有了分级的保护名录也极大地增强了遗产的可信度和可见度。如原来由于遗产仅在某一个区域里有一定的影响，其他区域的人并不能够了解，更难以实现遗产的分享。但若是它进入名录里，在很大程度上就增强了传播力，提高了影响力，这对遗产的保护工作也是非常有益的。第五，名录制度的建立使遗产有了一个公开透明的清单和档案，这样对遗产的保护情况可以做到心中有数，在公众层面能够起到一种监督作用。所以"四级名录"保护制度体现了中国作为缔约国对《公约》精神和相关要求的落实程度，同时它是符合中国国情和现行行政体制下建立的保护工作的顶层设计的，是非遗保护在中国实践的重要载体。所以，把中国的"四级名录"制度简单理解为对非遗项目三六九等的划分的认识是一种严重误读，甚至是歪曲，是完全不了解非遗保护中国实践工作的结果。这一点是我们必须要加以纠正和重申的。

2. 代表性传承人认定

有了国家级非遗代表性项目名录后，就要认定遗产项目的代表性传承人。我们的代表性传承人认定制度也经历了一个逐步完善的过程。早在 2005 年，中国艺术研究院在全国聘请 30 位民间艺人为"中国艺术研究院民间艺术创作研究员"。将各门类民间艺术实践中具有代表性和影响力的民间艺人，聘请到中国这所艺术研究的最高学府担任创作研究员，给艺术类专业的研究生授课、传艺，这在当时是一个非常了不起的举措。这 30 位民间艺术家都有着多年从事民间艺术创作的实践经历，在木版年画、剪纸、风筝、刺绣、唐卡、泥塑、瓷器、漆艺、木雕、石雕等领域有着重要的影响力和代表性。中国艺术研究院"开门办学"的这一行为，是对传统办学模式和教育理念的创新与发展，给我们的传统教育模式注入了新的活力，丰富了教学内容。这项工作的重要意义，为后来在国家层面开展非遗代表性项目的代表性传承人认定工作打下了重要基础，尤其使得我们对非遗项目的保护传承这一核心问题有了更加清晰和深刻的认识。与此同时，我国在开展非遗保护及代表性传承人的认定方面，学习借鉴了日本和韩国有关"人间国宝"的机制建设与命名经验，结合中国实际开展了非遗代表性项目的代表性传承人认定工作，并在之后的工作中逐步完善。

国家级代表性传承人是由文旅部组织专家认定的，至今已经完成了五批共 3068 名代表性传承人的认定工作。省级代表性传承人是各省人民政府组织认定的。代表性传承人的认定是一项非常重要的工作，它使我们认识到了

图5-5 中国艺术
研究院民间艺术创
作研究员聘任仪式

非遗保护的核心是人，尤其是掌握着高超技艺的代表性传承人这个核心问题。所以国家高度重视保护代表性传承人的整体利益。从2008年起，中央财政对每一位国家级代表性传承人先后按每人每年8000元、10000元、20000元的标准予以资助，鼓励这些国家级代表性传承人开展传承传习活动。

代表性传承人认定的重要意义，是在非遗保护中充分认识到人的核心价值。非遗传承的载体是以人为主的，尤其是掌握着高超技艺的代表性传承人。代表性传承人要认识到自己在非遗传承中的核心地位。代表性传承人的认定是符合非遗实践性和活态传承这一特性和规律的，这里的关键词是"代表性"三个字。这个概念意味着不是任何一个传承人都能够成为代表性传承人，这三个字体现的是掌握遗产技艺的高超程度。而"代表性"的前缀意味着代表的是这个遗产项目和代表其背后的文化。这实际上对传承人提出了很高的要求。一个代表性传承人要在一定区域内有广泛的影响力和知名度，技艺高超，同时传承谱系清晰，并且热爱传承工作。比如大西北的甘、青、宁、新地区民歌"花儿"的传播甚广。在民间很多人都会唱几首，但是"花儿"的代表性传承人一定是那个区域内远近闻名、有广泛影响力和认知度的。大家一听到他们的名字就能知晓，而且他掌握的曲目也比较全，同时他非常重视和热爱技艺的传承。苏州地区的绣娘也很多，但是苏绣的代表性传承人一定是具有高超技艺，传承谱系非常清晰，在行业里具有较大影响力的。例如，表现原子图形的苏绣作品（图5-6）是李政道先生给苏绣国家级代表性传承人张美芳的一个命题作品。这种命题创作作品的完成对传统苏绣技艺的传承人来说是一种挑战。传承人在作品的创作中需要对刺绣传统材料进行新的处理，在具体的针法上需要探索新的方法，在构图色彩的处理和主题思想的表达等方面都要有创新才能完成。这对艺术家的创作能

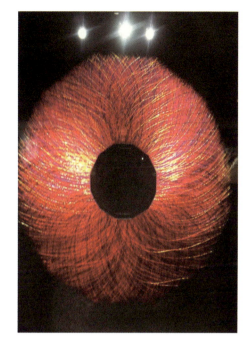

图5-6　张美芳刺绣作品《金核子对撞图》

力、艺术眼界和技艺水平等整体素养是一种考验，对传统刺绣艺术的表现力是一种挑战。苏绣艺术的国家级代表性传承人张美芳出色地完成了科学家李政道先生的这一任务，在艺术与科学之间架起了一座美的桥梁，表现出了一位国家级代表性传承人的艺术水准和艺术素养。

张美芳曾在《李政道与苏绣创新》一文中回忆了这一次的创作经历："是年（2006年）十月份……李先生正式向我提出说，准备把'金核子在真空管内对撞'的科学图像做成刺绣艺术品！啊呀……我听完这话的第一反应是'太不可思议了！'苏绣艺品从来都是表现有形图像或具有明确形状的，如风景、花鸟、人物……而今，我要接受的是这么一幅形状轮廓不明、色彩充满爆发力的科技图片制成刺绣，前所未有，更叫人无从下手的呀……我一连几天仔细揣摩带回来的图片资料，反复温习李先生在沪对我讲解时所述，'科学图像的演绎，一定要寻求科学的思维方法去表达。'……针对图片所表达

的'折射光线'要有爆发力，我遂决定在选材方面'创新'一下，我翻阅查看了大量相关资料，还专门走访科技情报所去向专业人员讨教，采集各种不同材质的'样丝'进行检索。因普通刺绣大多用的是蚕丝，而蚕丝的截面一般呈椭圆形的。如果我仍用蚕丝刺绣的方式来表达和演绎科技图片上的'曲线'，可能会显得过于温柔，这与'金核子碰撞'瞬间产生的'爆发景象'存有很大差异。为此，我决定另辟蹊径大胆尝试，当了解到有一种'天蚕丝'结构是单纤，截面却有棱有角，非常适宜图片所需的'效果'，这条信息对我来说是太重要了，我如获至宝，遂想方设法准备'觅宝'。没想到这种'天蚕'原系野生之物，产量极少，因而价格十分昂贵，这给试验阶段的我们增加了不小的难度。所幸，'天蚕丝'的特殊结构给了我很大启发，终于在兄弟丝织厂科技人员大力协助下，成功研制出了人工'单纤维异形丝'——这种异形丝渗透科技元素，其截面也有棱角，与野生天蚕丝具异曲同工之功效。我们在研究绣制过程中，运用这种'异形丝'与常规真丝绣线分层面、疏密、交叉错合绣制，很快就制出一幅小样……（李先生）肯定了我们试制这幅小样的成功，说'考虑和思路都很符合科学化的……'至此，我总算松了一口气，看来苏绣与科技合作与创新的'定位'让我找准了。此后，我遵照李先生的要求，把'金核子对撞'原图以 1×1（平方米）规格放大，绣制成一幅别具特色的双面绣（《金核子对撞图》）。2001 年 5 月，这幅苏绣艺品有幸入选北京举行的'科学与艺术'展览……想不到李先生给我出的'难题'，竟成就了苏绣的第一次'科技创新'，从中我既感受到了创新的不易，同时也享受到了成功的喜悦！"[1]

另外，对代表性传承人的认定，不仅是对从事非遗保护及相关事业工作者的尊重，也是提高他们社会地位的有力举措。因为在过去的传统社会和人们的传统观念里，从事民间艺术工作的人通常得不到社会的尊重，也没有社会地位，尤其是传统匠人、手艺人更是社会地位低下。我有这样一段经历，

1　该段文字参考了张美芳：《李政道与苏绣创新》，《苏州杂志》，2008 年 4 期，第 77—70 页。

有一次参加国家京剧院的一个座谈会，会上颁发国家级非遗代表性项目京剧艺术代表性传承人的证书和奖牌。参加这个会议的是一批我国京剧表演艺术大家，比如李世济、杜近芳、刘秀荣、杨春霞、刘长瑜、李光等，这些艺术家都是我们小时候欣赏京剧艺术时的偶像人物。在座谈会上，京剧表演艺术家李世济先生的发言令人感动。她说："今天国家授予我们京剧艺术的国家级代表性传承人，这个荣誉高于一切，这个拿钱是换不来的。我是从旧社会过来的人，很清楚在那样的年代里我们的地位，演戏的人被称为戏子，根本受不到尊重。今天党和国家将我们的地位提升到这么高的位置，给予这样高的待遇，受到这样的尊重，我深有体会。"李世济先生的一席话，道出了很多传承人的心里话，我当时听了深为感动。

另外，代表性传承人的认定也是我们在观念层面上的一个重大突破，它打破了传统观念对价值体系的认定和评判。在传统社会里非常注重典籍与文本传承，对精英文化是有记录的，但对民间文化部分却是少有记录的。很多非遗项目是实践性很强的文化表现形式，这些文化形式很难用文字清晰地表达出来。如传统表演艺术的传承，就是要靠师徒之间的口耳相传、言传身教的传承方式才能完成。代表性传承人的认定，是一个从"文本"到"活态传承"的重要性转变，我们认识到一个优秀的民间艺人的身体就是一个不可重复的"文本"。如《格萨（斯）尔》史诗的说唱艺人有很多是不识字的，但是这些说唱艺人记忆力和表现力超群，他们能唱出上百万字的唱词，内容包罗万象，极为丰富。由此我们认识到活体储存与文本知识等价等衡，同样重要。

代表性传承人的认定更是中国非遗保护在实践中探索研究后制定出来的一种保护传承方式。作为传承人，他有传承的责任和义务，比如每年6月的"文化和自然遗产日"需要积极参与宣传，这是法律赋予他的使命和义务。《非遗法》第31条规定，非遗代表性项目的代表性传承人应当履行下列义务：

（1）开展传承活动，培养后继人才；

（2）妥善保存相关实物、资料；

（3）配合文化主管部门和其他有关部门进行非物质文化遗产的调查；

（4）参与非物质文化遗产公益性宣传。

非物质文化遗产代表性项目的代表性传承人无正当理由不履行前款规定义务的，文化主管部门可以取消其代表性传承人资格，重新认定该项目的代表性传承人；丧失传承能力的，文化主管部门可以重新认定该项目的代表性传承人。

除此之外，文旅部专门出台了《文旅部关于国家级非物质文化遗产代表性传承人管理办法》，对代表性传承人的职责、义务等方面予以详细的规定。代表性传承人的认定制度，既是一项保护非遗传承人基本权益的政策法规，也是一项提高传承人社会影响力和知名度的重要措施。自从开展这一项工作以来，对调动广大传承人非遗保护的积极性，提高社会影响力等方面发挥了重大作用。非遗保护 20 年的实践充分证明了这一点。

但随着传承人待遇提高和社会影响力方面的加大，也有少数的传承人开始不太遵守相关规定。在《非遗法》和《传承人管理办法》中也是有退出机制的，取消终身制。被取消的项目传承人可以重新认定。传承本身是个自觉行为，也是大家共同的责任和义务。我国非遗领域的泰斗刘魁立老先生曾经提出，文化要有契约精神，就是传承人和政府之间，政府每年提供一些资金、平台等方面的扶持，但是传承人自己每年也要有一些创作，要带徒传承，宣传弘扬优秀的技艺。如果大家都有这样的契约精神，相互之间自觉地维护约定，才能更好地延续非遗的生命力。这方面我们也在逐步地完善。首先我们要肯定认定代表性传承人的意义和作用。有些技艺有不可替代性，个性化太强。一种技艺的断层或失传意味着一个遗产项目的消失；相反，一种技艺的抢救也就意味着一个遗产的复活。所以，我们还是要从遗产的角度对其进行认定和保护，使之能够流传下去，不影响我们的文化传承，延续遗产的生命力，这是非常重要的。与此同时，代表性传承人如若违反法律法规或者违背社会公德，造成重大不良社会影响的同样要被取消代表性传承人资格。

三、“文化和自然遗产日”、部际联席会议制度及专家委员会的设立

为进一步加强文化遗产保护，在《关于加强文化遗产保护工作的通知》（国发〔2005〕42号）文件中，决定从2006年起，每年6月的第二个星期六为我国的“文化遗产日”。2016年调整设立为“文化和自然遗产日”。国家特别设立“文化遗产日”，一是因为文化遗产保护工作十分重要，二是由于这项工作艰巨，三是这项工作的深入开展必须要有全民族的参与和全民族的文化自觉。国家文化遗产保护领导小组于2006年5月8日在京召开第一次全体会议。会议审议通过了第一个“文化遗产日”活动方案。首个“文化遗产日”期间，全国各地举行了一系列隆重的宣传和庆祝活动，展示了从政府到民间开展的大规模文化遗产抢救和保护工作的重要成果，对进一步提高全社会的文化遗产保护意识，促进我国文化遗产保护工作健康有序发展，有重要的意义。首个文化遗产日的主题为“保护文化遗产，守护精神家园”。其中，重要的活动有：（1）召开“中国非物质文化遗产保护论坛”；（2）举办“中国文化遗产日专场晚会”；（3）举办“和鸣 —— 古琴艺术进大学”活动；（4）举办“中国戏曲剧种保护展”；（5）开通“中国非物质文化遗产网·中国非物质文化遗产数字博物馆”；（6）“中国记忆 —— 中国文化遗产日”大型直播活动。处于全国首次文化遗产日的大背景下，以上这一系列活动，极大地推动了非遗保护工作在全国范围内的影响力和可见度。

考虑到非遗保护工作所涉范围较为广泛，以及非遗保护工作具有较强的政策性、学术性和专业性，国务院办公厅在《关于加强我国非物质文化遗产保护工作的意见》（国办发〔2005〕18号）的文件中提出设立部际联席会议制度。由文旅部为牵头单位，建立了涵盖文旅部、发改委、财政部、国家民委、教育部、商务部、住建部、国家宗教局、国家文物局、中国社科院等15个国务院相关部门共同参与的非遗保护工作部际联席会议制度。2022年1月，国务院将部际联席会议成员单位调整为由文化和旅游部、中央统战部、中央网信办、国家发展改革委、教育部、科技部、工业和信息化部、国家民

委、财政部、自然资源部、住房城乡建设部、农业农村部、商务部、国家新闻出版广电总局、体育总局、中国社科院、国家乡村振兴局、国家文物局、国家中医药局、国家知识产权局等20个部门组成，文化和旅游部为牵头单位。有关非遗保护领域的一些重大问题和事项，在报国务院之前必须联系部际联席会议成员单位召开会议进行协商、会签等工作。各部委之间协同合作，共同致力于非遗保护工作。此外，2006年7月，经文化部批准，成立的由多个学科权威专家组成的国家非物质文化遗产保护工作专家委员会，肩负起中国非遗保护工作中的学术指导和政策咨询的重任。

非遗保护方式的探索与实践也是 20 年来非遗保护工作在中国实践的一个重要理论成果，凝聚着非遗保护的研究者、实践者、管理者的共同努力。从更深层的一面来说，它实际上体现了我们对遗产自身规律、内涵、特点等本体性方面认识的深化。抢救性保护、生产性保护、整体性保护和立法保护，这四种保护方式是在中国非遗保护的实践中普遍认可和广泛应用的。其与"保护为主，抢救第一，合理利用，传承发展"的十六字保护方针有着密切的逻辑上的关系，是层层递进式的。

第一节　抢救性保护

抢救性保护和抢救性记录，是非遗保护的基础性工程，是针对非遗项目濒危状态采取的一种紧急的保护行为。具体的方法是，将无形的非遗转变为有形的形式。通过收集、记录、分类、建档、录音、录像、数字化媒体等手段，对非遗项目进行全面、系统、真实的记录，并积极搜集有关实物资料，予以妥善保存，最大限度地去避免"人亡艺绝，人亡歌息"现象的发生。同时还制定了保护和记录的体例、要求、规则等标准。这一保护方式是符合《公约》关于开展非遗保护相关要求的。这种保护方式的开展在我国并不是有了非遗保护以后才有的。最

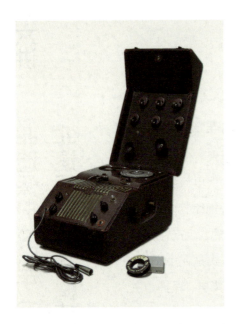

图6-1 20世纪50年代的钢丝录音机（刘晓辉提供）

图6-2 钢丝录音带（刘晓辉提供）

典型的案例是，早在20世纪50年代，著名音乐理论家杨荫浏先生对阿炳演奏的民间音乐《二泉映月》等二胡和琵琶曲的采录。当时杨荫浏先生拿着一台钢丝录音机，到无锡后找到阿炳，采录了阿炳的三首二胡曲和三首琵琶曲，其中影响比较大的就是《二泉映月》这首曲子。阿炳是一个乞丐，后来又因眼疾成为盲人（称为"瞎子阿炳"），是一个多才多艺的盲人音乐家，他不光能弹琵琶、拉二胡、吹箫，同时还能够演唱很多民歌和戏曲。为什么那次只录了6首曲子呢？有两种说法，一种是说当时是因为钢丝录音带没有了，得回去取；还有一种说法是，当时阿炳的身体状况也不太好，所以约好下一次再录。后来再去的时候，阿炳已去世了。最终以《二泉映月》为代表的这6首曲子就成了中国民间音乐的代表和典范，非常经典。日本著名指挥家小泽征尔在中央音乐学院听到《二泉映月》时说"这种音乐我们是需要跪着听的"。这样的感言充分体现了这位音乐大师对这首民间乐曲的崇敬之心。当年杨荫浏先生采录《二泉映月》的钢丝录音机和钢丝录音带现在成了中国艺术研究院音乐陈列室的重要文物。每当举行非遗相关展览时，都会拿出进行展示。这是抢救性记录最典型的例子。假如没有当年杨荫浏先生这样的行

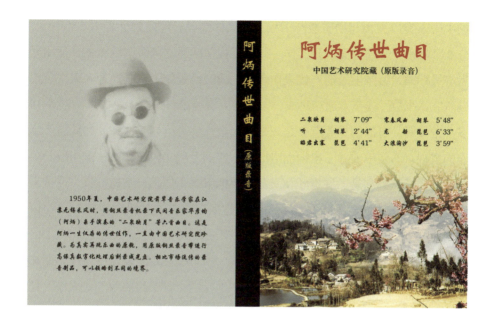

图 6-3　阿炳传世
曲目（刘晓辉提供）

为，我们就失去了《二泉映月》这样的优秀民族音乐作品，这对我们国家和民族的音乐艺术是一个极大的损失。

2002 年 5 月 16 日，为纪念昆曲列入联合国教科文组织"人类口头和非物质遗产代表作"一周年，中国艺术研究院在京召开"抢救和保护中国人类口头和非物质遗产座谈会"，并正式启动"抢救和保护中国人类口头和非物质遗产工程"。时任文化部副部长潘震宙、联合国教科文组织驻北京代表处文化专员埃德蒙·木卡拉和社会学、宗教学、考古学、艺术人类学、民俗学、美学、文学、史学及艺术界著名专家学者张庚、王朝闻、戴爱莲、任继愈、郭汉城、冯其庸、朱家溍、刘魁立、徐苹芳等参加会议。在会上潘震宙阐述了口头和非物质遗产的重要性，并对中国艺术研究院启动该工程给予了高度评价。时任中国艺术研究院常务副院长、党委书记王文章介绍了启动"抢救和保护中国人类口头和非物质遗产工程"的具体情况。他提到计划用 5 年时间，分 3 个阶段在全国全面展开工作。此项工程包括建立等级认证体系、适用开发等级标准，编撰出版遗产代表作名录、遗产代表作图典、遗产未来文化走向研究、少数民族艺术遗产集成，以及建立资料馆、数据库及信息网站等 10 多个子课题。申报的重要意义之一是唤起全社会对抢救、保护非物质遗产工作的重视。不要单纯为了申报而申报，不要把无形文化遗产的保护当成一个招牌，要意识到它是一种责任和义务；要把申报工作和日常的抢救、保护工作，以及文化建设、民族文化复兴结合起来。联合国教科文组织对该座谈会的召开给予了特别的关注，对中国艺术研究院的抢救和保护工程充满了信心。该组织驻北京代表处文化专员埃德蒙·木卡拉在专题发言中特别感谢文化部和中国艺术研究院组织这场座谈会。他指出，宣布昆曲为"代表作"是要把它作为许多非物质遗产保护的杰出范例。联合国教科文组织的观点很明确：保护非物质遗产对世界整个文化遗产的研究、保护具有重要意义。2002 年是联合国文化遗产年，中国在文化遗产保护方面所做的积极工作和采取的一系列措施，都是对《保护非物质文化遗产公约》庄严承诺的履行，这些行动充分显示了中华民族的自豪感和对保护人类文化共同遗产所做的贡献。

2002 年 12 月 8—10 日，中国艺术研究院在北京举办了"人类口头和非物质遗产抢救与保护国际学术研讨会"。会议阐明抢救和保护无形文化遗产的重要意义，充分交流世界各国在抢救、保护口头和非物质遗产时的做法和经验，研究建立抢救、保护的有效机制，以推动提高社会保护口头和非物质遗产的自觉意识，进一步促进世界及我国的抢救和保护工作。联合国教科文组织驻华代表处文化专员埃德蒙·木卡拉进一步表明，对于这些特殊的人类文化遗产的保护来说，我们所能做的就是：一、把它们当前状态录制下来，通过纸媒或视像媒体；二、通过帮助有关人员并让他们把技艺传给下一代人以使遗产存活下来。他指出，宣布人类口头与非物质遗产的目的正是保证某些最著名的文化表达方式存活下来又不影响其未来的发展方向。与会的各国代表分别阐述了抢救和保护工作的重要意义，介绍了抢救和保护工作的经验，并就建立抢救和保护工作的有效机制、文化圈研究与抢救和保护工作、重视少数民族文化遗产的抢救和保护等问题进行了研讨。

在 2013 年试点基础上，2015 年，"国家级非物质文化遗产代表性传承人抢救性记录工程"正式启动，对国家级非遗代表性传承人掌握的丰富知识和精湛技艺进行全面、完整记录。在此基础上，2017 年启动实施"非物质文化遗产记录工程"，中央财政累计投入 3.8 亿元，对非遗代表性项目进行更加全面、系统、专业的记录。目前，已支持 1363 名国家级代表性传承人开展记录工作（其中人口较少民族传承人 20 名），内容涉及综述篇、口述篇、项目实践篇、传承教学篇、文献收集篇五大领域，用数字多媒体等现代化手段，记录和保存了一批代表性传承人所承载的独到技艺。记录影像成果时长总计将超过 8000 小时。

第二节　生产性保护

非遗"生产性方式保护"这一理念，是在我国非遗保护工作的进程中应运而生的。它是针对非遗中部分具有生产性质的项目特点而提出来的一种保护方式，主要针对传统技艺、传统美术和传统医药的炮制技艺项目保护。2010 年，《关于加强非物质文化遗产生产性保护的指导意见》（文非遗发〔2012〕4 号）对非遗的生产性保护的定义进行了规范。生产性保护是指"在具有生产性质的实践过程中，以保持非物质文化遗产的真实性、整体性和传承性为核心，以有效传承非物质文化遗产技艺为前提，借助生产、流通、销售等手段，将非物质文化遗产及其资源转化为文化产品的保护方式"。生产性保护是我国探索非遗保护工作中的重要方式之一，也是符合非遗自身的传承规律的保护手段。只要我们在实践中注意研究总结，遵循遗产规律，把握方向，注意引导，就一定能够使其在带动地区经济和社会发展、改善人民生活方面发挥积极作用。

一、背景

为何对传统技艺、传统美术和传统医药的炮制技艺项目要进行生产性保护呢？研究发现，这些项目有着很强的个性化色彩，在文化的创造力方面显示出独特性和丰富性。在此类遗产项目中，很多传承人都有着自己的独门绝活，这些高超技艺是他们在长期世代相传的实践中摸索、总结和提炼的结果。它引领着这一行业的发展走向和最高成就，是文化高峰的标志。这些技术在丰富人们的生活、展示人类的文化创造力方面有着非常重要的意义和价值。值得注意的是，这类遗产项目在传承方面仍然保持着传统的师徒传承或家族传承模式。在现代工业化生产的背景下，这些以传统手工为主要生产方式的遗产项目的市场，受到全面挤压和冲击，生存空间十分狭小。其一，此类遗产项目的特点都是手工制作，工艺复杂，生产周期长。其二，此类遗产项目的个体性非常强，生产形式大多以个体和家族式小型企业为主，处于单打独斗状态，未能形成一定的规模。这样一种状态当遇到大的社会变革或受到新的生产方式的影响时，缺乏竞争力，容易受到冲击。其三，此类遗产项目的传承不同于群体性较强的项目，其核心技艺的掌握者大多是在个体层面，当徒弟们没有及时掌握核心技艺时，遗产就很容易出现断层。在传承方面一旦出现问题就很容易造成整个遗产的断层，甚至走向消亡。这是此类遗产项目的一个共性问题。所以，面对这样一种特殊状况，在国家层面亟须出台相关政策进行有力的扶持，使传统技艺类遗产项目的生存状态得到有效改善。

生产性保护的理念最早是在 2006 年由王文章先生提出来的。为此他举办了多场以"生产性保护"为主题的活动。其中影响最大的是，2012 年在北京农展馆举行的"中国非物质文化遗产生产性保护成果大展"。当时中央常委分管文化的李长春同志观看了展览之后在现场发表了讲话："生产性保护是最积极、最有效、最有利于非遗可持续发展的保护传承方式。生产性保护是文化工程，也是惠民工程、德政工程。"这是对"生产性保护"理念的充分肯定。展览所呈现出来的非遗的多样性也得到了民众的广泛欢迎。

当时开展生产性保护还有一个背景，我们了解到这类项目的企业和传承人地方税收负担较重，尤其是 17% 的增值税很难承受。我们和中宣部改革办与国家税务局一起到贵州、云南去考察，发现这些企业生产条件都比较差，很多材料、资源都从农民手里买，从农民手里买没有发票，直接就是白条，这些就很难纳入税务系统作为税收的有效凭据。还有一个现象是，这些材料的成本普遍较低，但是人工的周期较长，最后的成品价格却不高，这是一个很大的问题，当时国家在这一方面还没有太多相关的优惠政策。所以，我们就想通过调查，给这些项目在国家税收的层面提供一些扶持政策。但是这件事情操作起来也比较困难，国家的税收是一个经济杠杆，很难突破。而且在操作性层面也缺乏具体的手段，比如怎么判断材料与人工的成本关系，技术层面有较大的难度。但是税务部门通过这次考察了解后给予了很大的同情，通过实地调研后他们认识到，非遗普遍的特点就是手工的成本太高，工艺求精，周期又很长，最后这些使用的材料和产品销售的价格又不高，这样就形成了一个特别不协调的状况。当时他们开玩笑地说，要是从中石油、中石化里面扣一点出来就完全能解决中国非遗的这个税收扶持问题。但是，说归说，真正到操作层面的时候都很难实现。所以，非遗税收优惠方面的扶持政策最终还是没有落实，也是我在任期内留下的一个遗憾。后来国家也出台了一些小微企业的扶持措施，有些非遗生产性保护企业也可以得到扶持，但是毕竟不像一个非遗生产性保护项目税收扶持专项政策这样有力。

建立生产性保护示范基地企业是生产性保护的有效措施。比如，作为美和居老陈醋酿制技艺保护单位的山西老陈醋集团有限公司早在 10 年前就已经探索出了"非遗＋旅游"的路子。他们把工厂打造成了生产、非遗传习、展览、展售、旅游观光体验等多功能的文化综合体，设计了非常精致合理的观光路线图，把酿醋的每个工艺环节背后的"讲究"真诚地表达出来，让消费者感受传统工艺背后的文化魅力。我们在开展生产性保护示范基地命名工作的前期实地考察时，美和居的整体设计理念给我们考察组留下了深刻印象。他们的工作人员介绍："改革开放初期，在激烈的市场经济浪潮中，老陈醋

图 6-4 2020 年东湖老醋亮相世博会（尹霞提供）

厂从计划经济模式向市场经济模式转变的过程中，生存遇到了严峻的挑战。1996 年，山西老陈醋集团有限公司董事长郭俊陆以国家级非物质文化遗产'老陈醋酿制技艺'为核心，开创性地打造了国内首家立体、动态、体验式的工业旅游景区'东湖醋园'。开园至今，接待数百万游客。参访者通过亲耳聆听与亲眼所见古老神秘的传统工艺、品尝老醋健康食品，加深对山西老陈醋'新的老秘密'探索兴趣，对老传统工艺的健康醋食品产生更强的养生体验意识，从而更早更快更全地了解山西老陈醋，拉近参访者与传统古法技艺的距离，传承保护这一珍稀的非物质文化遗产。"

近年来文化与旅游融合发展迅速，有越来越多的非遗保护单位把发展体验经济视为非遗保护工作的创新举措。再如，景德镇佳洋陶瓷有限公司作为景德镇手工制瓷技艺项目的保护单位之一，开设了各种层级的技艺研修班和手工制瓷体验课程，2020 年全年接待代表性传承人、传承人群、中小学生等接受培训、研学和体验近万人。国家级非遗生产性保护示范基地河南开封的汴绣（也称宋绣），在国家级代表性传承人王素花的带领下，公司业务有了新的发展，产品样式多样化，而且吸收了 20 多名青年残疾人就业。我第一次去考察该公司时，看到生产车间井然有序，管理井井有条，考虑到残疾人的特殊需求，连刺绣工具、凳子、桌子都是特制的。这些身体不同程度残疾的青年人拥有精湛的刺绣技艺，不仅能够通过完成刺绣订单养活自己，而且也因此获得了社会的尊重。在国家级非遗生产性保护示范基地中，这样的案例是很多的。

二、问题

中国非遗保护分为十大门类，并不是每一类都符合生产性保护。这一保护方式主要是在传统技艺、传统美术和传统医药药物炮制类的领域中开展。因为这些遗产项目大多有着商品属性和市场属性，这是它的重要边界。我们的生产性保护概念是非常严谨的，不是 10 个门类都要开展的，否则就会乱。2011 年，我们先后命名了两批国家级非遗生产性保护示范基地 100 个，进一步规范和强化了保护工作。各地申报后，我们组织专家都要进行实地考察。印象比较深的是，当时我们到呼和浩特去考察蒙医院。当时蒙医院也是门庭若市，病人很多，而且患者的面很广，有北高加索一带国家和中亚国家的好多患者，还有我们国内各地的也都来到蒙医院就医。蒙医有一些绝活，比如蒙医的火疗针灸、正骨等技艺高超，疗效非常好，受到了患者们的普遍认可和欢迎。蒙医院有着很好的效益。但是在考察过程中突然觉得蒙医院效益虽然挺好，但医院作为非遗生产性保护的示范基地很不妥。我们的国家级非遗生产性保护示范基地建设要求是传统医药中的炮制技艺，而不是医院的整体治疗，如果把医院和一般的产品、商品等同起来就有些问题。我们觉得这个问题需要进一步研究。当时我们建议内蒙古方面申报一个蒙医药的炮制技艺，或者是蒙医中有一定物质载体的项目，经过商量以后最终他们放弃了申报蒙医院为生产性保护示范基地的想法，改为申报蒙古包的制作技艺，这个是比

图 6-5 同仁堂博物馆对联（张志红提供）

较符合要求的。为什么不能把蒙医院申请为生产性保护示范基地呢？后来我们认识到非遗保护的一个本质特点，就是要以人为本，生命至上的意义。有一次我到北京崇文门的同仁堂博物馆，这座专业性很强的博物馆里有很多祖训和文献展示，其中有两句话深深地打动了我："但愿世间人无病，哪怕架上药生尘。"这是清代挂在同仁堂的一副对联，这是真正的医者仁心，宁可药店没有生意，药架上都是灰尘，也不希望天下苍生被病魔缠身。

假如我们认识不到非遗的这些人文特性和深刻内涵，只是简单地给蒙医院门前挂一个国家级非遗生产性保护示范基地的牌子，把一个以救死扶伤、治病救人为崇高目标的医院当成一般的工厂和企业，这就严重违背了非遗保护的根本宗旨和精神，违背了非遗保护中的"伦理原则"，这是极其错误的。好在我们的工作还是比较严谨，及时地发现了问题，把握住了工作的方向和核心要点，没有造成其他任何影响，这也是我们感到特别庆幸的一点。通过此次经历，我越来越深刻地认识到非遗的特殊性，认识到非遗是一项政策性、专业性、学术性很强的工作。

在开展生产性保护工作时，我们需要关注以下几个问题。

第一，生产性保护不是生产性方式开发。在生产与经营流通等环节中使此类具有"生产性"的非遗项目得到有效、健康的发展，最终达到科学保护，这是这一保护方式的终极目的。这一保护方式与目前文化创意产业领域中推行的生产经营模式有很大的不同。在文化创意产业领域中，一般更为注重产品的生产与经营理念，强调创意，注重文化产品进入市场所取得的经济效益。而在非遗保护领域，则重点强调"保护方式"。因为它更加关注"生产过程"，关注蕴含和体现非遗核心技艺与文化内涵的环节 —— 手工艺生产实践，也就是传承实践的"行为方式"。联合国教科文组织的非遗分类里有一项是传统手工艺，我们的《非遗法》没有强调"手"字。手工艺其实是有深刻内涵的，这和一般创意产业其实是有很大区别的。但在工作实践中有时往往容易混淆这两个概念，因而时常发生一些非遗项目的保护工作偏离正确轨道的现象。

第二，在开展生产性方式保护工作中，一定要坚持非遗项目的手工制作技艺和传统工艺流程这一重要性质，这是开展此类非遗项目保护工作的底线。同时，应更加关注"生产过程"，关注蕴含和体现非遗核心技艺和文化内涵的环节。在生产实践过程中，一旦项目的制作工艺完全被机械化所取代，那将会断送这些非遗的生命，从而也就丧失了它的文化价值和艺术魅力。当前，在一些地区，对于非遗生产性保护方式的理解出现严重偏差。他们只是一味地追求产品数量、经济效益，大肆开发非遗产品，以满足人们强烈的物质欲望和经济利益的获取。这些行为，完全忽视了对非遗核心技艺和文化内涵的认识，忽略了非遗项目的手工艺生产实践环节，从而也丧失了非遗产品所特有的民族文化内涵和艺术价值。如近年来市场上出现的印刷品唐卡就是典型事例。一些工艺粗糙的印刷品唐卡在市场上频频出现，严重冲击了以传统手工绘制、珍贵天然矿物质作为原料为特点的唐卡艺术。前者的特点是周期短，成本低，生产快，但毫无收藏价值。而后者则周期长，投入精力很大，成本高，

图 6-6　唐卡绘制
工具

图 6-7　手工唐卡
艺术作品

有很高的艺术审美价值和收藏价值。特别指出的是，手工绘制的唐卡，在绘制前画师们要举行祭拜、洗礼等仪式，同时，在绘制过程中体现着人们对民族文化的虔诚之心和敬畏之感。这一点恰恰是唐卡艺术十分重要的民族文化内涵，也是它作为非遗代表性项目最核心、最有价值的地方。而印刷品唐卡则完全丧失了这些文化意义，彻底成为一味追求经济利益的产物。如果我们对这样一种现象熟视无睹，不加以制止，必将给这一古老而精湛的藏族绘画艺术的传承与发展带来不利影响。最终也背离了非遗自身的发展规律和保护初衷。在面对非遗项目的开发与利用问题上，我们必须要保持一种理性的思

图 6-8　手工唐卡
艺术作品

维。我们对祖先创造的这些伟大而优秀的文化遗产首先需要保持一份敬畏之心，决不能把有着悠久历史和较高文化价值的非遗项目，像对待开采煤矿一样。开发利用非遗项目要有所节制，把握好"尺度"，要适度。

第三，要正确处理非遗保护与市场效益的关系，避免"重申报，轻保护"，只注重非遗产业市场效益的情况出现。10 个门类的非遗项目是无法全部进行生产性保护的。只有传统技艺、传统美术及传统医药的炮制技艺类项目符合"生产性保护"要求，因为此类遗产本身就具有市场属性和商品属性。所以在地方执行政策的时候，容易出现过度重视产业化的偏差。在第五批国家级非遗代表性项目申报的过程当中，一些地方在申报中，出现了只要没有市场前景和产业开发潜力，就不予以通过的现象。有些省，甚至把民间文学类的项目一律卡掉，因为他们觉得这些遗产项目没有任何经济价值，像这种行为就严重进入了误区，是我们非遗保护在认识方面非常悲哀的一件事情。一味地追求非遗的 GDP 和产业化的思维，一味地以经济价值最大化为目标的做法，不仅严重背离了非遗保护的根本宗旨和目的，而且导致了非遗十大门类保护工作间的不平衡。

第四，非遗生产性项目的发展需要引入现代的设计理念。非遗项目的生产性保护首先要立足于对传统技艺的遵守和保护上。这是这些项目能够成为文化遗产加以保护的根本和基础。但是生产性保护工作必须与当下社会的发展和人们的生活紧密联系在一起，只有这样我们的保护工作才能具有广泛的基础，才能顺应时代的发展。这就需要在传统的非遗生产性项目的合理利用方面融入或引进现代的设计理念。在保留传统非遗产品生产方式和核心技艺的基础上，使产品应具有时代感和现代气息，赢得年轻一代的喜爱，从而在现代市场竞争中占有一席之地。这种保护与发展思路也是符合和体现《公约》中关于世代相传的非遗"在各社区和群体适应周围环境以及与自然和历史的互动中，被不断地再创造，为这些社区和群体提供认同感和持续感，从而增强对文化多样性和人类创造力的尊重"的精神的。

以国家级非遗代表性项目"衡水内画"的实践为例。传统的"内画"艺术主要用于生产各类的鼻烟壶产品，而今需要在保留传统工艺和内画绘制技艺的同时开发新产品，这样才能使这一传统项目得以有效的传承和保护。目前，该项目设计生产了一些精美的女性化妆盒、香水瓶、个人肖像瓶及其他装饰性和观赏性较强的工艺品，为内画赋予新的内容，注入新的活力。其产品远销欧美等地，受到人们的青睐。同时，也产生了很好的经济效益和社会效益。这是一个值得认真总结和关注的发展思路。一个好的产品还需要有好的独特的个性化包装和装饰，这是产品进入现代市场不可忽视的重要环节，也是现代人类社会消费生活中十分重要的内容。现在不少非遗产品，内容很好，但作品缺乏好的包装，缺乏艺术的点缀，与内容很不相称，因而严重影响了非遗产品的市场。目前，我国非遗生产性项目的产品包装工艺普遍比较滞后，层次较低，缺乏新意和民族特色，严重影响了作品的效果。如我国土家族、侗族、壮族、黎族等少数民族织锦技艺，在生产过程中很好地坚守着项目的传统技艺，传统样式，产品十分精美，但由于产品包装相对单一、简陋，缺乏民族特色和个性化色彩，一定程度上影响了市场的发展。产品的经济价值也未能达到理想的程度。还有羌族、土族、撒拉族的刺绣艺术，赫哲族的鱼皮制作技艺以及一些民间美术类作品等也存在类似的问题。这是一个值得关注的问题。要解决这一问题，需要有专业设计专家、非遗专家和传承人的共同介入，需要政府管理部门的正确引导和有力支持。

三、相关的实践

1. 非遗研培计划

中国非物质文化遗产传承人群研修研习培训计划（简称"研培计划"）是非遗保护事业的一项基础性、战略性工作，它是伴随着我国非遗保护工作进一步深化应运而生的。该计划旨在为非遗保护工作提供高校的学术和教学资源支持，通过组织非遗项目持有者、从业者等传承人群到高校学习专业知识、研究技艺和技术、开展交流研讨与实践，帮助非遗传承人群强基础、拓眼界、增学养，增强文化自信，提高专业技术能力和可持续发展能力，提升非遗保护传承水平。同时也丰富参与院校的学术和科研积累，完善相关学科体系建设，更好地发挥文化传承创新功能。

开展"研培计划"工作的主要依据和目的有以下三点。首先，它是我国作为《公约》缔约国践行《公约》关于确保非遗生命力的各种措施中开展正规与非正规教育的相关要求，履行缔约国职责的重要体现；其次，根据非遗代际传承的需求，"研培计划"为培养年轻一代传承人的能力和素养提供了良好的平台，为非遗产品走进现代生活探索一条有效路径；最后，"研培计划"有利于加强社区与高校的合作，为高校教育提供新的资源和创作元素。

基于以上相关要求和需求，2015 年文化部为推进此项工作，在中央美术学院（简称"央美"）先行试点，开展了"非遗保护与现代社会 —— 中青年非遗传承人高级研究班"，选择剪纸、刺绣、木雕、漆艺等项目的青年传承人集中到央美进行为期一个月的学习交流活动。作为研培计划首个试点院校，央美的培训工作是建立在多年田野调查与研究的基础上的。在资深教授、非遗专家靳之林先生和乔晓光教授的主持与指导下完成整个培训工作。培训班还特别邀请了国家级剪纸艺术代表性传承人高凤莲母女以及刺绣、木雕、漆艺等项目的国家级代表性传承人作为指导导师。在教学实践中，央美将大学与社区活态的文化传承连接起来，在大学和社区间建立了文化交流与互动机制，开拓了非遗传人进校园、非遗培训进社区等创新互动模式。并在培训工作中提出了"文化要知情、技艺要知艺、发展要知辩"的理念。"三知"理念倡导传承人要成为社区文化的"知情者"和"持有者"，同时要继承上一辈传承人精湛的传统技艺，面对社区非遗传承与发展的新时期，辩证地对待传承与创造的可持续之路。在此基础上，研究班还探索了培训工作"常态化、互动化、职业化"的"三化"教学模式。"常态化"即让非遗培训走出孤立于常规教学之外的边缘处境，进入学校日常教学体系，形成可持续的教育教学周期。"互动化"即非遗培训教学课程不是单向的学院派知识学习，而是非遗知识体系与学院知识体系的互动共生，让传承更加传统，让传承更具活力。"职业化"即根据非遗传承类型的职业化需求培养人才，避免培训单一"美术化"倾向。非遗传承需要提升传承人对遗产传统的认知与文化水平，拓宽传承人文化艺术视野，增强文化传承的秉持与创造力，使其成为文化传承发展的重要力量。央美在培训课程中，通过传统文化讲座、家乡的非遗等课程内容，让传承人意识到地域性文化的独特性和重要性，并给予传承人充分文化尊重和文化自信，让传承人作为文化的"知情者"和"持有者"回到所在地，促进地域性非遗的活态文化传承。同时，坚持以社区的社会发展需求为主体，鼓励发挥传承人的个体才能和潜能，为社区非遗传承的可持续寻找适应社会发展的途径与方法。

央美在试点工作中探索出一套符合非遗传承人群研培教学内容和工作模式，为我们进一步扩大试点院校的范围与启动实施"研培计划"积累了宝贵经验，探索出了一条可行性路径。之后，清华大学、北京服装学院、上海大学、苏州工艺美术技术职业学院、上海工艺美术技术职业学院、北京建筑大学、中南民族大学、青海民族大学、新疆大学、云南艺术学院等110多所高校相继开展此项工作。截至2019年6月，举办研修、研习、培训活动670余期，培训传承人群近2.8万人次，加上各地的延伸培训，全国参与人数达9.7万人次。研培计划有效地帮助非遗传承人增强了文化自信和传承实践能力，提升了非遗保护传承水平；丰富了非遗保护的举措，激发了非遗传承的活力，促进了非遗与现代生活的融合；密切了院校与地方社区的联系，促进了相关的学科专业建设，增强了高校的文化传承和文化创新能力。同时，"研培计划"在增加城乡居民就业、促进精准扶贫、带动地方经济社会发展等方面发挥了积极作用，社会影响力不断增强。

"研培计划"的广泛实施，为旅游资源丰富地区和边疆少数民族非遗的传承发展，做出了积极贡献，受到广大民众的欢迎。现在这项工作效果显著，产生了很大的社会效益和经济效益。尤其是非遗产品的品质有了很大的提升，非遗产品的多样化、品质化、时尚化和民族性有了新的提升，一定程度上丰富了文化旅游产品市场，带动了民族地区和一些贫困地区的就业。

为保障"研培计划"有序实施，取得更好的成果，文化和旅游部、教育部、人力资源和社会保障部于2018年4月印发了《中国非物质文化遗产传承人群研修研习培训计划实施方案（2018—2020）》。对"研培计划"的总体要求、实施范围、实施重点、研培学员和参与单位、工作内容、课程体系与教学要求、教学组织与管理、工作机制和保障措施做了具体规定。2021年10月，文化和旅游部、教育部、人力资源社会保障部又印发了《中国非物质文化遗产传承人研修培训计划实施方案（2021—2025）》，计划参与院校达121所。

对于高校里实施非遗"研培计划"这项工作，在非遗学界也出现了不同

图 6-9	图 6-10	图 6-11
图 6-12	图 6-13	清华大学美术学院"研培计划"学员作品

的声音。这些学者的主要观点是：把非遗传承人送到高校里接受西化的知识和理念，实际上等于改造了本土化的非遗。这一做法完全背离了中国非遗的传统和传承规律。实际上这些人并不了解这项工作的真实情况，更不了解参加培训的传承人的切身感受以及培训所产生的良好效果。我们在前一节讨论为何在传统技艺和传统美术类非遗项目中开展生产性保护时反复阐述过，在当今的工业化时代下，传统工艺类非遗在传承发展中受到的严峻挑战和遇到的困境是前所未有的。许多非遗产品不能融入现代生活，无法适应现代社会，尤其是年轻一代人的需求，这样的状况直接影响到遗产项目的传承问题。这一现象所反映出的深层问题是，假如某个传承人掌握的技艺出现断层，那么就意味着可能一个遗产项目出现中断，甚至消亡。因此从国家层面采取积极有效的保护措施，建立有效机制是一项当务之急的工作。在高校开展非遗"研培计划"这一工作思路正是在这样的背景下产生。把各地的传承人，尤其是年轻一代传承人请到有着较好地非遗研究和实践基础的大学里学习交流，一方面是开阔眼界，另一方面与有经验的老师、设计师和专家一起研究探讨传统工艺的可持续性和当代性问题。这是一件双赢的事情。

承担研培工作的院校必须在传统工艺类非遗项目中有较强的师资力量、教学经验和研究基础。如今天的清华美院，其前身是中央工艺美术学院，这里汇聚着中国传统工艺美术等方面的顶尖级专家教授，办学条件优越，理念先进。在半个多世纪的教育实践中，培养了众多杰出人才，为中国传统工艺文化的传承与高水平发展做出了突出贡献。在清华美院举办的各类非遗项目培训班上，传承人们在学习交流过程中，不但使技艺得到了提高，同时也更加清醒地认识到了自身掌握的技艺特色和遗产的独特价值，从而增强了文化自信和文化自觉意识。

创建于 1958 年的苏州工艺美术技术职业学院，是一所非常有特色的专科院校。该校把苏州地区苏绣、缂丝、核雕、木雕、石雕、玉雕、砖雕、苏作家具和桃花坞木版年画等非遗项目作为教学工作的重点内容和培养人才的主要方向，几十年来为国家培养出许多优秀人才。这所学校还开展了与贵州

图 6-14　图 6-15
国家级代表性项目
"银铜器制作及鎏
金技艺研培计划"
学员作品

雷山地区传统工艺等非遗领域的帮扶与合作交流，取得了很好的成果，为少数民族地区的非遗保护和文化建设做出了重要贡献。值得一提的是，2001年该学校将濒临倒闭的桃花坞年画社整体接受，作为校办企业。把桃花坞木版年画国家级代表性传承人房达志聘请到学院，为他建立了专门的工作室开展年画的创作研究，培养传承人，使濒临消亡的桃花坞年画起死回生。我们的研培学员在这种文化氛围的学校里学习交流，获得的不仅仅是专业技能方面的知识，而且深化了对遗产保护、遗产实践的认识，提高了自身的文化自觉意识，起到的作用是多方面的。

作为研培院校之一的中国美术学院，早在20世纪50年代就举办了传统手工艺的培训班，江南一带的许多民间手艺人都曾有过在这所学校里学习深造的经历。东阳木雕国家级代表性传承人陆光正就是其中的佼佼者，学校至今还保留着他当年的学籍卡和相关资料。在"研培计划"的实施过程中，中国美术学院发挥自身优势，将培训工作开展得有声有色，在陶瓷、木雕、漆艺、金属锻造等领域为学员们开设了高质量的培训课程，收到了很好的效果。位于青藏高原的青海民族大学，早在2003年就开设了唐卡艺术的学历教育，学校从热贡地区聘请了中国工艺美术大师、著名的唐卡画师夏吾才让为首席顾问，还有一批高超技艺的唐卡画师作为授课教师，学习唐卡艺术的研培学员在这里得到了非常规范、非常专业的指导。学校培养了许多优秀的唐卡画师，为唐卡艺术的教育传承、优秀民族文化的弘扬探索了一条有效路径，产生了很好的社会影响。还有云南艺术学院、上海大学、上海工艺美术学院、凯里学院、新疆大学、内蒙古农业大学、北京建筑大学、北京服装学院等众多研培院校，在"研培计划"的实施中发挥各自学校的优势和办学经验，精心设计课程内容，结合不同地区的不同专业、不同学员特点进行合理安排，科学筹划，研培工作整体井然有序，成果显著。在100多所研培院校中，诸如此类的优秀案例还有很多。

实施非遗"研培计划"是一项非常严谨科学的工作，当各地的院校提出承办培训申请之后，文旅部非遗司将组成专门的工作小组深入考察，充分了解承办学校在传统工艺方面的教学经验和教学基础。本人在非遗司分管此项工作期间，曾带领工作小组走访过全国40多所研培院校进行实地考察，审慎推进相关工作（审慎推进显示了政府的工作态度）。在百余所承担"研培计划"的院校里，没有一所大学完全照搬西化的教学模式去改变我们传承人的技艺。各个承办学校都精心设计筹划"研培计划"的课程，尊重非遗各门类的技艺特点和文化传统，把主要课程的设计和培训目标放在拓宽学员眼界这一领域。在教学环节中安排了许多实地考察、观摩交流活动，让各地尤其是来自边远地区的传承人开阔眼界，获得创作灵感。在研培中，特别安排了交流互动环节，传承人纷纷走上讲台讲述他们所传承的技艺和个人的从艺经历。这种方式为高校的非遗保护与研究工作提供了一个学习交流的平台，极大地丰富了教学内容。通过与非遗传承人的交流互动、共同合作，参与者普遍反映收获颇丰，受益良多。

2. 非遗传统工艺工作站

2016年3月起，文化部陆续支持相关企业、高校和机构在新疆、湖南、贵州、云南、青海等地的传统工艺聚集地设立了10余个传统工艺工作站，涉及刺绣、木雕、漆艺、金属锻制、传统民居营造技艺等多个非遗项目门类。

序号	工作站名称	设立时间
1	新疆哈密传统工艺工作站（雅昌文化集团、清华大学美术学院为驻站单位）	2016年3月
2	湖南湘西土家苗族自治州传统工艺工作站（北京木真了时装有限公司为驻站单位）	2016年3月
3	贵州雷山传统工艺工作站（苏州工艺美术职业技术学院为驻站单位）	2016年3月
4	青海果洛藏族自治州传统工艺工作站（上海大学为驻站单位）	2016年3月
5	安徽黄山徽州传统工艺工作站（故宫博物院为驻站单位）	2016年11月
6	广东潮州传统工艺工作站（中国纺织工业联合会为驻站单位）	2017年7月

序号	工作站名称	设立时间
7	浙江东阳传统工艺工作站（中央美术学院为驻站单位）	2017 年 9 月
8	山西忻州(静乐)传统工艺工作站(文化和旅游部恭王府博物馆为驻站单位)	2017 年 10 月
9	荆州传统工艺工作站（清华大学美术学院为驻站单位）	2017 年 10 月
10	大理传统工艺工作站（下设剑川、大理、鹤庆三个基地，中央美术学院驻剑川基地，云南艺术学院驻大理、鹤庆基地）	2017 年 11 月
11	重庆荣昌传统工艺工作站（北京服装学院为驻站单位）	2018 年 5 月
12	海南保亭传统工艺工作站（东华大学服装与设计学院为驻站单位）	2018 年 8 月
13	四川成都传统工艺工作站（中央美术学院为驻站单位）	2018 年 10 月
14	济南百花洲传统工艺工作站（北京歌华大型文化活动中心有限公司、明府城管理中心为驻站单位）	2018 年 10 月
15	四川凉山传统工艺工作站（唯品会为驻站单位）	2019 年 2 月
*	杭州市拱墅区传统工艺工作站	2017 年 11 月
*	上海大学传统工艺工作站	2017 年 11 月
*	广东南方日报报业集团传统工艺工作站	2017 年 8 月
备注：标 * 的是支持地方设立的三个中心城市传统工艺工作站		

表 6-1　传统工艺工作站名单

近年来，传统工艺工作站的建站模式在实践中不断丰富和完善，既帮助当地提高传统工艺发展水平，又在促进就业增收、精准扶贫、乡村振兴、民族团结等方面发挥了积极作用。

2016 年 3 月，"雅昌文化集团、清华大学美术学院驻新疆哈密传统工艺工作站"在哈密市成立。这是文化部支持企业、高校和地方联合设立的首个传统工艺工作站。雅昌集团选派三个设计团队进驻哈密，调研、整理哈密刺

图 6-16　图 6-17
图 6-18　2020 年哈
密传统工艺工作站
剪纸刺绣培训班
（哈密工作站提供）

绣文化资源，建立长期合作机制。通过在传统刺绣中应用新颖的设计，增加现代时尚元素，帮助哈密刺绣合作社、专业户争取订单。截至 2018 年底，新疆哈密工作站已组织 5000 余名绣娘参与了不同层级的培训，参与团队设计出 798 款运用哈密元素的刺绣新产品，下达绣片订单 3.2 万份。

2016 年 7 月，"上海大学驻青海果洛藏族自治州传统工艺工作站"成立。该工作站旨在借助上海大学高校

图 6-19 | 图 6-20

图 6-21

哈密工作站部分文创产品（哈密工作站提供）

图 6-22 格萨尔"英雄史诗"限量钢笔套装（上海公共艺术协同创新中心提供）

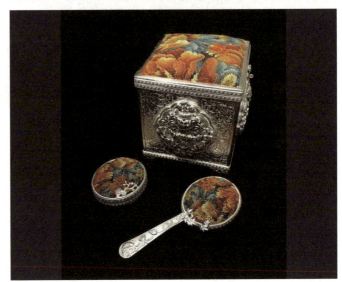

图 6-23 "绒绣与果洛"银饰锻造化妆盒系列（上海公共艺术协同创新中心提供）

资源帮助果洛州传统工艺企业及从业者提升研创能力，解决工艺难题，提高产品品质，培育品牌，拓展市场。果洛工作站开发了当地牦牛皮和牦牛毛系列产品，将非遗资源进行合理利用。如将广泛流传的藏族史诗《格萨（斯）尔》中的英雄格萨尔形象与上海产的老字号"英雄牌"钢笔进行了巧妙结合，产品设计精美又实用，寓意也非常好。

第一节　整体性保护

随着我国非遗保护工作的全面推进和对非遗理论研究的不断深入，我们逐渐认识到保护非遗仅仅以单一的项目性保护是不够的，也是不完整的。保护工作还要关注到这些遗产项目所孕育和依存的文化生态，因为这是非遗项目所赖以生存和发展的土壤。任何一个非遗项目绝不是孤立存在的，它的生存和发展与周边整体的生态有着内在的关联性。只有关注到非遗项目的这些特点，才能使得其保护工作见成效。所以，在非遗保护工作中建立整体性保护理念，是一项十分紧迫而重要的任务。

一、遗产自身的完整性

非遗项目的整体性保护有两层面的内容：遗产自身的完整性、文化生态保护区建设。整体性保护首先是对每个非遗项目本身要有一个整体性的认识和解读。以古琴艺术为例。古琴是中国最古老的弹拨乐器，承载着中国的礼乐精神，寄托着中华文人的思想与情操。相传，古琴创始于史前传说时代的伏羲氏和神农氏时期，距今已有3000多年。古琴的形制在汉代逐渐发展完备，有着丰富的文化内涵。比如琴头长三尺六寸五分，象征一年三百六十五天。琴头宽六寸，象征东南西北，苍天厚土。琴尾四寸，象征四季交替，生生不息。古琴的十三个徽位，象征一年十二个月和一个闰月。小到风花雪月，大到家国天下，无论是古代还是现代，古琴都代表着中国人的生活态度和君子气节。[1] 我们在认识古琴艺术时，不能只是聚焦于古琴这一物质本身，而是应该从古琴的制作技艺（包括木质的选材、加工、阴干等）、古琴的音律的调试、演奏技艺、传统记谱方式、传统的曲目、演奏仪式及相关环境、欣赏方法和要略、相关典故、传承群体培养等方面，对古琴艺术进行整体性的认识。只有这样，我们才能完整地理解被人们称为"圣人之乐"的古琴艺术及其所承载的深刻文化内涵。

再以中国传统建筑营造技艺为例。在中国文化的语境里，营造技艺不是单指某一个单体建筑的技艺，还包含着与这一建筑群相关环境的关系。建筑本身与园林布局是一个有机、和谐整体。此外，还有相关行业性的知识，如从建筑营造本体而延伸出的一些典故，诸如班门弄斧、钩心斗角、雕梁画栋、五脊六兽、拐弯抹角、碧瓦朱甍，来龙去脉、门当户对、歪门邪道等。我们在日常生活中所熟悉的这些成语典故均来源于建筑营造。这些形象生动的建筑术语，不仅加深了人们对建筑艺术的了解，还极大地丰富了社会语言，体现了人的智慧和想象力。所以，中国的传统建筑营造并不是一个简单的技艺，"营造"是一个特定文化氛围。还有景德镇陶瓷的例子。景德镇是瓷都，是古代进贡皇家用品的主要生产地。在清代景德镇的管理者为三品官。所以景德镇的瓷器制作工艺精湛，技艺高超，管理严格。瓷器生产的工艺流程极其规范，对工匠要求极其严厉，形成了分工明确，责任到人的工作制度。"拉坯、修坯、施釉、烧窑、釉上彩绘"等流程中的各个环节都是每个匠人独立完成，有力地保障了皇家用品的质量。与其他瓷器的制作有着很大的不同，景德镇传统制瓷技艺中没有"万金油"式的全能匠人。所以，在景德镇瓷器制作技艺代表性传承人的认定中需要充分考虑了它的特殊性与整体性特点。在第三批国家级非遗代表性传承人的认定时，针对景德镇瓷器的这一独特性，我们

1　中国新闻网视频号，《解码中国文化基因——古琴》，2022 年 3 月 8 日。

一次性认定了6位不同工种的国家级代表性传承人，保证这一古老而特殊技艺的传承。后来文旅部批准设立了"景德镇陶瓷文化生态保护实验区"，对景德镇的陶瓷文化给予区域性的整体保护。以上这些工作的主要目的就是想让人民大众对一个遗产项目本身有个整体性的认识和了解。

二、文化生态保护区建设

整体性保护第二个层面的内容就是建立文化生态保护区，实行区域性整体保护。2010年2月，文化部出台了《关于加强国家级文化生态保护区建设的指导意见》。国家级文化生态保护区是指以保护非物质文化遗产为核心，对历史文化积淀丰厚、存续状态良好，具有重要价值和鲜明特色的文化形态进行整体性保护，并经文化部批准设立的特定区域。截至2020年6月，文旅部已先后设立23个国家级文化生态保护（实验）区，分布于全国17个省区市，其中11个是在少数民族地区。全国各省区市设立的省级文化生态保护实验区，目前已达到了146个。建立文化生态保护区对非遗项目进行全面的区域性整体保护，是非遗保护中国实践的一个创举，是非遗保护理念的升华。中国在非遗保护实践中创立文化生态保护区的举措受到了周边国家及联合国教科文组织的高度关注。

1. 文化生态保护区建设的背景

文化生态保护区概念植入非遗保护，是基于非遗的动态属性，及其与环境、历史和遗产持有人的再创造相互关联的特性，实施整体性建构式保护方式的探索实践模式。文化生态保护区建设既是非物质文化遗产保护工作任务，又是非物质文化遗产保护理论与方法的实践，所以它的目标要从工作性和学理性两个层面考虑，并进行考量和评价。从工作层面而言，文化生态保护区的目标是要实现对非物质文化遗产 —— 文化形态 —— 文化生态的整体性保护，以体现非物质文化遗产在促进民族团结、增进民族自信心和凝聚力、建设社会主义和谐社会与社会主义核心价值体系中的独特作用和重要意义。从学理层面而言，将"文化"与"生态"建立联系，终极目的是在充分尊重文化群体对文化进行传承、发展的前提下，将人的生活与自然环境、社会环境协调起来，以建立文化自信、文化自适、文化自觉的和谐结构。[1]

我国实施开展国家级文化生态保护实验区建设工作，是根据国务院办公厅《关于加强我国非物质文化遗产保护工作的意见》（国办发〔2005〕18号）中"研究探索对传统文化生态保持较完整并具有特殊价值的村落或特定区域，进行动态整体性保护的方式"的精神，以及国务院《关于加强文化遗产保护的通知》（国发〔2005〕42号）中"加强少数民族文化遗产和文化生态保护区的保护。重点扶持少数民族地区的非物质文化遗产保护工作"的任务，对文化遗产丰富且传统文化生态保持较完整的区域，要有计划地进行动态的整体性保护。对确属濒危的少数民族文化遗产和文化生态区，要尽快列入保护名录，落实保护措施，抓紧进行抢救和保护的要求。

2006年发布的《国家"十一五"时期文化发展规划纲要》提出，在"十一五"期间要"确定10个国家级民族民间文化生态保护区"。2011年出台的《非遗法》中，虽然没有出现文化生态保护区的概念，但在第三章第26条中有专门的论述："对非物质文化遗产代表性项目集中、特色鲜明、形式和内涵保持完整的特定区域，当地文化主管部门可以制定专项保护规划，报经本级人民政府批准后，实行区域性整体保护。"其中"实行区域性整体保护"的表述，正是文化生态保护区建设的核心理念和重点内容。

根据上述文件精神和总体的工作要求，文旅部先后批准设立23个国家级文化生态保护实验区，全面实施文化生态保护区建设工作，推进非遗的整体性保护。名单如下：

1　该段文字参考了罗微：《文化生态保护区建设的缘起、实践及目标》，文化部非物质文化遗产司：《探索与实践：国家级文化生态保护区建设现场交流会暨专家论坛资料集》，文化艺术出版社，2011年版。

序号	名称	区划范围	设立时间
1	闽南文化生态保护实验区	福建省（厦门市，漳州市，泉州市）	2007 年 6 月
2	徽州文化生态保护实验区	安徽省（黄山市，绩溪县）	2008 年 1 月
		江西省（婺源县）	2008 年 1 月
3	热贡文化生态保护实验区	青海省（黄南藏族自治州）	2008 年 8 月
4	羌族文化生态保护实验区	四川省（阿坝藏族羌族自治州茂县、汶川县、理县，绵阳市北川羌族自治县，松潘县、黑水县、平武县）	2008 年 10 月
		陕西省（宁强县，略阳县）	2008 年 10 月
5	客家文化（梅州）生态保护实验区	广东省（梅州市）	2010 年 5 月
8	晋中文化生态保护实验区	山西省（晋中市，太原市小店区、晋源区、清徐县、阳曲县，吕梁市交城县、文水县、汾阳市、孝义市）	2010 年 6 月
9	潍水文化生态保护实验区	山东省（潍坊市）	2010 年 11 月
10	迪庆民族文化生态保护实验区	云南省（迪庆藏族自治州）	2010 年 11 月
11	大理文化生态保护实验区	云南省（大理白族自治州）	2011 年 1 月
12	陕北文化生态保护实验区	陕西省（延安市，榆林市）	2012 年 4 月
13	铜鼓文化（河池）生态保护实验区	广西壮族自治区（河池市）	2012 年 12 月
14	黔东南民族文化生态保护实验区	贵州省（黔东南苗族侗族自治州）	2012 年 12 月
15	客家文化（赣南）生态保护实验区	江西省（赣州市）	2013 年 1 月
16	格萨尔文化（果洛）生态保护实验区	青海省（果洛藏族自治州）	2014 年 8 月
17	武陵山区（鄂西南）土家族苗族文化生态保护实验区	湖北省（恩施土家族苗族自治州，宜昌市长阳土家族苗族自治县，五峰土家族苗族自治县）	2014 年 8 月

序号	名称	区划范围	设立时间
18	武陵山区（渝东南）土家族苗族文化生态保护实验区	重庆市（黔江区，石柱土家族苗族自治县，彭水苗族土家族自治县，秀山土家族苗族自治县，酉阳土家族苗族自治县，武隆县）	2014年8月
19	说唱文化（宝丰）生态保护实验区	河南省（宝丰县）	2017年1月
20	藏族文化（玉树）生态保护实验区	青海省（玉树藏族自治州）	2017年1月
21	客家文化（闽西）生态保护实验区	福建省（龙岩市长汀县、上杭县、武平县、连城县、永定区，三明市宁化县、清流县、明溪县）	2017年1月
22	河洛文化生态保护实验区	河南省（洛阳市）	2020年6月
23	景德镇陶瓷文化生态保护实验区	江西省（景德镇市）	2020年6月

表7-1 国家级文化生态保护实验区名单

文化生态保护区建设是我国非遗保护方式的一种探索，是我国的非遗保护从单一的项目性保护，到关注与非遗项目所孕育、依存发展的人文生态和自然生态实施整体性保护的转变。这是非遗保护在理念和认识层面的一种深化，也是我国在非遗保护领域中的一个创造性举措。运用文化生态的概念，通过建立文化生态保护实验区的工作实践，创造性地提出对非遗进行整体性保护，既是我国对《公约》精神认识水平的表现，也是一个文化资源大国履约能力的体现。

2. 需要关注的几个要点

10余年来，文化生态保护区建设在推动我国非遗的整体性保护，促进区域性经济社会协调发展等方面发挥了重要的作用。目前，我国文化生态保护实验区建设正处在关键时期，还需要在认识层面进一步厘清思路，明确建设目标，保护工作需要关注以下几个方面。

（1）关注人与环境的关系，加强文化生态的保护与修复。这是文化生态保护区建设的核心问题。在文化生态保护区里，环境首先强调的是人文环境，而人文环境很多是与观念、思想、信仰等精神层面因素密切相关。改革开放 40 多年来，中国社会发生了深刻的变革。人们无论是在思想观念，还是衣食住行等方面都发生了翻天覆地的变化。人们在分享现代文明成果的同时，也深切地感受到现代化对传统文化生态所带来的巨大冲击。许多非遗项目难以有序传承，生存处于濒危状态。究其根本原因，是文化遗产所依存的传统文化生态发生了根本性的变化。为此，抢救和保护非遗，加强非遗的整体性保护、建设文化生态保护区，就成为十分紧迫的任务。正如前文提到的，"将'文化'与'生态'建立联系，终极目的是在充分尊重文化群体对文化进行传承、发展的前提下，将人的生活与自然环境、社会环境协调起来，以建立文化自信、文化自适、文化自觉的和谐结构"是文化生态保护区建设的根本任务。我们反复强调，文化生态保护区不是经济开发区，也不是文化产业园区。据此，我们要认识到以非遗为核心的文化生态保护区，其保护的主要对象是创造和传承文化遗产的人及其生存的生态环境。在保护区的建设中，不能将文化生态保护区错误地理解为一般的经济开发区和文化产业园区去开发利用。反对盲目建设，尤其各种以保护名义建设的所谓主题公园、产业园和那些形式主义的楼堂馆所等。文化生态保护区建设不能号召大家都用非遗去挣钱，都去搞产业化、市场化，从而忽略文化生态的保护与修复，甚至最终使文化生态遭到破坏，这是一种短视行为，与国家建设文化生态保护区的初衷是完全相悖的。

2017 年 7 月，"全国文化生态保护区建设论坛"在青海黄南藏族自治州举行，与会的专家、学者深入考察了热贡文化生态保护区，目睹了保护区建设在近几年所发生的变化。作为参与此次论坛的一员，我切身感受到了热贡文化生态保护区所发生的变化。热贡文化生态保护实验区是我国设立的第一个少数民族文化生态保护区。自 2008 年设立以来，经过 10 余年的努力，热贡地区的文化生态得到了明显的修复，生态区内呈现了良好的文化氛围。尤其值得一提的是，多年处于式微状态的藏戏艺术，在热贡生态区内得到了良好的发展。民间自发的藏戏团（队），由 10 年前的 4—5 家，增加到目前的18 家。藏戏的表演团队，不但有民间村落组建的，也有牧民、学校及宗教寺院组建的。各藏戏表演团队不仅有固定的演出场所，还进行跨省表演交流。其中藏戏之乡的江什加村、浪加村、双朋西村、尖仓村、和日村等，新建了戏台和广场，形成了新的社区文化空间，结束了长期以来藏戏演员露天演出、风吹日晒的历史。现在广大村民们在家门口就可以享受到具有现代气息的舞台化的藏戏演出。这样一种发展态势，有力地促进了藏戏艺术的发展。保护区内藏戏的从业者目前已经达到了 600 余人，这一数字在 10 年前是不可想象的。

以唐卡、堆绣、泥塑、木雕、彩绘、壁画、石刻为主要文化表现形式的"人类非遗代表作"——热贡艺术，更是得到了长足的发展。据统计，目前"热贡艺术"的从业者达到了 3 万余人。广大从业者不仅增加了收入，提高了生活品质，而且带动了热贡地区整体社会经济的发展。同时，对民族地区的社会稳定、和谐发展发挥了重要作用。建设的一批非遗基础设施在非遗保护与传承方面发挥了重要作用。如新建的热贡艺术博物馆，成为文化生态保护实验区内的标志性建筑，场馆的设计民族特色鲜明、展示内容丰富，成为人们了解热贡文化的重要窗口。保护区内以国家级代表性传承人和中国工艺美术大师为龙头，根据不同的非遗项目建立的数十个传习所、传习中心、艺人之家等，在遗产的展览、展示、传承、传播等方面发挥了很好的作用，在文化生态保护实验区建设中具有示范性作用。热贡文化生态保护实验区建设的探索与实践，使热贡地区的广大民众深切地感受到了非遗保护工作带来的变化，有了一种获得感。这些都得益于保护区建设中对这种文化生态所采取的积极而有效的保护与修复措施。

（2）抓文化特色。文化特色是文化生态保护实验区的生命和灵魂。一个民族和一种地域文化的特色是在长期的历史进程中形成的。"一方水土养

图 7-1　图 7-2
2020 年双朋西村民
间藏戏团展演

育一方人，一方人造就了一方文化"，这一句俗语强调的就是文化的地域性
与民族性特点。文化的特色具有持久性，是别人拿不走，也很难学得到的。
文化特色实际上是一种浓缩的民族性，具有这些内涵的文化成品，经过时代
的过滤，积淀精粹，形成精品，打上了深深的地域与民族的烙印。文化生态
保护实验区建设不但要最大限度地去保护、保持这些具有鲜明地域特色和民
族特色的文化，还要强化和弘扬这些文化的特色。

文化生态保护区应当是一个文化特色鲜明、文化多样性十分丰富的特定

区域。理想中的文化生态保护区，原住民们在分享现代文明成果的同时，还要传承自己特色鲜明的民族文化。营造氛围浓厚的文化生态，要以特色文化为切入点，这个特色要以传统文化为基础，要把非遗与当地的老街、传统村落和民众常态化的生活结合在一起，激发非遗在社区中的活力。当然，文化生态保护区建设更重要的是要有千家万户的参与，广大民众自觉的参与是保护区建设中的重要力量。

以"格萨尔文化（果洛）生态保护实验区"为例。《格萨（斯）尔》史诗文化是文化生态保护实验区最主要的文化特色。因此，保护和营造良好的史诗说唱文化生态是保护区的核心工作。格萨尔说唱艺人是史诗的灵魂人物，活态传承是《格萨（斯）尔》史诗基本文化特性，格萨尔生态保护区建设要始终抓住这个根本。我国《格萨（斯）尔》史诗的保护与研究走过了半个多世纪的历程，在搜集、整理、记录、出版、翻译等研究领域涌现出了很多优秀的成果。但是这一遗产的濒危状态、传承后继乏人问题仍然没有得到改变。其间一个重要的原因是在长期的研究中，还没有总结出这一遗产的传承规律和濒危的根本原因，未能制定出有效的保护措施。口头文学类非遗项目的研究领域，长期以来注重文本的研究成为一种主流，对项目的挖掘、记录、整理、研究、出版成为核心工作。目前这一领域有针对性的现状研究和对策性研究成果还不多，尤其对"传承人"这个核心问题的研究和保护还缺乏有力的理论指导。因此，有时还存在着国家层面想出台保护措施，但又苦于缺乏有力的理论研究支撑的问题，最终难以出台有针对性的保护措施，使得这些非遗项目传承濒危的状态没有得到有效改善。

从非遗保护的角度来看，我们要关注的是遗产的"活态传承"问题。前联合国教科文组织非物质遗产处处长塞西尔·杜维勒认为，非物质文化遗产作为活遗产，源于过去，并在当今和未来予以继承。非物质文化遗产并不存活在档案室、博物馆、图书馆。相反，它活在人类的精神世界当中。确保非遗的生命力，是非遗保护工作的最终目的。对于说唱艺术类非遗项目，我们要加深对其遗产自身动态性规律的认识。《格萨（斯）尔》史诗说唱艺人具

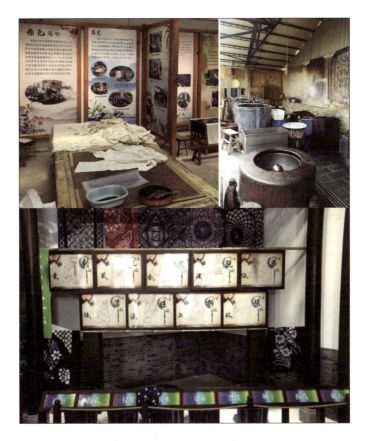

图 7-3 国家级非遗生产性保护示范基地 —— 白族扎染工作坊

有很强的流动性特点，这是保护这一遗产项目中需要关注的核心问题。在文化生态保护实验区的建设中，我们要积极探索适合史诗等说唱文化生态的保护方式，增强适应能力和生存能力，营造和培育文化生态。

（3）文化与旅游业的深度融合。云南大理地区本身是一个旅游胜地，近年来，在大理民族文化生态保护实验区建设中十分注重非遗与旅游业的相互融合。保护区内的非遗馆、传习所、展览展示基地、民族文化街区等都与旅游进行了很好地结合，成为旅客重要的参观目的地。以国家级非遗生产性保护示范基地 —— 大理市周城璞真综艺染坊扎染为例。在基地建立了扎染历史博物馆、扎染制作工艺流程作坊、产品展示区、游客体验区、产品销售

图 7-4 国家级非遗
生产性保护示范基
地——白族扎染工
作坊——晾晒场景

图 7-5 国家级非
遗生产性保护示范
基地——白族扎染
工作坊——游客体
验区

区等。游客来到这里，了解扎染的历史，亲眼看见扎染制作工艺流程，知晓产品品质，然后还可以参与体验制作，交流合作，最后在产品购物区里选购自己满意的扎染产品。这样的做法，取得了很好的社会效益与经济效益，受到游客的欢迎。

图 7-6　老达保村（2012 年列入第一批中国传统村落名录）

　　还有普洱市的老达保村是个典型的拉祜族村寨，全村寨有 114 户 473 人，全部是拉祜族。该村寨自然风光秀丽，生态良好，村寨内拉祜族传统干栏式建筑保存完好，具有浓郁的拉祜族特色。这里是拉祜族歌舞保留最多的地方，也是拉祜族传统文化保存最完好的地方。老达保村有两个国家级非遗代表性项目"拉祜族芦笙舞"和拉祜族神话传说"牡帕密帕"，代表性传承人分别为李扎戈

图 7-7 老达保村
（2012 年列入第一批
中国传统村落名录）

和李扎倮。2011 年老达保村建立了非遗保护传承基地，2012 年被列入第一批全国传统村落名录。2013 年开始成立澜沧老达保快乐拉祜演艺有限公司，老达保拉祜风情原生态歌舞正式开演。2016 年被批准为云南省拉祜族传统文化生态保护区。

老达保村村民人均纯收入 5000 元左右，主要的经济来源为茶叶、甘蔗、咖啡、种植业、养殖业、表演收入等。他们有稳定民族舞台，所以一般无外出打工人员。他们大多数的时间每天有两场演出，最少的一次；他们演出下来回去吃饭，吃饭之后到山上干活，晚上回来又到舞台表演。演唱场次每年达 400 多场（次），演唱收入达 105 万元，观众达 40 万人（次）；另外，每天都有人到老达保村旅游，多的时候是几十人，少的时候是几人不等。村寨里无论男女老少都能歌善舞，他们擅长芦笙舞、摆舞、无伴奏和声演唱，但最为突出的是吉他弹唱，80% 的村民都会弹奏吉他，最老的有七十多岁，最小的还是求学幼子。虽然从未受过专业训练，甚至连乐谱都不认识，但是凭着对音乐的热爱，他们以自己的体验和感受，创作出了一首首脍炙人口的歌曲，其代表作有《快乐拉祜》《实在舍不得》《真心爱你》《新年在一起》等。自创的吉他弹唱《快乐拉祜》唱响大江南北，获得了"一把吉他走四方，

图 7-8
图 7-9 老达保村民间艺术团演出民族歌舞

快乐拉祜美名扬"的美誉。他们还自发组建了"老达保雅厄艺术团"、"达保五兄弟"组合、"达保姐妹"组合，多次受邀到北京、上海、广州、广西、湖南等地展示拉祜文化的独特魅力，让拉祜文化走向全国。

（4）政府主导。鉴于文化生态保护区建设还处于实验阶段，很多工作、理念思路等都带有探索实践的性质，因此在现阶段，文化生态保护实验区建设，从宏观管理到政策把握，从科学规划到经费投入以及规划实施等方面，政府还是要起主导作用。同时，政府还应搭建更多的服务平台，确保文化生态保护区内各项工作的顺利推进。例如河南宝丰县的国家级说唱文化生态保护试验区，每年正月初五几千个曲艺类的摊位聚集在这里，形成了一个曲艺艺术演出交易市场，这是一个多年形成的传统活动，被称为曲艺界的盛会。县政府面对当地这样一个重要的活动开展了很多服务工作，解决了食宿、交通、公共秩序等问题。他们探索了一些经验，做了很好的服务。这是值得借鉴和赞扬的。

在国家级文化生态保护实验区的建设中，应改变以往生态区涵盖的区域过大，建设当中相互协调成本高，建设效率低，可操作性不强等方面的弊端。新设立的文化生态保护区需强化精准性，注重对区域性文化特色鲜明、氛围浓厚的重大群体性传承项目的整体性保护。例如新设立的"说唱文化（宝丰）生态保护实验区""格萨尔文化（果洛）生态保护实验区"，就是突出了对区域性说唱艺术这一重要文化形态和文化生态的保护，这是我国文化生态保护实验区建设新的尝试和探索。未来的文化生态保护区建设，还应加强对文化类型和特定区域文化的保护。如对传统戏曲文化资源丰富、氛围浓厚、特色鲜明的区域，设立文化生态保护区进行整体性保护；对传统手工技艺类项目较为集中、氛围浓厚、特色鲜明、生态保护相对较好的区域，设立文化生态保护区进行整体性保护；对我国人口较少民族的特色文化和游牧文化类型保存相对完整的区域，设立文化生态保护区，进行整体性保护。文化生态保护区建设，在保护我国非遗的丰富性和人类文化多样性方面，必将发挥其积极而重要的作用。

2019 年 12 月，文化和旅游部组织开展了国家级文化生态保护实验区建设成果验收工作。经专家评审和实地暗访等工作程序，确定了 7 个国家级文化生态保护区建议名单，也就是将"实验"两个字去掉了。同时，根据工作需要，对个别国家级文化生态保护实验区的名称进行了变更。其中我对热贡文化生态保护区比较熟悉，因为之前曾在这里工作了 8 年时间，所以建立了深厚的感情。后来我对热贡文化生态保护实验区的建设工作也倾注了一定的心血，也算是对我第二故乡的一种感恩之情。从 2008 年热贡文化生态保护实验区设立以来，全国性的现场会分别在 2012 年和 2017 年在此召开，经过

图 7-10　热贡文化
生态保护区正式挂牌

10 多年的建设，去掉了"实验"两个字，正式成为国家级热贡文化生态保护区。文化生态区的建设为热贡文化的整体性保护和发展发挥了积极作用，也成了全国文化生态保护区建设的一个典范。总结热贡文化生态保护区建设经验，在众多的保护措施中体制机制建设是一个重要亮点，也是强有力的措施保障。

第二节　立法保护

立法保护是根本性的保护。为了非遗项目保护事业的长远大计，使保护工作能够得到延续性和可持续发展，提出了立法保护的目标，使我国的非遗保护事业受到法律的有效保护。

2003 年 11 月，全国人大教科文卫委员会组织起草了《中华人民共和国民族民间传统文化保护法（草案）》，提交全国人大常委会审议。这部法律草案主要涉及民族民间文化传承人的保护、民族民间文化遗产的保护和相关的精神权利、经济权利等方面问题，明确规定民族民间文化遗产在国家社会文化生活中的法律地位，从而为处于濒危状态的民族民间传统文化的保护提供法律依据。为借鉴联合国教科文组织《保护非物质文化遗产公约》的基本精神，"非物质文化遗产"的概念在我国逐渐取代"民族民间文化"的传统概念。

2004 年 8 月，全国人大教科文卫委员会成立立法专门小组，将草案名称调整为《中华人民共和国非物质文化遗产保护法》，根据我国实际情况的变化和《公约》的要求，重新起草，并协调各方加快该法的立法进程。文化部在总结实践经验、广泛实地调研的基础上，起草了《中华人民共和国非物质文化遗产保护法（草案送审稿）》，于 2006 年 9 月报请国务院审议。国务院法制办公室先后 5 次征求有关部门、专家意见；赴各地调研，了解地方相关非遗保护经验；召开专家论证会，就非遗保护中的重难点问题进行研讨。在此基础上，国务院法制办会同文化部对送审稿反复研究修改，形成了《中华人民共和国非物质文化遗产法（草案）》（以下简称《草案》）。

2010 年 6 月 12 日，国务院第 115 次常务会议通过了《草案》，于 6 月 27 日提请全国人大常委会审议，7 月 13 日初审结束。2010 年 12 月 3 日和 12 月 14 日，全国人民代表大会法律委员会分别召开两次会议，根据常委会组成人员的审议意见和各方面的意见，对《草案》进行了逐条审议。后于 2011 年 1 月 27 日、2 月 16 日、2 月 23 日又进行 3 次审议，最终于 2011 年 2 月 25 日由中华人民共和国第十一届全国人民代表大会常务委员会第十九次会议通过。2011 年 6 月 1 日起正式施行。截至 2019 年底，全国已有 30 个地方人大出台非遗保护条例，使非遗保护工作制度化。我国的《非遗法》是一部行政法，共六章四十五条。《非遗法》是文化领域一部重要法律，丰富了我国社会主义法律体系，在文化建设与发展中具有里程碑的意义。时任文化部部长蔡武表示："非遗法的出台将文化遗产保护的方针政策上升为国家意志，将非物质文化遗产保护的有效经验上升为法律制度，将各级政府部门保护非物质文化遗产的职责上升为法律责任，为非物质文化遗产保护政策的长期实施和有效运行提供了坚实保障。《非遗法》的颁布也是我国全面履行国际《公约》义务的体现，彰显了我国维护人类文化多样性的决心和努力，是我国为促进世界非遗保护、维护人类文化多样性作出的积极贡献。"

自此开始，中国的非遗保护工作全面走上了有法可依，依法保护的法制化轨道。这是我国全面落实《公约》对缔约国的相关要求的具体实践。法制的健全是一个社会文明程度的标志和标杆，法制能够有效保障非遗的连续性和稳定性。全国人大每隔几年都要进行一次执法检查。所以，立法有力保障了非遗的保护。立法也是《公约》所赋予的，是各个缔约国一个基本的任务，要建立相关的制度。我国的很多自治州、自治县都相继出台了非遗保护办法和条例，如《山西老陈醋保护条例》《苏州市昆曲保护条例》等。粗略统计，截至 2013 年 6 月，地方人大颁布的地方性法规及其相关文件 27 个，各省区市颁布的地方规章及相关文件近 80 个。[1] 这些措施有效保障了非遗保护工作的延续性。

---

1 数据来源：文化部非物质文化遗产司：《非物质文化遗产保护法律法规资料汇编》，文化艺术出版社，2013 年版。

第一节　工作机构和队伍基本确立

2003 年 2 月 25 日，中国民族民间文化保护工程国家中心在中国艺术研究院正式挂牌成立。该中心的成立，标志着我国非遗保护工作进入了更加协调统一的全面发展阶段，有了更加健全的组织机构和更加完备的机制保障。随着非遗概念在《公约》中的确立，2005 年 12 月，该中心更名为中国非物质文化遗产保护中心，加挂在中国艺术研究院。目前全国 31 个省（区、市）均成立了省级非物质文化遗产保护中心。但是由于国内出现了"非遗热"的现象，于是社会上也出现了很多山寨版的机构，如有"中国非物质文化遗产研究中心"或"中华非物质文化遗产保护中心"等，这些机构与国务院"中编办"批准设立的"中国非物质文化遗产保护中心"这个国家正规机构极其相似。他们这些打擦边球的做法完全是投机取巧，违法违规的。

近年来，各地的非物质文化遗产保护中心在积极实施项目保护、项目申报、调查研究、非遗传播、抢救性记录等非遗保护中发挥了重要作用，同时，经过多年的工作积累和成果，树立了很好的社会形象，具有很好的社会影响力，尤其赢得了传承人们的信任。

2009 年，在国家机构精减的大背景下，国务院批准在文化部专门成立了非物质文化遗产司，主要职责是统筹、规划、组织全国的非遗保护工作。这也证明了国家对遗产保护的高度重视和对《公约》的履行。

第二节　建立相关重要机制

一、非遗专项资金与传播机制

非遗保护需要资金的大力支持，没有资金支持非遗保护工作也只能是纸上谈兵，很难有实质性的工作推动。中国的非遗保护之所以取得这样大的成就，中央财政的大力支持是至关重要的。自 2006 年起，中央财政设立非遗保护专项资金，充分体现了国家对非遗保护工作的高度重视。与此同时，非遗保护的传播机制建设日益完善，形成"西边一个节，东边一个会"的重要展览展示交流平台[1]。

1. 西边一个节 —— 中国成都国际非物质文化遗产节

"中国成都国际非物质文化遗产节"（简称"非遗节"），2007 年起由文化部、四川省人民政府、联合国教科文组织共同主办，每两年一届。"非遗节"为中国和世界各国的非遗项目在展览、展示、学术研讨、国际合作等方面提供了交流平台，联合国教科文组织的工作性会议也经常在此间召开，很好地宣传了中国非遗保护的探索实践和保护成果。

1　笔者对该部分内容的摘录仅限于 2021 年前。读者可及时关注当年媒体报道，以了解最新进展。

时间	主题	部分内容
第一届（2007）	传承民族文化，沟通人类文明，共建和谐世界	组织了32支国内外非遗项目原生态表演队伍，2100多名表演人员在成都市中心的顺城大街载歌载舞。4个国家和国际组织、23个省区市和84个单位布展，数百个人类非遗代表作项目布满了3万平方米的展场。以保护《人类非物质文化遗产代表作名录》和《急需保护的非物质文化遗产名录》的遴选标准、咨询机构的认证标准及程序等为主题召开联合国教科文组织保护非物质文化遗产政府间委员会特别会议。
第二届（2009）	多彩民族文化·人类精神家园	31个国家常驻联合国教科文组织的大使和40多位国内专家学者围绕"灾难与非物质文化遗产保护"，进行了广泛深入的探讨，并形成《成都共识》刻碑永立于非物质文化遗产国家公园。
第三届（2011）	弘扬人类文明·共建精神家园	包括9000多名国内外代表，1900多个非遗项目；72个国家和地区的1200多名外宾出席；570万人次参与，拉动各类消费61.5亿元。建成开放国际非物质文化遗产博览园，搭建了持续举办非遗节的平台。
第四届（2013）	人人都是文化传承人	召开覆盖全球的《公约》10周年纪念大会，并发表《成都展望》。共有107个国家（地区）参与，600多名国际代表（其中包括9个国家的文化部长），3000多名国内代表、380多万游客和市民参与了各项节会活动，有力地提升了非遗节以及举办非遗节的四川省和成都市的国际知名度和影响力。
第五届（2015）	传承文脉，创造未来	围绕"现代化进程中的非遗保护"这条主线，回顾设立"文化遗产日"10年来非遗保护传承成果和经验，举行了中非文化遗产论坛和传统手艺与现代设计座谈会、非遗大戏台、非遗进万家等活动。广泛开展交流互鉴，充分彰显了"文化的盛会、人民的节日"的办节理念，取得了显著的社会效益和经济效益。
第六届（2017）	传承发展的生动实践	首次举办"一带一路"国家手工艺展，共有19个国家31个项目参展。50多个国家和国际组织的300位专家学者、文化工作者和非遗传承人出席了以"《保护非物质文化遗产公约》精神与保护实践"为主题的国际论坛。
第七届（2019）	传承多彩文化　创享美好生活	开展了10个主题分会场和100余个社区实践活动。人民日报社、新华社、中央广播电视总台等300余家中外媒体广泛报道本届非遗节。其中中央电视台《新闻联播》单条新闻报道，《人民日报》配评论专题报道，国内媒体报道5000余篇（次），境外（涉外）媒体报道500余篇（次），非遗节相关话题线上点击1.6亿人次，直播平台在线观看超3000万人次。

表 8-1　历届"非遗节"相关内容（摘录自工作报告）

经过数年的工作实践，"非遗节"的各项活动得到了国内外代表的充分肯定，吸引了国内外媒体的广泛报道。他们赞誉"非遗节"是世界多彩文化交流互鉴的平台，是中华文化对话世界的窗口，是发展文化旅游经济的推手，社区民众也在分享非遗魅力中激发出文化传承的自觉性。

2. 东边一个会 —— 中国非物质文化遗产博览会

山东济南的"中国非物质文化遗产博览会"（简称"博览会"）主要以国内非遗的展览、展示、展演、学术研讨和非遗产品的交易活动为主。自2010年起，由文化部和山东省人民政府联合主办，每两年一届。

时间	主题	部分内容
第一届 （2010）	保护传承、合理利用	以促进非遗的生产性保护为核心，共有 622 个以手工技艺、传统美术等生产性非遗内容为主的项目参加博览展示，展品多达 93000 多件。现场签约金额达 432 亿元，现场产品交易额约 1196 万元，切实达到了博览会重塑市场主体的初衷，使得传承保护与合理利用互补共赢。
第二届 （2012）	促进非遗保护，共建精神家园	全国各地共有 1200 多个生产性项目报名参展，全面展示中国非遗生产性保护的最新成果。协议签约金额 442.6 亿元。共有 260 多家新闻媒体、780 多名记者参与了此次博览会的报道，各类媒体共发布报道 130900 篇（次），在全国、全社会掀起了参与博览会、关注博览会的高潮。
第三届 （2014）	非遗，我们的生活方式	全面呈现了全国非遗保护的最新成果，交流了非遗保护传承的经验做法和有效途径。协议签约金额达 409 亿元。现场交易额 1000 多万元。
第四届 （2016）	非遗走进现代生活	创新办会模式，融赛事、展览、展演、互动、交易为一体，主要包括非遗学术研讨、非遗制品展示、中国非遗传承人群研修研习培训计划成果展、传统工艺项目比赛、民歌大赛、非遗大舞台、传承互动体验等系列活动。观众达 50 余万人次，让公众在参观、体验和消费中培养"非遗即生活"的理念，有力推动了非遗保护工作实现新发展。

时间	主题	部分内容
第五届 （2018）	活态传承、活力再现	采用"一馆多点"办会模式，在济南市设立了1个主展馆，在济南和潍坊设立了9个分会场，其中2个设在景区。同步举办了传统工艺比赛、非遗社区行、非遗校园行、传统美食展、非遗影像展等活动。经统计，此次博览会期间，在济南市主展馆、分会场、社区和学校，共有82万人次参与了有关活动。
第六届 （2020）	全面小康非遗同行	以"线上为主、线下为辅，线上线下相结合"的方式举办。线下设立"感悟习近平总书记的非遗情缘"展、黄河流域非遗展、非遗助力精准扶贫展等3个专题展。线上包括云展厅、云销售、云竞技、云赏非遗、直播带货、线上论坛、视频会议等板块。5天时间"云展会"浏览量达到5000万人次。中央、省、市众多媒体聚焦博览会，49家媒体102名记者进行现场报道，媒体发稿2637篇350余万字，《人民日报》《光明日报》等中央媒体发稿67篇，中央电视台《新闻联播》对开幕式盛况进行了播报。

表 8-2　历届非遗博览会相关内容（摘录自山东省文化厅工作报告）

二、非遗学术成果不断涌现

全国范围内有计划、有步骤地开展了一系列学术研讨活动，使得非遗学术研究成果不断涌现。如《第一批国家级非物质文化遗产名录图典》的编写及出版。

"十一五"期间，文化部组织了全国首次非遗普查。据不完全统计，参与普查的工作人员有70万人次，走访民间艺人115万次，投入经费8亿元，收集珍贵实物和资料29万件，普查的文字记录量达20亿字，录音记录23万小时，拍摄图片477万张，汇编普查资料14万册，普查出非遗资源总量近87万项。

非遗保护理论研究领域里也涌现出了很多成果，在众多的研究成果中值得关注的是由教育科学出版社出版的《非物质文化遗产概论（修订版）》这本书。这是由王文章先生主编，中国艺术研究院的专家、学者共同完成的一个重要理论著作。这在当时是中国艺术研究院设立的一项重大课题，课题组

图 8-1　图典的首发会议（刘晓辉提供）

图 8-2　《第一批国家级非物质文化遗产名录图典》

图 8-3　第一批—第三批国家级非遗名录图典

用了 3 年多的时间完成。我国非遗界的著名学者乌丙安、刘魁立、资华筠、王宁、华觉明、靳之林、张庆善、刘文峰、张振涛、马盛德、吴文科等 20 多位专家参加了课题的论证。其中乌丙安和刘魁立两位老先生对全书进行了最后的审读和审定工作。《非物质文化遗产概论（修订版）》全面阐述了非遗的概念、内涵、价值、意义、类别、保护理念、方法、原则、保护工作的国际背景与我国开展非遗保护工作历史进程等方面的内容。这是一部比较严谨的、体现集体智慧的学术研究成果，凝聚了对国家层面非遗保护政策领域有一定研究的一大批专家、学者的智慧和经验。经多次的修订，现在更加完善，成为普通高校文科教材和文化及相关系统培训工作的教材。

2001 年 5 月 18 日，中国艺术研究院受文化部委托，将昆曲申报为联合国教科文组织"人类口头和非物质遗产代表作"。2002 年为了纪念昆曲成功申报"人类口头和非物质遗产代表作"一周年，中国艺术研究院召开了"抢救和保护中国人类口头和非物质遗产座谈会"，并正式启动了"抢救和保护中国人类口头和非物质遗产工程"，文化部领导和国内许多知名专家、学者及联合国教科文组织驻北京代表处官员参加了会议。这是当时国内首个非遗保护最高层次的专题座谈会，阵容强大，极一时之盛。

图 8-4 《非物质文化遗产概论(修订版)》封面

参加会议的有张庚、王朝闻、戴爱莲、任继愈、郭汉城、冯其庸、朱家溍、刘梦溪、刘兰芳、刘厚生、徐苹芳、刘魁立、段宝林、白化文、刘士杰、刘锡诚、曲六乙、格勒、陈平原、刘宇宸、丛兆桓、蔡瑶铣、王世英、王安魁、蔡正仁等知名专家、学者。这份名单中的很多专家、学者今天已经离开了人世。他们在中国非遗保护事业的初创时期，献计献策，贡献了智慧和力量。我们要永远铭记与怀念。

2003 年 12 月 8 日至 11 日，中国艺术研究院在北京举办了"中国少数民族艺术遗产保护及当代艺术发展国际学术研讨会"，会议围绕"少数民族文化艺术遗产保护与民族地区社会发展、文化多样性与少数民族艺术遗产保护、少数民族文化艺术遗产保护与当代艺术发展、新世纪少数民族文化生态保护、世界各国民族艺术遗产保护经验"等五个议题进行了深入探讨和广泛交流。2004 年 11 月 16 日至 18 日，中国艺术研究院举办了"非物质文化遗产保护国际学术研讨会"，来自海内外的专家学者围绕着"非物质文化遗产保护管

图 8-5 中国少数民族艺术遗产保护及当代艺术发展国际学术研讨会（刘晓辉提供）

图 8-6 中欧文化对话论坛（刘晓辉提供）

图 8-7 中韩暨观察员国家文化艺术界高层学术论坛（刘晓辉提供）

图 8-8　中美文化论坛（刘晓辉提供）

理机制、非物质文化遗产保护与立法、非物质文化遗产保护与文化多样性"等诸多议题进行了深入讨论。各地区代表在不同程度上强调了社区群众参与的力量，以及传统文化生态环境整体保护的重要意义。此后，中国艺术研究院多次组织召开了"中欧文化对话""中法保护世界文化多样性高层论坛""中韩暨观察员国家文化艺术界高层学术论坛""中美文化论坛"等高层次国际学术交流活动。这些高层次、高质量活动的举办，营造了非遗保护的社会氛围和舆论影响，为国家层面开展非遗保护工作打下了重要基础。

三、"静态展示"与"活态演示"理念

自从开展非遗保护工作以来，我国高度重视非遗的展览展示展演活动，举办了一系列形式多样、丰富多彩的活动。非遗的展览展示活动不同于一般性的展会，在形式和内容上突出了"以静态展示与活态演示相结合"的

理念，使"物"与"非物"有机统一。观者通过"物品"的静态展示和传承人的活态演示，了解非遗产品的制作工艺和高超技艺，认识到产品背后的文化内涵、艺术特色和知识体系。如在欣赏唐卡艺术作品时，可以同步观看那些身着藏族服饰、手持画笔的传承人们虔诚地绘制唐卡艺术的过程，并了解唐卡绘制所使用的主要原料、表现的人物形象和造型构图的设计等知识，还可以与传承人进行交流互动。在剪纸艺术展区，作品的展示与剪纸传承人现场创作相结合，人们可以看到剪纸传承人在没有任何样稿的情况下那种随心所欲、无拘无束、信手拈来及"心到、眼到、手到"的生动而自由的创作状态，欣赏他们剪出的精美而别致的各种窗花艺术作品。木版年画作品的展示与传承人现场制作相结合，还可让观众亲自来体验制作工艺。在纺染织绣技艺的展示中，心灵手巧的传承人们架起传统的织锦机，编织出一幅幅色彩斑斓的精美图案。瓷器制作技艺类项目将制瓷中的手工拉坯环节放在展厅里，营造了情景式生产环境。传承人在现场娴熟地演示着手工拉坯、定形等技艺，极具观赏性和吸引力。在非遗的展览展示活动中，诸如此类的例子有很多。这种集趣味性与知识性于一体的展览展示活动，不仅受到了广大民众的喜爱和欢迎，而且大大提高了非遗项目的可见度和影响力，为非遗的传承传播发挥了不可估量的作用。"以静态展示与活态演示相结合"的非遗展览展示方式，完全打破了以往以单一物品静态展示为主的传统模式，突出了对遗产项目相关技艺和知识的解读，使人从中充分感受到了非遗项目的丰富性、独特性和多样性特点，感受到了非遗所具有的文化价值和民族文化精神。

在这些众多的展览展演活动中，值得一提的是 2006 年在中国国家博物馆举办的"中国非物质文化遗产保护成果展"、2010 年文化部和国家民委在北京举办的"全国少数民族非物质文化遗产 —— 音乐舞蹈项目调演"以及 2012 年举行的"中国非物质文化遗产生产性保护成果大展"。

1. 中国非物质文化遗产保护成果展

2006 年 2 月 12 日，"中国非物质文化遗产保护成果展"在中国国家博物馆隆重开幕。这次展览是我国政府举办的第一次全面反映非遗保护成果的大型展览。展览由非遗保护工作部际联席会议9个成员单位即文化部、国家发展改革委、教育部、国家民委、财政部、建设部、国家旅游局、国家宗教局、国家文物局共同主办，中国艺术研究院具体承办。展览内容分"综合版块"和"地方版块"两大部分。综合版块主要阐释保护非遗的重大意义、必要性和紧迫性，回顾新中国在非遗保护方面所进行的重要调查、整理、研究工作及重要成果，着重介绍和宣传我国非遗的主要资源及分布、中国民族民间文化保护工程，以及成功入选联合国教科文组织"人类口头和非物质遗产代表作"的项目。地方版块宣传和展示全国各省、市、自治区非遗保护工作取得的显著成绩，介绍各地独具特色、丰富多彩的非遗资源，呈现鲜明的民族和地方特色。在不到一个月的时间内，有35万余名观众参观了此次展览，引起了巨大的社会反响。

2. 全国少数民族非物质文化遗产 —— 音乐舞蹈项目调演

2010年，文化部和国家民委在北京举办的"全国少数民族非物质文化遗产 —— 音乐舞蹈项目调演"充分彰显了少数民族非遗项目的丰富多彩。有评论认为，这是一次新中国成立以来规模较大的以全国少数民族非遗项目为主题的调演，其取得很大成功的原因是调演非遗项目展示了地道的民间特色。如今随着经济社会发展、全球一体化进程的加快，很多地区的传统文化已经淡化，而少数民族的文化传统保护相对完整。因此，对这些具有浓郁民族特色的文化进行保护更显得迫切和必要。这次调演的非遗项目展示毕竟是在首都的剧场舞台上，所以在表演形式上多多少少会有一些加工、编排。

西藏专场是此次调演活动中最为成功的一场。调演征集的都是西藏地区的国家级、自治区级非遗项目，有热巴舞、山南锅庄、古格宣舞、拉孜堆谐、拉萨囊玛、藏戏舞蹈等。这些遗产形态完整、价值突出，有着很强的观赏性。传统舞蹈为了适应舞台场景上的特点和需要，进行了微小的编排处理，但并没有"伤筋动骨"。表演者都是农牧民，他们把遗产项目民间状态的表演情绪带到了舞台上。热巴舞表演中，在没有任何现代音乐伴奏下，几十名农牧民手持热巴鼓，节奏一致，铿锵有力，掀起阵阵浪潮。整个舞蹈显示出很强的表现力和感染力，在舞台上掀起了一股热巴旋风，产生了强大的共鸣和震撼力，观众掌声雷动。

这些民间艺术家在演出时自身的情感是非常真实的，他们在内心里已经把舞台场景还原于舞蹈的民间状态，舞蹈时尽管在一些动作上不够整齐划一，但是观众被他们真实的艺术表现和内心的情感所打动。西藏舞蹈专场所取得的成功，使我们更清晰地认识到非遗项目自身文化形态的完整性和独特的价值。现在有些人有一种误区，认为民间艺人的表演没有经过专业训练，是业余的、水平低下的，而院团、学校的演出训练有素，作品加入了很多现代的理念和创作手法，这才是专业的、高雅的。这种观念和趋势使我们很容易将非遗项目往舞台创作的模式靠拢，把舞台创作作为最高标准。实际上，当我们深入民间，就会发现民间艺术家们表演时那种忘我的精神状态和文化情怀，传统歌舞类非遗项目自身所具有的艺术价值、形式感和观赏性，都深深地感染着每一个人。在那一刻，观众不再关注表演者是否有苗条的身材、靓丽的外表，动作是不是规范标准、整齐划一，人们完全被遗产所呈现出的真实情感状态所打动。这次传统音乐舞蹈类非遗项目调演活动中，西藏专场演出的成功经验成为一个范例，让更多人通过演出了解非遗，也让从事非遗保护的人员从中学到了许多宝贵经验。

这里我需要简单说明一下，传统舞蹈类的非遗项目在传播过程中为了适应现代舞台场景的欣赏需求，需要对原有的民间表演形式进行一些调整和编排，如民俗活动中的民间舞蹈表演大多以大圆圈形式为主，无论舞蹈的表演时间持续多长，这一大圆圈的舞蹈队形基本没有变化。但在都市的现代舞台这一特定场景中一个十几分钟的节目自始至终保持一种队形，这种状态就会显得有些单调或枯燥，为了适应这一环境和现代都市人的欣赏习惯，对传统的表演形式进行适当的调整和编排，为的是让观众更好地欣赏遗产，感受遗产的文化魅力。但这种编排调整绝不能是"伤筋动骨"和颠覆式的变化，必须要保持遗产项目的基本风貌和风格特征。另外，在节目编排人员署名问题上只能以遗产项目的"排演者"身份出现，而不是以编导和作品创作者的身份署名。这样做也是对遗产和遗产持有者、传承者的一种尊重。这些做法是我们在保护非遗工作中需要注意和要遵从的基本原则。

3. 中国非物质文化遗产生产性保护成果大展

2012年，在北京农业展览馆举行的"中国非物质文化遗产生产性保护成果大展"是贯彻落实党的十七届六中全会精神，推动文化大发展大繁荣，让人民共享文化遗产保护成果的重要举措。展览展示了近200项非遗生产性保护成果、近200位代表性传承人的精湛技艺，以及部分第一批国家级非遗生产性保护示范基地的有益经验。展览分为绘饰生活、文明天下、抟泥成器、点石化金、锻造辉煌、品味醇美、经纬天地、锦绣人间、悬壶济世、春色满园10个部分，全面展示了我国非遗的丰富性和独特的魅力。这是一次深受广大民众欢迎的非遗保护展览、展示实践活动。同时，为贯彻落实《非遗法》，推动非遗保护工作的深入开展，配合这次展览又专门召开了"非物质文化遗产生产性保护座谈会"，深入探讨生产性保护的理论和实践问题。会议围绕"非遗生产性保护与合理利用的关系，非遗生产性保护、传承与发展的问题，非遗生产性保护的政策支持"三大议题进行广泛深入的研讨，总结交流非遗生产性保护实践经验和理论研究，极大地促进了非遗保护工作的深入开展。

第三节　传统节日纳入国家法定假日体系、积极开展 国际交流与合作

传统节日是中华优秀传统文化的重要组成部分，也是非遗保护项目中影响力最大、群体性参与度最强的文化表现形式。将传统节日纳入国家法定假

日体系是非遗保护的一项重要举措。一方面，将春节、中秋、清明、端午纳入国家法定假日，体现了国家意志，也是弘扬优秀传统文化的重要体现。我们原来传统节日只有春节放假，而中秋、清明、端午都是不放假的。后来相关专家们和两会代表不断地以提案形式呼吁，为了保护传承和弘扬中华优秀传统文化，才将中秋、清明、端午纳入国家法定假日体系。这样做不是单纯的放假休息，而是在节日的实践活动当中，体验和感受中华传统文化，如清明的祭祖、中秋的团圆、端午的祭奠诗人屈原及赛龙舟、吃粽子等习俗，这个是很有意义的。现在专家和两会代表积极推动将"重阳节"纳入国家假日体系工作，如果能够成功，那么中国的五大传统节日就都能够有专门的假期。还有少数民族传统节日，它们与汉族传统节日共同构成国家层面的传统节日体系，充分体现出弘扬中华优秀传统文化的重要价值。我们不能小看这一天假期，当国家层面把它定为法定假日的时候，这其中体现了一种国家意志，也是充分彰显了国家在保护和弘扬优秀传统文化上的导向。

另一方面，2003 年 10 月，联合国教科文组织第 32 届大会通过了《保护非物质文化遗产公约》；2004 年 8 月，第十届全国人大常委会第十一次会议审议批准，同意中国正式加入《保护非物质文化遗产公约》。中国成为率先进入该公约的国家之一，并于 2006—2008 年、2010—2014 年、2018—2022 年先后三次当选为教科文组织保护非物质文化遗产政府间委员会委员国；2011 年 4 月，我国向联合国教科文组织提交了首份履约报告。《保护非物质文化遗产公约》的诞生是人类历史上非物质文化遗产保护事业的重要里程碑。我国加入《公约》既顺应了中国特色社会主义文化发展道路的需要，也向国际社会宣告了我们保护非遗项目的庄严承诺。同时，中国非遗保护事业进入了一个新的机遇期，也对我们履行《公约》提出了更高的要求。2010 年 5 月 18 日，联合国教科文组织在中国艺术研究院设立了亚太地区非物质文化遗产国际培训中心，其主要职能是完成教科文组织在亚太地区非遗保护工作的培训任务。

这些国际机构的设立体现了联合国教科文组织对我国非遗保护工作的肯

图 8-9　2010 年 5 月 18 日，亚太地区非物质文化遗产国际培训中心揭牌仪式（左为联合国教科文组织总干事博科娃，右为文化部副部长赵少华）（刘晓辉提供）

定及信任。中国的国际话语权不断提升，我国专家在国际会议上逐渐有自己的发言权和话语权。经中国政府推荐，2015 年，中国民俗学会当选为联合国教科文组织保护非物质文化遗产政府间委员会评审机构成员，承担 2015—2017 年全球遗产项目的评审工作。这些都充分体现了我国国际影响力的提高和非遗保护工作的重要成就。我们还积极开展与其他国家联合申报和保护的遗产项目，例如 2005 年我国与蒙古国联合申报"蒙古族长调民歌"为"人类非物质文化遗产代表作名录"，在国际上具有一定的示范意义。2020 年我国和马来西亚联合申报的"送王船 —— 人与海洋可持续联系的仪式与相关实践"，都是我们在国际合作方面做出的杰出工作。这些工作的开展在国家之间的相互合作、相互了解、相互尊重、文化共享等方面发挥了积极作用。

第四节　少数民族非遗保护情况

根据《非遗法》第 6 条"国家扶持民族地区、边远地区、贫困地区的非物质文化遗产保护、保存工作"及相关条款，我国始终重视西部地区和少数民族非遗保护工作，在项目保护、代表性传承人申报和文化生态保护区建设、振兴传统工艺、传承人群研修培训、国家非遗保护专项资金分配、非物质文化遗产保护利用设施建设等工作中，都对少数民族地区予以重点支持和倾斜。主要措施和取得的成果如下：

第一，积极推进民族地区非遗保护法规建设。在《非遗法》颁布实施前后，云南、贵州、广西、宁夏、新疆、青海等少数民族聚居省区通过制定地方法规有效地保护了当地的少数民族非遗项目。

第二，通过全国非遗普查工作，基本摸清了少数民族非遗的种类、数量、分布状况、生存环境、保护现状和存在问题等情况，并进行了详尽记录。抢救保护了一批濒危的少数民族非遗项目，如苗族史诗《亚鲁王》，就是非遗普查时被发现的，很快被列入国家级非遗名录。

第三，少数民族的遗产项目在我国遗产申报过程中占据较大比例。目前43项入选联合国教科文组织非遗名录（册）项目中，少数民族项目有15项，约占34.9%。55个少数民族均有项目入选国家级非遗代表性项目名录。在国务院公布的前四批1372项国家级非遗名录中，少数民族项目570项，占42%。蒙古族长调民歌、新疆维吾尔木卡姆艺术、侗族大歌、格萨（斯）尔、热贡艺术、藏戏、玛纳斯、中国朝鲜族农乐舞、蒙古族呼麦歌唱艺术、花儿、藏药浴 —— 中国藏族有关生命健康和疾病防治的知识与实践项目先后列入"人类非物质文化遗产代表作名录"，羌年、黎族传统纺染织绣技艺、麦西热甫、赫哲族伊玛堪被列入"急需保护的非物质文化遗产名录"。

第四，少数民族非遗项目代表性传承人得到有效保护。已命名的四批国家级非遗项目代表性传承人（1986名）中，少数民族传承人有744名，占总量的37%（不包含第五批数据）。从2008年起，中央财政专门资助国家级非遗项目代表性传承人每人每年8000元，2010年提至每人每年10000元，2016年增至每人每年20000元，鼓励和支持他们开展传习活动。

第五，少数民族地区文化生态保护区建设逐步推进。全国已命名设立了23个文化生态保护实验区，其中热贡文化、羌族文化、武陵山区（湘西、鄂西南、渝东南）土家族苗族文化、迪庆民族文化、大理文化、铜鼓文化（河池）、黔东南民族文化、格萨尔文化（果洛）、玉树藏族文化生态保护区等11个均为少数民族文化生态保护实验区，对区域性少数民族非遗的整体性保护起到了重要作用。

第六，推进生产性保护，促进少数民族非遗项目的合理利用。2011年和2014年，文化部公布命名了两批共100个国家级非遗生产性保护示范基地，其中少数民族纺染织绣、造纸、陶器制作等一批非遗项目得到了很好的保护。将少数民族文化遗产资源转化为产业资源，实现了非遗保护与地方经济社会协调发展产生了很好的经济及社会效益。

第七，加大资金投入。截至2021年，中央财政已累计投入非遗保护专项经费87.9亿元，其中很大一部分用于少数民族地区的项目保护，重点支持少数民族非遗项目的抢救性记录，代表性传承人保护、传习活动开展，非遗进校园、进社区等各项工作。

第八，基础设施的建设。为进一步加强我国非遗基础设施建设，有效推动非遗保护传承与经济社会发展的有机结合，2014年，国家发展改革委、文化部启动国家非遗保护利用设施建设试点项目，"十二五"期间共安排中央预算内资金3.64亿元，对50个建设项目进行了补助，其中安排1.35亿元补助17个少数民族建设项目。

第九，加强少数民族人才队伍建设。人才的培养是非遗保护可持续发展的关键，少数民族非遗项目的保护传承队伍年轻化关系到遗产的传承与可持续发展。国家支持和鼓励民族地区高校开设非遗保护的相关专业和课程以培养专业人才。如内蒙古大学艺术学院开设蒙古族长调民歌、呼麦、四胡、好来宝等传统音乐专业，青海黄南州民族高中和职业技术学校开设了热贡艺术中专班，青海民族大学开设了唐卡艺术本科班。中央民族大学、广西艺术学院、云南艺术学院相继开展相关课程，培养了一批既懂业务又懂管理的复合型人才。

第十，加强少数民族地区非遗传承人群培训。2015年，文化部、教育部启动"中国非遗传承人群研修研习培训计划"，要求各高校重点针对非遗资源丰富的文化生态保护区、民族地区开展培训。目前，各少数民族的刺绣、印染、木雕、陶瓷烧制、造纸技艺等非遗项目均有传承人参加培训。

第十一，推动少数民族传统工艺振兴。其中很重要的一项工作就是传统工艺工作站的设立。文旅部组织相关企业和高校在新疆哈密、湖南湘西、贵州黔东南、青海果洛、云南大理、海南三亚等民族地区设立了传统工艺工作站，帮助传统工艺企业和从业者改进设计、改善材料、提高品质、策划品牌。鼓励参与研培计划的高校主动到民族地区设立工作站，参与传统工艺振兴。例如新疆哈密维吾尔族的刺绣原来基础很好，后来年轻人不愿意加入，就面临濒危。作为国家级的非遗代表性项目如何延续它的生命力，首先就要关注年轻人的加入问题。所以我们请清华美院的老师和一些设计企业、设计师去哈密帮助他们做刺绣图案、色彩、样式的采集工作，整合成为一个刺绣纹样的基因库，然后再请设计师根据这些元素设计新的产品。经过几年的发展，哈密地区的刺绣新品种达到了 100 多种，吸引了一大批年轻绣娘的加入，遗产濒危状态得到明显改善。

第十二，重视少数民族非遗保护的宣传交流活动。在一些国家级的大型展览展示平台中，特别注意少数民族特色非遗项目的展示宣传。每年"文化和自然遗产日"和传统节日期间，国家组织各地开展了展览展示、演出、论坛、表彰等一系列内容丰富、形式多样的活动，努力营造良好的非遗保护氛围。其中，少数民族非遗的宣传展示活动一直是非遗宣传交流活动的重头戏。例如，2009 年"文化遗产日"期间，文化部在北京举办了"中国非物质文化遗产展演 —— 少数民族传统音乐舞蹈专场演出"活动。汇集全国 10 个省（区、市）16 个少数民族传统音乐舞蹈类国家级非遗名录项目，共有236 名民间艺人参加演出。2010 年 2 月，文化部和国家民委在北京共同举办9 台 18 场"全国少数民族非物质文化遗产项目调演"活动。参演人员共计2000 余名，分别来自内蒙古、广西、西藏、宁夏、新疆、贵州、青海等地，包括蒙古族、藏族、满族、朝鲜族、羌族、鄂伦春族、柯尔克孜族、撒拉族等 20 多个少数民族。丰富多彩的少数民族非遗项目表演给首都的观众留下了深刻印象。另外还有中国非遗传统技艺大展、中国非物质文化遗产生产性保护成果大展、中国非物质文化遗产博览会、中国成都国际非物质文化遗产节等活动，为提高少数民族非遗项目的影响力起到了非常重要的作用。

第一节　造成非遗项目濒危的七大因素

联合国教科文组织在《人类口头和非物质遗产代表作申报指南》中公布威胁非遗的七大因素有：文化标准化、武力冲突、旅游业的开发、工业化、农业区缩减、移民和环境恶化。

一、文化标准化

在造成非遗濒危的七大因素中，文化标准化是导致非遗濒危的首要因素。21 世纪以来的现代化进程导致文化多样性减弱。文化标准化现象在我们的生活中无处不在。当代社会我们面对经济全球化、工业化、信息化等现代化进程比之前任何一个时期都快速。周有光先生总结说："'农业化'费了一万年，'工业化'费了三百年，'信息化'还不到五十年，整个人类的文化车轮正在快速前进。最近 30 年的科技新发明和新发现，相当于过去两千年。"今天所处时代的一个显著特征是，人类的生产生活方式趋同化现象严重。城镇化加速，出现了城市千城一面、千篇一律的现象，就是到哪里都差不多，都很相似。非遗其实最典型地体现着人类文化的多样性。非遗是"文化多样性的熔炉，又是可持续发展的保证"，这是联合国教科文组织《保护非物质文化遗产公约》的高度概括和对人类文化发展方向的重要判断。在这个意义上，非遗保护成为一个国际化、世界性的重要话题和工作任务。我们说科学技术可以标准化，电脑、手机、电视、汽车、飞机、火车以及房子、桌子、椅子等都可以标准化，但我们的文化、艺术是不能标准化的，应该是多样化的。

2020 年，在北京舞蹈学院召开过一个探讨民族舞蹈教育的主题学术研讨会，我应邀做了主题发言，题目叫"脱脂的牛奶还能否有奶香味道 —— 对 60 余年来中国民族舞蹈教育体制的反思"。这个发言主要是针对今天的民族舞蹈教育模式所面临的问题进行反思。中国现行的民族舞蹈教育模式，是老一代舞蹈教育家们在 20 世纪 50—60 年代通过到民间采风后对舞蹈元素进行提炼而建立起来的一套教学体系。经过半个多世纪的探索实践，逐步形成了具有一定标准化和规范化的教学体系。这一教育方式的探索与实践，为在中国的高等教育体系里开展民族舞蹈教育、培养舞蹈的专业人才及民族舞蹈文化在学校教育层面的传承传播做出了重要贡献。我本人也是这一教育体系的受益者。但是经过了 60 多年，这一民族舞蹈教育体系，在教学实践中完全受到标准化的影响。规范化和标准化成为衡量民族舞蹈教学训练的唯一标准，成为所谓的"科学性"教育模式。中国的民族民间舞与西方的芭蕾舞和国标舞在舞蹈表演风格、动作语言体系、文化背景、历史成因及审美传统等方面有着巨大的差异性，是完全不同的。如西方的芭蕾舞和国标舞可以开展比赛，国际上有"国际芭蕾舞比赛""国际标准舞比赛等赛事活动"，尤其是国标舞已纳入国际体育赛事项目。参加比赛可以得第一名、第二名、第三名。纳入体育比赛系统就有严格规范的标准化动作和规定剧目，可以完全按照体育运动竞技项目的评判标准和比赛规制进行。但是我们的民间舞蹈是各民族在漫长的历史进程中形成的，并依附于一定的民俗仪式活动中的舞蹈表现形式。它们多样化的表演风格、语言体系与西方艺术中的芭蕾舞和国标舞有着本质的不同。我们今天很难将这些传统舞蹈同西方的芭蕾舞和国标舞那样进行比赛。假如我们把藏族热巴舞、朝鲜族农乐舞、傣族孔雀舞、维吾尔族刀郎舞、塔吉克族鹰舞、傈僳族阿尺目刮、汉族安塞腰鼓、舞龙舞狮等传统舞蹈放在一起比赛，我们如何能评选出一等奖、二等奖、三等奖？这些传统舞蹈都是在各个民族文化中最具有代表性、影响力和典范意义的文化表现形式，我们如何用芭蕾舞和国标舞的评判标准和价值体系，以奖项等级形式来区分高低呢？所以我国非遗保护中的传统舞蹈项目展演活动从来不以体育竞技比赛的方式进行，因为各民族多样化的表演风格、语言体系和价值体系在具体操作层面难以制定出统一的评判标准。

我国几十年来的民族舞蹈教育，在教学实践中长期运用西方芭蕾舞的训练体系和教学理念，导致了"学院式"教育下的民间舞蹈动作标准化，风格标准化，最终出现了三大问题：民族舞蹈教育的趋同化、民族舞蹈的属性模糊、民族舞蹈的风格异化。为什么在民族舞蹈标准化教学与文化多样性之间会产生矛盾呢？传统的民族舞蹈是我们祖先创造性的产物，世代相传，表现出顽强的生命力，是我们人类重要的非物质文化遗产。传统舞蹈依存于民族的土壤，其表现形式丰富多样，舞蹈语言亦具有强烈的个性化色彩。这些共同构成了中华民族绚丽多彩、风格各异的民族舞蹈文化。民族舞蹈教育中采用规范性、系统性、科学化的教学模式，是按照一定的标准化去实施的。它容易将传统舞蹈风格的多样性削弱，甚至将民族舞蹈中所蕴含的民俗文化信息丢失。这是传统舞蹈文化与现代民族舞蹈教育最根本的矛盾。所以我将这一现象比喻为脱脂的牛奶。标准化的民族舞蹈教育方法所孕育出的民族舞蹈，就如同脱脂的牛奶，失去了原本的奶香味。在这样一个看似整齐划一、规范标准的舞蹈训练和舞蹈表演中，人们发现民族舞蹈的味道没有了，风格不浓了，这是"学院式"民族舞蹈教育中出现的共性问题。民族的舞蹈跳得有没有味道、风格浓不浓、范儿正不正、跳得像不像，这些是人们判断一个舞蹈民族属性和风格的核心要素，多少年来已经成为社会普遍认同的特征。过于标准化、规范化和科学化的训练把民族舞蹈的乡土气息、民俗文化信息这些核心要素给脱掉了，严重淡化了文化的传统风格。这是民族舞蹈教育需要思考和反思的。民族舞蹈教育如何克服风格不被异化，不被标准化，如何保持那种民俗状态下的个性和"野性"，是民族舞蹈教育工作者和研究者的一个重要课题。

那么，如何处理民族舞蹈文化多样性与标准化教学之间的关系呢？首先，我们要认识到，传统舞蹈是我们重要的非物质文化遗产。对于遗产，我们当代人首要的任务是保护和传承。高校舞蹈教育肩负着传承发展我国优秀传统文化的职责。其次，我们要认识到，舞蹈是一种文化，不仅仅是一种动作和技术，还是承载一个民族历史和审美传统的重要载体。我们在教学当中要更多地关注孕育传统舞蹈的民俗文化生态，了解传统舞蹈所遗存的民俗土壤。再次，我们要尊重各民族舞蹈文化遗产的多样性。各民族传统舞蹈的风格是由不同民间艺人的个性化表演形成的。因此，我们应该在尊重传统舞蹈文化的基础上，关注传统舞蹈表演者的独特性，重视个性化的艺术风格，避免民族舞蹈教育风格淡化、异化现象的产生。让民族舞蹈保有其多样性，才能让其在当代人类社会延续生命力，焕发出新的生机和活力。

从中国民族舞蹈教育的这个案例中我们充分感受到文化标准化所带来的一系列问题。文化标准化的影响不仅仅表现在民族舞蹈教育中，最为突出的问题是城市建筑标准化样式现象，从内蒙古高原到云贵高原，从青藏高原到海南岛及东南沿海，全国各地大中小城市的建筑几乎是一个模样，完全没有了个性、地域和民族文化特色。因此，21世纪人类社会面临的主要问题就是文化多样性、个性化减弱，民族特色和地域特色消失。

二、旅游业开发中的伪民俗现象

近年来，各种民俗村落、边地文化旅游、民俗活动、传统庆典开始进入人们的视野。然而，在这种热潮中隐藏着一股"伪民俗"的暗流。这些伪民俗表现形态五花八门、名目繁多：有的是生硬地编造出一套在该地区根本不存在的、没有任何本土文化生态依据的民俗事项和内容来招揽旅游者；有的是打着"原生态"的旗号，人为制造出粗制滥造、指鹿为马的民俗活动。

那么，什么是伪民俗，伪民俗现象又是怎样发生的呢？"伪民俗"一词是美国民俗学家理查德·多尔逊提出来的（1950年，《民俗与伪民俗》）。他认为伪民俗是打着地道的民间传说旗号，假造和合成出来的作品。这些作品不是来自田野，而是对已有文献和报道材料不断进行系列循环反刍而得来的结果，有的甚至纯属虚构。其特点是虚假与庸俗。制作或再现伪民俗的动机，往往出于政治需要和营利目的，它不是为了恢复传统民俗、民间文化的真正价值，但表面上却正是采取了恢复传统的幌子，所以带有较强的蛊惑性和欺骗性。伪民俗注重的只是外表，大多只在表层上下功夫，缺乏对民俗、民间文化的真正关注和关心。伪民俗没能传承传统民俗，反而败坏了民俗的价值，破坏了民俗的本真性。

伪民俗现象的存在，极大地伤害和动摇了传统民俗文化的健康发展。现在很多地方为了发展经济和旅游业，以当地少数民族传统节日、传统歌舞活动为载体，"文化搭台，经济唱戏"，招商引资。但有的地方以当地流传的一些神话传说编造出一套伪民俗舞蹈，还有的地方把一些庄严肃穆、敬神娱神的传统习俗和传统民间舞蹈，进行反季节展示。例如，彝族的老虎笙舞，原本是彝族人在年节时装成虎，驱邪逐疫、祈求虎神护佑的一种传统民间祭祀舞蹈。当地为了吸引游客，曾经把舞蹈经过一番现代手法的编排，有意夸大局部，营造神秘色彩。更令人难以容忍的是，在跳虎队中加入了身穿绿色超短紧身胸衣的"母虎"形象（传统"老虎笙"舞蹈中本无"母虎"的形象）。此举在当地的民众中引起了强烈不满，纷纷要求加以纠正。再如，青藏高原的"於菟舞"，它是土族民众在每年的冬季表演的一种祭祀性舞蹈。2000年，有一学术团体出资让村民将"於菟舞"在炎热的夏季为他们表演。此后在许多媒体上大量出现此次表演的"於菟舞"图片，图片的场景是夏季，文字说明则是寒冷的冬季，这种自相矛盾的解释误导了大众，产生的恶劣影响难以挽回。还有海南三亚曾建白石岭"野人谷"景区，山上搭建起一个"原始部落"模仿野人的原始生活状态。他们跳起所谓的原始舞蹈，时而"跳火盆"踩碎玻璃，时而又以"上刀山"等行为来招揽游客。这些项目内容完全是凭空捏造，表演粗俗，欺骗游客，造成恶劣的社会影响。

诸如此类的现象不胜枚举。这些粗制滥造的所谓"民族舞蹈"，千篇一律的舞蹈创作手法、大同小异的表演形式，除了引发消费者的审美疲劳，让大家产生上当受骗的感觉外，并不能让我们真正找到心灵的家园。相反，它最终将导致传统民间舞蹈在新的生态环境中日渐失去本真形态，影响了传统民间舞蹈的生存与健康发展，这是令人万分担忧的。这种行为既让传统民俗文化丧失庄严性和神圣性，也使民众失去了敬畏感，从而使优秀的民族文化变得庸俗化和泛娱乐化。只要我们坚持正确的发展理念，克服急功近利、急于求成的心理，尊重民族文化，遵循非遗的规律，非遗保护与旅游业发展，一定能取得相辅相成、相得益彰的效果。

第二节　目前存在的其他主要问题

一、经济社会转型带来的挑战

经济社会转型所带来的巨大改变是非遗普遍面临的外在威胁和严峻挑战。现代化和城镇化建设加速，很多农村出现空心化，农民都纷纷涌入城市，成为城市居民，出现了新移民群体。这些现象的发生，不仅是因为中国的传统社会结构和生态环境发生根本性的改变，而且也是人的生存方式和文化生活等方面出现了新的需求、新的变革，致使非遗在当代社会的传承传播空间有不断走向狭小的趋势。我们有句话叫"千年文化，百年断层"，现代化造成了我们的文化断层。非遗保护工作进入"深水区"，难度增加，面临外来文化冲击、新旧文化形式交替、传统文化内涵淡化等挑战。例如，20 世纪90 年代，一度出现了青年人只知洋节不知传统节日的现象，这对我们的传统文化传承发展产生了较大威胁。我们并不是完全反对青年人过洋节的行为，而是强调要有坚持文化本体性的意识，不能让传统节日所承载的文化基因面临无人知晓与传承的尴尬局面。再如，现在春节期间除了传统的返乡热潮外，还兴起了旅游潮。返乡这一惯习本身是传统的，现在用旅游的方式来过春节，不知道可不可以看作新的春节习俗。如何准确、客观地看待新、旧习俗形式的交替演变是需要我们进一步研究的课题。

二、潜在的传承断代风险

当今社会，人们的心态浮躁，又急功近利。而非遗项目中的很多技艺是需要精工细作的，很难速成。比如戏曲艺术中的手、眼、身、法、步和唱、念、坐、打，中医中的望、闻、问、切等，都是需要刻苦钻研才能习得的。非遗日积月累的传承特性与当下社会存在的急功近利心态产生严重冲突，造成了传承群体中的青年力量较为薄弱，现有传承队伍老龄化严重的问题。这使得遗产的传承面临潜在的断层风险。原文化部认定的四批 1986 名国家级代表性传承人中，70 岁以上占 50% 以上。截至 2018 年 4 月，1986 名国家级传承人中去世的已超过 400 多位。老一辈传承人的坚守难度大，各种冲击增多，非遗传承形势严峻。

三、传统的传承方式遇到瓶颈

一方面，传统的口传心授的师徒传承或家族传承方式，已经不能适应现代社会的需求和家庭人口结构的变化。非遗里的一些传统技艺有"传男不传女，传女不传男，传内不传外，传僧不传俗"的规矩，这种传承方式现在遇到了挑战。在过去，唐卡艺术的传承有"传男不传女，传僧不传俗"的传统习俗。因为唐卡是宗教艺术，女性和非宗教人士是不能传承。现在这一状况完全被打破，青海热贡地区唐卡艺术的从业者中有不少女性画师。非遗项目中如医药、传统技艺、武术等行业，都有"传内不传外，传男不传女"的规矩。但是现在很多家庭只有一个孩子，而且许多是女孩，这种状况下非遗项目的技艺如何传承是当下遇到的挑战。

另一方面，非遗项目与现代生活相融合产生困难是一个普遍性问题。如表演艺术类遗产项目的社会生态不断萎缩，观众越来越少；传统手工技艺类的产品普遍存在精致不足，缺乏时尚感，难以满足人们追求多样化、时尚化、品质化的新需求。所以关注时代性和新的社会需求是遗产保护与文化发展中的重要问题。

四、学术研究和管理层对非遗保护规律与内涵认识不足

《公约》及《非遗法》都对非遗的概念及保护方向提出了明确的要求。非遗保护工作具有较强的政策性、专业性和学术性。但是我国非遗保护和研究领域里，部分专家缺乏对于非遗内涵的准确认识，只是完全凭借着自己的一些专业知识大谈非遗保护，甚至成为非遗领域里的大腕人物，使得社会层面对非遗的认知与保护产生误解。除此之外，非遗保护的管理层面也存在类似问题。工作人员流动性大，对非遗保护的基础知识和保护工作的政策把握水平参差不齐，工作缺乏稳定性与连续性，这在一定程度上都影响了保护工作的质量。

五、非遗的理论研究失衡现象

非遗保护工作需要强大的理论研究来支撑。而从目前整个非遗的理论研究成果来看，针对非遗项目的现状分析研究和保护对策研究成果不多，使得国家层面制定保护政策措施时，缺乏有力的理论支撑，不少项目濒危的状态难以得到有效改善。因此，需要我们在理论研究层面关注遗产项目发展现状这个领域，如何使遗产项目的传承保持一个良好的状态，做到可持续，需要重要的理论研究成果来支撑。比如，在口头文学类研究领域，长期以来注重文本的研究成为一种主流，对项目的挖掘、记录、整理和出版等成为核心工作，对非遗的活态性特点"传承人"这个核心、遗产传承规律的探索和研究相对薄弱。以《格萨（斯）尔》史诗为例，我们至今不能很好地掌握这一遗产的传承规律，传统的传承方式如"托梦说""神授说""宝镜说""掘藏说"等仍然蒙着一层神秘面纱，人们不能很好地了解和认识这些传承方式的规律。导致国家层面花了很大气力，但保护效果和保护状况仍然堪忧。因为史诗类的遗产保护在整体的非遗保护工作中分量很重，有着十分重要的地位。每次两会有很多提案，各地也不断反映，要求加大对史诗的抢救、保护与研究工

作，但传承状况依然没有得到改善。面对这样的状况，急需专家、学者的对策研究成果。为史诗类的遗产保护献计献策，提供政策上的智力支持。《格萨（斯）尔》史诗研究开展了半个多世纪，理论研究成果丰硕，在传播方面功不可没，但传承危机状况并没有改观，在史诗项目的传播地至今没有能够出台一个项目保护办法、保护条例来指导工作。很多非遗项目我们都可以开展传承培训活动，但是由于《格萨（斯）尔》史诗在传承方面的特殊性，还不能采取一般非遗项目的传承方式来开展传承人培训班。这一遗产项目的传统传承方式很难以其他遗产项目的传承培训方式经验来学习借鉴。所以，这种状况一方面说明了我们的非遗传承工作所具有的复杂性和特殊性，一方面也表现出我们的理论研究存在的薄弱环节。这些问题需要我们花大力气去研究解决。

第三节　有关非遗保护理念的讨论

我国的非遗保护经过 20 年的发展历程，取得的成果举世瞩目。但对非遗保护理念的认识在学界仍然有着不同的观点和看法，目前比较突出的问题主要集中在两个方面："非遗是文物"和"原汁原味保护"。

一、"非遗是文物"的问题

对于在学界出现的"非遗是文物"这一观点的主要依据是非物质文化遗产和物质遗产在属性上都属于文化遗产，都由先民们创造。既然都是遗产，那么在保护和传承方式以及整体认知层面上应该是一致的，即文物不能动，非遗也不能动，更不能改。这是这一观点的核心理念。对于这样的观点，从我个人的学术研究经历和近 20 年来从事我国非遗保护管理与实践经历来说，是不能认同的。文物遗产主要是以物为载体，以静态呈现为主要特点。而非遗是以人为主要保护对象，以活态传承为主要特性。根据两个不同的文化遗产特性，国家分别制定和出台了《文物保护法》与《非遗法》两个法律，说明文物和非遗在特性、规律、表现形式等方面有较大区别的。早在2005年，国务院办公厅《关于加强我国非物质文化遗产保护工作的意见》（国办发〔2005〕18号）中就提出"保护为主，抢救第一，合理利用，传承发展"的非遗保护十六字方针，这与文物保护以"保护为主，抢救第一，合理利用，加强管理"的方针有四个字不同。非遗"传承发展"，文物"加强管理"，这个区别是非常关键的，是遗产特性和保护理念上的重要差异。之所以在两个法律里对遗产有不同的表述，是因为这两个遗产本身的规律和特性是不一样的。非遗是活态的，所以要传承发展。非遗不但要保护传承，还要振兴、弘扬，不断地再创造。严格意义上的文物保护是不能再创造的。文物保护的首要任务是其自身的安全问题，要防火、防盗、防破坏、防流失等。所以加强管理是文物保护工作的首要任务。还有一个重要的点是，文物遗产具有不可再生性，一旦遭到破坏就难以再生。如圆明园就是典型的例子。自从"八国联军"烧毁以后，这座曾经举世闻名的皇家园林成为现今残垣断壁的遗址公园，这一遗产无法恢复其昔日的辉煌，成为中国人心中永远的伤痛。而活态传承的非遗其技艺是靠人的经验而世代相传的，即便是某些技艺在遇到一段特殊时期和特殊状态时出现断层，但在后来的社会历史进程中一旦出现相应的生态环境，这些遗产就可以重新复活，再次回到人们的社会生活中来。如十年"文革"时期，我们今天保护的很多非遗项目都被视为"四旧"或"封建迷信"的产物，传承链条完全中断。后来"文革"结束，我们重新认识了民族的传统文化，在国家层面采取了多种政策措施，恢复和重视文化遗产的保护与传承工作，这样的社会环境使一度中断多年的非遗如雨后春笋般全面复苏，重新焕发出了生机。这一现象充分证明了非遗的特性和它所具有的顽强生命力。这是一个非常典型的案例，体现的是文物和非遗两个遗产之间的重要区别。但同时二者作为文化遗产都要强调保护、抢救和合理利用。联合国教科文组织制定的非遗《公约》与其他文化遗产公约在各自使命、范围、任务、理念、原则等方面都存在着较大的差异性，各法规的目的和边界都十分清晰。所以"非遗是文物"这种观点本身就有问题，是违背和不符合非遗发展规律的。

二、"原汁原味保护"的问题

非遗保护要"原汁原味"，这是近些年来在非遗学界和保护实践中最具有迷惑性的话题，影响和误导了许多从事非遗保护工作的管理者、传承人、研究者和广大民众，尤其是对刚刚踏入非遗研究领域的年轻学子。从人类社会发展进程和文化发展规律来看，这种观点是站不住脚的，是不符合历史发展事实的。人类社会的发展进程如果要是原汁原味就得回到茹毛饮血、刀耕火种的洞穴时代，人类文明的进步和文化的发展历程更不是原汁原味的。就拿我们的汉字来说，如果要是原汁原味就得把甲骨文一直保持到现在不能改变。具有活态性和动态性特征的非物质文化遗产，在人类历史的进程中更不是"原汁原味"、一成不变的。非遗是随着人类社会的不断发展，文明的不断进步，在各民族人民与生存环境进行不断的调适中，在自然和历史的互动中进行再创造。所以，在非遗保护中提出要"原汁原味保护"的观点实际上是一个伪命题。这一观点实际上等于扼杀了人的创造力和创造精神，完全限制了人在社会发展和社会实践中所表现出的主观能动性与丰富的想象力，与非遗《公约》宗旨、非遗保护的根本意义和价值完全是相悖的。

这方面有非常多的案例，比如标志着人类社会重要进步意义的废奴运动。我们有一些民族在社会历史的变革中还保持着一些旧俗。因为在我们国家有一些民族是直接从奴隶社会跨越到社会主义社会，这样的现象在民族学和社会学里被称为"一步跨千年"或"直过民族"。这些民族在他们的生活中仍然保留着一些非常原始的旧俗残余。就像西南佤族地区有个当地的神山，山的两边树上都挂着祭祀的牛头。在山头上还有一些木桩，以前是存放祭祀神灵时牺牲的人头。我在参观西盟佤族自治县的博物馆时，看到里面展示了一个"猎人头祭木鼓"的仪式。明代《南诏野史·卡瓦》载："卡瓦……猎人以祭，商贾出腾越州如木邦者，必经其地，呼为卡利瓦。"佤族砍人头供

图9-1　当年祭祀山上的"猎人头"存放柱篓

奉，有祭祀谷魂、木依吉和木鼓之说，其实质基于原始宗教信仰而产生。他们认为只有用人头祭木鼓，谷物才长得好，村寨才安全。再就是与血族复仇有密切关系，明显表现出氏族残余和较深的家族、村寨观念。猎人头祭木鼓习俗，反映了佤族社会的原始性，是尚处于原始社会末期的一个特征，也是人类在原始社会发展阶段的普遍性特征。这一旧俗在给佤族带来极大灾难同时，也造成部族间的械斗和仇恨，严重影响了村寨、地区和其他民族的经济联系及关系，极大地阻碍了社会的发展。

博物馆的讲解员介绍说，1950年毛主席在北京接见佤族头人拉勐，亲自给他做工作说："现在解放了，新中国、新社会，人民当家做主，这一旧俗必须要改掉。"拉勐回到家乡以后召开了全族大会，彻底革除了猎头陋俗。

这是一个比较典型的案例。《公约》重点强调，非遗的保护要符合人的相互尊重，符合现有人权和可持续发展的需要。"猎人头祭木鼓"是旧时佤族社会的重要习俗，如果说我们要"原汁原味保护"，难道我们还要恢复这个猎头的习俗吗？

例如青海热贡"六月会"祭祀活动，有些村寨原来煨桑祭祀时要把一只活羊扔进煨桑炉去祭奠神灵，称为"牲祭"。后来这一习俗发生了变化，村民们用小木条搭成一个山羊的形状，将酥油炒面染上颜色，形状非常逼真，替代活羊扔进煨桑炉里祭祀，同样达到了祭祀的效果。这种改变完全是老百姓自发的，不是政府干预的结果。这一现象从侧面说明了传统的民俗活动也不可能做到"原汁原味"。

图 9-2　青海热贡六月会

图 9-3　煨桑祭祀

　　针对非遗保护中存在的主要问题，我们需要在两大领域里进行思考和深入研究。第一个方面是提高对非遗的认识，确立科学保护的理念。第二个方面是结合非遗保护实际，研究具有较强针对性和可操作性的系列保护措施。

第一节　提高对非遗保护理念的正确认识

　　非遗是实践性很强的文化表现形式。从保护实践角度来讲，没有一个正确和科学的保护理念作为指导，遗产保护就会偏离方向，就会出现违背规律的现象发生。所以，从这个意义上来讲，确立一个科学保护理念是至关重要的。加深对遗产传承规律、生存状态和保护背景等相关知识的认识，是产生和提炼科学保护理念的重要基础和前提。

一、保护人类文化多样性

　　联合国教科文组织为了维护人类整体价值和长远利益，提出保护人类文化多样性的主张。1992 年，第三届联合国教科文"科学与文化论坛"在巴西帕拉州贝伦举行，论坛主题是："关于生态伦理：文化、科学、技术与自然的其他观点"。论坛最后发表了《贝伦宣言》，提出了对生物多样性和文化多样性同样予以保护的重要性。

这是联合国教科文组织首次把生物多样性和文化多样性并列提出，以示重要。这是对文化多样性的重要性在认识层面上的一个深化和提升，引起了国际层面的广泛关注。《贝伦宣言》阐述了文化和自然的关系，为加强人与自然和谐共存的认识提供了可能。我们必须尊重和保护它，这不仅是为了文化成员的尊严，也是为了人类共同遗产的存续。文化共存需要相互尊重，必须要避免一种文化支配其他文化。21世纪，联合国教科文组织高度关注对文化多样性的保护。2003年《保护非物质文化遗产公约》的颁布成为人类以法律的形式来保护文化多样性的一个里程碑。

联合国教科文组织《世界文化多样性宣言》中指出："文化多样性是交流、革新和创作的源泉，对人类来讲就像生物多样性对维持生物平衡那样必不可少。"文化多样性的保护借鉴于生物多样性的研究经验。生物多样性的研究认为，生物群、物种越丰富，它的基因就越丰富。含有基因种类越多的生物，就越能适应各种环境的变异，越有生存与发展的机遇。生物多样性中对物种的保护也不是一股脑地对所有物种都进行保护，而是重点保护那些代表性物种，如中华鲟、熊猫、藏羚羊、长颈鹿、金丝猴等。生物领域中保护的是代表性物种，非遗领域中保护的是代表作（性）项目。我们之所以借鉴生物多样性的经验，是因为人类文化在生存与发展的规律方面同生物有着较强的相似性。《公约》指出"非遗是文化多样性的熔炉，又是可持续发展的保证"，保护非遗是人类共同的利益。

文化多样性能够满足人类不同的情感需求。例如对爱情的表达方式，西方人喜欢送玫瑰，认为这是最真诚的表达方式。在贵州、云南等民族地区，年轻人对爱情的表露都是以唱歌、对歌的形式进行的，这样的方式非常真诚，而且独特。这种情感的需求以及表达不能被限定为一种模式。在过去的年代里，青海冰糖比较珍贵，年轻人就给恋人送冰糖，成为一种重要的爱情表达方式。在青海民歌"花儿"里有一首歌生动地描述了这一情景："马五阿哥好心肠，白（达）布的手巾里包冰糖，冰糖放在枕头上，吃里（么）不吃你思量。"冰糖在那个时代是他们的心爱之物，是最珍贵的东西，跟今天的送玫瑰有着同样的价值和意义。所以文化多样性非常重要，它使人类可以按照自己的意愿选择最舒适、最适宜的方式进行生活。

二、深化非遗"活态传承"理念

活态传承和活态保护是非遗的根本属性，在开展非遗保护工作中对这一属性的深刻认识是至关重要的。非遗不在博物馆、图书馆、数据库，非遗活在人们鲜活的生活里。非遗是活态的、是可变化的、是不断地被再创造的。非遗不是文物，也不是"活态"的文物。这些非遗保护的核心理念我们需要在认识层面和保护实践中不断地加以强化。"非遗只要还有一口气就不能进到博物馆"，这是我的一个口号和一贯主张，听起来可能有点极端，但是这是非遗保护在认知层面必须要明确和树立的重要理念。我们必须对"物"和"非物"加以区分，对"物质遗产"和"非物质遗产"的基本特征与规律要认识清楚。因为非遗有了活态性这样一个独特属性，所以当它进入博物馆就意味着已经失去了鲜活的生命，成为博物馆中的静态文物。前联合国教科文组织非物质遗产处处长塞尔西·杜维勒在成都国际非遗节非遗保护论坛上发表了重要观点，她讲道："为了立档而立档，或者仅仅在遗产消失之前做记录称不上保护，为了满足研究者科学好奇心的研究称不上保护，除非它能够直接为巩固非物质文化遗产生命力作出贡献。"确保非遗生命力才是真正的保护。记录当然重要，但是一切工作都要为延续非遗生命力做贡献。在非遗保护面前没有"救世主"，专家也不能扮演上帝和神的角色，专家有建议权，但不可以决断。唯有遗产的持有者、传承者才是非遗的主人，我们要尊重他们在遗产的传承与发展、再创造方面的权利，这才是对《公约》精神的遵从。例如，"贴在窑洞上的窗花才叫作窗花"的"原汁原味"式相关言论，完全违背了《公约》精神和原则，违背了《非遗法》的基本原则和非遗保护的目的及发展道路的。我们需要认真去体味《公约》中反复强调"尊重"一词的深刻含义，即遗产保护要充分尊重社区群体在适应环境，在遗产的传承发展当中的基本权益。他们在生活中的选择权是要得到尊重的。

三、未来非遗保护需要强化的"三个意识"

1. 以人为本。"以人为本"是一个含金量非常高的理念。非遗保护中我们要更加注重以人为本的思想，保护工作要关注非遗项目与人的生存关系。遗产保护不能以牺牲人民大众追求美好生活权利为代价。因为非遗是人创造的，也是为人服务的。关注人的生存和发展需求，若脱离了生活需求，无异于把非遗当作目的，把人当作实现手段，使文化凌驾于人之上，这样不可能走得太远，也是违背《公约》精神的。

2. 可持续发展。关注遗产的长远性和持久性，从人才培养到使用材料，尤其是不可再生的原材料方面。我们是非遗资源大国，同时又是人口大国，而自然资源相对匮乏是我们的国情。所以对遗产资源的保护和合理利用方面需要有长远性。有的非遗项目与自然资源关系密切，一些原材料是不可再生的珍惜资源，有的是天然的稀缺资源，有的是珍稀的野生动物资源。这就需要我们理性的思考其长远发展的问题，尝试探寻新材料和替代品，否则这些技艺难以延续其生命力，无法做到可持续发展。景德镇建立陶瓷文化生态保护区就是从整个文化生态与自然生态入手，对不可再生的陶瓷资源有个合理的规划，有计划地开发和利用，做到陶瓷文化的可持续发展。

3. 走进生活。非遗保护应关注与现代生活的关系，非遗只有以创新型发展与创造性转换的方式融入生活才能得以更好地传承。我们要认识到，非遗因人的生活需求而产生，也因人的生活的发展变化而变化。纵观历史的演进发展，凡是不能融入新的生活方式的非遗，必然走向消亡之路。在新时期提出"非遗走进现代生活"这一重要理念，对保护工作无疑具有重要意义。在非遗《公约》和申报联合国教科文组织相关非遗名录时，申报材料中不要求过多强调遗产的历史渊源，而要求更多关注遗产于当下与社区生活的关联度，尤其是青年人的参与度。这些要求实际上体现的是该遗产的现实意义和可持续性问题。我们今天提出中华文化的伟大复兴，要注意的是，文化复兴并不是要文化复古，不是要回到古代社会，而是要复兴中华文化曾经为人类社会发展和文明进步所做的巨大贡献，复兴中华文化海纳百川的包容性与不断进取的创造力。所以在这个意义上，我们要认识到遗产不是越古老越好，古老传统的遗产要与今天的时代、人们有关联。要让古老传统的非遗走进现代生活，成为人们的重要生活方式，这是我们开展非遗保护的终极目的。

四、科学理性态度看待遗产濒危问题

濒危问题是当今非遗保护工作中的共性问题，也是我们非遗保护和研究工作要关注的重点内容。一个遗产项目走向濒危有着比较复杂的社会原因和历史原因。尽管以举国之力去保护遗产，但是有些遗产我们是保护不了，也抢救不过来的。联合国教科文组织前文化官员塞尔西·杜维勒在中国成都国际非遗节非遗国际论坛上的演讲时指出："非物质文化遗产是不断变化的，并且不断地被再创造。在一些情况下，相关社区也可以选择让无法适应当代环境的非物质遗产消亡。"我们今天虽然不遗余力地保护非遗，但是还要遵循客观规律，对有些遗产的濒危和消亡要客观看待。由于社会的发展，文明的进步，尤其是生产生活方式的改变，有些文化遗产不能适应新的变化，进而走向濒危，甚至消亡，这是客观规律。

如传统音乐类非遗项目中的劳动号子。其表现形式有伐木号子、打墙号子、连枷号子、川江号子、长海号子、纤夫号子等，这些现在普遍面临濒危和消亡。其中，连枷号子我小时候在家乡亲自参与感受过。就是使用连枷打麦子的时候，劳动者站着两排交错地打，为了让劳动步调一致，同时减轻劳动带来的疲劳感，要有号子来引领。这种劳动号子在打麦场上是非常震撼的。后来劳作形式改变了。农机厂发明了脱粒机，它可以一边出麦草，一边出粮食。先进工具的出现不但大大缩短了劳动的时间，也大大减轻了劳动的强度，农民们不需要用连枷号子打麦子了。连枷号子自然也就没有了。这一类的遗产项目不能够适应我们现代的生活，走向濒危甚至消亡是必然的。

那么，当遗产自身生命力无法延续的时候，我们就可以用抢救性记录、数字化技术手段进行保存保护。为了保护劳动号子这一类的非遗项目，我们

图 10-1　酉水河川江号子（李祎提供）

图 10-2　石柱西沱号子（谭小兵提供）

图 10-3　川江号子舞台表演（王美木提供）

只能把它舞台化，归为一种表演艺术，在一些公共空间和舞台上展示表演。综上所述，我们要用科学理性态度来看待这些问题，有些遗产我们是无法保护，也是无法抢救的，只能将它作为研究对象和创作元素。

还有与动物保护冲突的项目，例如象牙雕刻技艺等，必须寻找到新的表现载体。大象是世界范围内受到保护的动物，在这样的背景下传统的象牙雕刻技艺要延续其生命力就必须寻找新的表现载体。目前在国内我们了解到，许多地方的象牙雕刻材料已被猛犸牙替代了，逐步在转型。

与此同时，我们要关注到一个现象，不是所有的非遗项目都处于濒危状态。研究发现在非遗十大门类中，饮食类文化表现出顽强的生命力，仍然保持着我们自己的传统特色。究其根本原因，此类遗产项目和现代生活融合得比较好，是人们社会生活中的刚需，所以它的传承较好。正是由于我们了解和认识到了饮食类遗产的这样一个特点，因此在前四批 1986 项国家级非遗名录中对饮食类的项目数量上有所控制。假如饮食类项目在国家级项目中的比重过多，各地遗产保护中势必会出现有经济价值和商业利益的遗产受到重视，而没有经济价值，甚至花钱都保护不好的遗产就更得不到保护的局面（如表演艺术、民间文学、民俗类遗产）。这是在国家层面对非遗保护整体方向上的一个考量。

图10-4　土族刺绣图案

图10-5　黎族织锦图案

五、"遗产基因"是非遗保护的核心

基因保护是遗产保护的核心。一个民族在历史进程中形成的色彩、图案、造型、样式等，是文化的基因，是最值得保护与传承发展的。例如，哈密维吾尔族刺绣、青海土族盘绣等刺绣的图案、色彩是一个民族独有的，民族性和地域性很强，具有文化认同的作用。北京故宫、傣族传统建筑、西藏布达拉宫、伊斯兰教建筑样式、徽州民居、福建土楼等建筑样式都体现着各民族文化的基因。这些建筑的材质和工具随着时代的进步和社会生产力的发展会发生变化，但无论建筑材质和生产工具发生怎么变化，建筑的文化基因是保持不变的，这是需要传承的。一个民族和地域文化的特色是在长期的历史进程中形成的，并深深植根于民族的土壤。文化的特色具有持久性，是别人拿不走的，也很难学得到的。"一方水土养育一方人，一方人造就了一方文化"，这一句俗语强调的是文化的地域性与民族性特点。现在全国各地纷纷打造文化强省、文化强市。但文化不同于经济建设，很难以强弱来划分。文化特色实际上是一种浓缩的民族性，积淀了各时代的精粹，保留了最浓缩的民族特色，打上了深深的地域与民族的烙印。可以说，它们是这些民族所独有的，成为这些民族的灵魂。特

图 10-6 图 10-7
徽派建筑（陈继腾
提供）

图 10-8　客家围屋（黄汉民提供）

中国非物质文化遗产保护十讲

色是区别不同地域，不同民族文化的重要标志。我们不但要最大限度地去保护这些具有鲜明地域特色和民族特色的文化，还要弘扬这些文化的特色。

第二节　非遗保护措施的探索

20 年来，我国非遗保护工作的顶层设计和重要的基础性工作基本完成。在新起点上的非遗保护工作，要更加充分地认识到非遗的政策性、专业性、学术性、科学性和复杂性特点，不能低估非遗保护工作。我们将从"建章立制"的基础性工作，全面转入"提高传承保护水平和能力建设"的纵深发展阶段，围绕保护传承的能力建设这个目标有针对性地开展各项保护工作。对于非遗工作项目的保护工作需要加强和深化以下七个方面的工作。

一、加大传承人的扶持力度

传承人是非遗保护的核心，尤其是掌握着高超技艺的代表性传承人，他们是文化高峰的代表。所以在未来的非遗保护工作中，应该进一步提高代表性传承人的社会影响力和待遇。现在国家级代表性传承人每年 20000 元的资助津贴与日本、韩国对"人间国宝"的资助待遇相比还有差距。2016 年全国政协的"双周协商会"上有专家呼吁，希望把国家级代表性传承人的资助津贴提升一些，但这项工作在推进时有比较大的难度。之后随着社会经济的发展，我们有责任和义务为传承人创造一个更加有利的平台，激发他们的创造力、使命感和责任感，进一步营造尊重人才的社会氛围。在这方面我们还要学习借鉴日本、韩国扶持"人间国宝"的做法。这些做法对于我们未来的非遗保护和传承人的扶持工作具有一定的学习和借鉴意义。

二、探索培养年轻学徒的有效机制

非遗的整体传承队伍要向年轻化的方向发展，这是有效缓解非遗传承后继乏人问题的重要解决方法。近年来开展的研培计划、中国传统工艺振兴计划以及传统工艺工作站的建立等，都在这一领域里做出了积极有益的探索。这些举措，一方面是为了解决传统工艺类遗产的产品与现代生活相融合的问题，另一方面是积极应对生产工业化以后对传统工艺类产品市场的挤压而造成的一系列影响。在 20 年的非遗保护实践中，我们深刻地认识到，传统工艺类非遗项目个体性较强的特性。假如某个人掌握的技艺出现断层就意味着一个遗产项目可能被中断，甚至消亡，这是此类遗产的共性问题。同时它也体现了这一遗产项目具有的特殊性和复杂性。2015 年优先在传统工艺类非遗项目的保护工作中启动了"研培计划"。此项工作的根本目的就是探索一种新的培训模式，吸引更多的年轻一代传承人加入非遗传承队伍中，为他们提供一个学习和提高技艺的良好平台。中国传统工艺振兴计划、传统工艺工作站则是在各地方开展的，尤其是传统工艺工作站的设立，是"生产性保护"理念的重要体现。2016 年起，文化和旅游部陆续设立十余个传统工艺工作站，面向贫困地区，尤其是民族地区的贫困人口开展传统工艺振兴工作，帮助贫困地区传统工艺企业和从业者解决工艺难题，提升设计水平，提高产品品质，培育品牌，拓展市场。比如，全国首个传统工艺工作站，围绕新疆哈密维吾尔族刺绣的保护与传承开展了一系列工作。哈密维吾尔族刺绣是国家级非遗代表性项目，历史悠久，特色鲜明。由于现代市场的冲击，哈密地区的刺绣产品一度处于低迷状态，传承出现了较为严重的断层。为重振这门传统技艺，年轻的设计团队入驻工作站，带来新设计理念，并通过品牌孵化等方式促成工艺与市场接轨，不仅使刺绣活了起来，也让绣娘富了起来。许多年轻的维吾尔族同胞加入刺绣行业中，并出现了非常优秀的刺绣带头人，哈密刺绣的传承出现了新的生机。再如，传统工艺贵州工作站，通过发现贵州贫困地区具有发展潜力的传统工艺传承人，将其作为带头人进行重点培养，带动当地贫困人口实现脱贫致富，从而吸引了更多年轻人投入传统工艺的保护与传承事业。非遗扶贫是助力国家脱贫攻坚战略的重要方式，也是一项体现以人为本和人文关怀精神的重要举措。把非遗和国家的战略结合在一起，利用非遗资源为民族地区、贫困地区百姓提高生活品质，脱贫致富发挥积极作用。

三、处理好普及性学习与提高性学习的关系

在非遗的学习和传承传播过程中，我们要区分不同层次的受众群体。在大众层面要以普及为主，在专业层面要以提高为主。专业层面尤其要重视对经典作品和高超技艺的学习与传承，要认识到代表性杰出人物在行业领域中的影响力和对遗产传承发展中的重要作用。以京剧为例，梅兰芳大师这样的代表性人物改变了整个中国戏曲艺术的风貌，对整体行业艺术水平的提升做出了杰出贡献。同样，我们的传统工艺、传统音乐、传统舞蹈等表演艺术以及其他遗产项目代表性人物的高超技艺也是他们各自智慧的结晶，也应该成为文化的经典范式。它们是中华优秀传统文化的重要组成部分，是我们需要认真学习和传承的。

四、加强非遗保护和现代传播手段的深度结合

非遗的活态保护与传承，离不开传播与共享。越来越多非遗传承人在继承中华优秀传统文化的同时，开始思考如何使非遗传播得更广。现代科技改变了我们的生活，我们必须充分利用这些手段为非遗融入当代生活发挥作用。过去那种所谓"酒香不怕巷子深"的说法，已经不符合今天这样一个高度发达的信息时代。口头文学类的非遗，要探索与现代传媒的嫁接，加大传播力度。今天的家庭生活中很少看到爷爷奶奶讲故事的场景了，但可以用各种媒体播放故事。剪纸、年画、连环画等民间美术类项目，需要尝试新的传承载体，可以探索先传播，后传承的方式。2020 年"文化和自然遗产日"期间，国内多家网络平台联合举办"非遗购物节"，乘着"电商"的东风，非遗"飞入寻常百姓家"，传统文化之美被更多人了解和热爱。在短视频平台，非遗作品得到更多展示机会，一些非遗传承人在短短十几秒的视频中凭借手艺"圈粉"。借助网络、文创产品、公益项目等载体的帮助，非遗不仅能跨越神州大地，弘扬中华优秀传统文化，更能增进世界各国、各民族优秀文化的

交流与共享，使全球各地的人们相互了解、相互尊重、消除隔阂、和谐相处。非遗在大众层面以传播为主，行业、专业领域以职业传承为主，要根据不同层次的受众群，探索多种传承传播方式。

2021年年末上映的动画电影《雄狮少年》，以南方醒狮比赛为背景，以动画片的艺术表现形式讲述了留守少年阿娟和好友阿猫、阿狗在退役狮王咸鱼强的培训下参加舞狮比赛，经过重重磨砺，从病猫变成雄狮的成长故事。该影片对广州地区传统舞蹈醒狮的表演形态、表现技巧、动作套路、艺术特色进行了详尽的解读和描述。对醒狮道具的制作技艺、工艺流程和传统的比赛形式等方面的描述也都很生动。影片运用少年儿童十分喜爱的现代动画艺术形式，对醒狮这样一个传统舞蹈进行了很好的艺术呈现，这在青少年中起到了很好的传播效果。虽然动画电影方式不能直接解决遗产的活态传承问题，但可以帮助我们解决非遗广泛传播的问题。对非遗在青少年中的传承问题不能急于求成，急功近利，需要探索多种方式，采取有效措施。目前我们可以分两步走，首先要进行广泛的传播，营造氛围，培养兴趣，加深对遗产的认识。动画电影就是被广大青少年比较容易接受的方式。其次要逐步推进到传承层面，根据具体情况适时开展活态传承工作。动画电影《雄狮少年》是一个可借鉴的典型案例，对我们开展非遗的现代传播，尤其是对表演艺术类非遗项目的传播具有重要的启示意义。

我们应当鼓励更多的有识之士，积极大胆探索非遗的现代传播方式，让年轻一代更多地了解非遗，认识非遗，从而达到保护传承的目的。

五、非遗进校园

非遗传承从娃娃抓起，非遗进校园需要充分考虑到孩子们生动活泼的特点，要根据儿童的特点选择项目，研究有效的传承方式，让孩子们在娱乐中感受非遗。在活动中要寓教于乐，表现形式上注重趣味性和娱乐性，避免说教式、脸谱化、空洞刻板的教育模式。我在有些民族地区考察时了解到，有些非遗项目进学校的做法很有特点。如青海的玉树、四川甘孜、西藏山南等

图 10-9 云南地区普洱茶制作技艺进校园活动（李兴昌提供）

地区，学校里的孩子们课间操跳锅庄舞、弦子舞。云南的很多学校里，课间操都跳当地的民间舞蹈，改变了过去做广播操时单一枯燥的状况。在课间操时间跳民族舞蹈既锻炼了身体，也起到了传承文化的作用。西藏拉萨市的学校基本形成藏戏进校园。这是一种非常好的做法。目前非遗进校园形成多样化的态势，传统音乐、传统舞蹈、传统戏曲、传统美术、传统技艺、曲艺说唱等非遗项目，都纷纷进入各地的中小学，并受到学生们的欢迎。

在大学里设置非遗相关专业也是近些年来非遗进校园工作的一大特点。如贵州凯里学院开设民族民间音乐教育，新疆艺术学校开设木卡姆四年制本科专业。青海黄南州民族高中和职业技术学校开设了热贡艺术中专班，青海民族大学开设了唐卡艺术本科班。中央民族大学、广西艺术学院、云南艺术学院相继开展了非遗相关课程，培养了一批既懂业务又懂管理的复合型人才。

我们应该鼓励各地方，大胆探索实践形式多样、喜闻乐见的非遗项目进校园活动。要在突出特色上下功夫，探索一条既符合学校实际又有效传播非遗的传播路径。

六、非遗与旅游业的深度融合

旅游业的发展在世界各国的国民经济中占据着越来越重要的地位，并且已经成为许多国家的支柱性产业。成熟的旅游文化也反映着一个国家和地区经济社会发展的总体水平和发展程度。随着近年来中国非遗保护工作的不断发展和深入推进，很大程度上也促进了旅游业的发展。当前，从中央到地方，尤其是管理层面越来越认识到文化在旅游发展中的重要价值和作用，这一点，我们从近年来一些名称的变化可以看出来。如现在我们普遍在提法上将"旅游文化"变为"文化旅游"。文化这两个字位置上的变化，不仅仅是顺序上调整的事，更体现了中国社会对旅游业发展中文化问题在认识层面上的一种深化。2018 年，文化和旅游两个管理部门合并，成立了中华人民共和国文化和旅游部。这是中国在改革发展中的重大举措，有利于政策的制定和规划。它预示着文化和旅游在未来社会发展中的紧密程度。

文化和旅游的结合，既是一种挑战，也是一种机遇。所谓挑战就是这两个产业原先有各自独立运行的体制，如何做到有机的融合，需要有一个相互磨合的过程，建立起合作运行机制。同时，二者的结合必然带来非常多的发展机遇。可喜的是，随着各地旅游业的不断发展，人们越来越认识到文化在旅游业发展中的重要价值和意义，深刻感受到文化是旅游的灵魂，没有文化内涵的旅游是不可持续的。文化建设需要与旅游业发展进行有机的深度融合，重点要放在非遗与旅游业的有效对接。这就需要充分发挥非遗在文化旅游发展中的作用，挖掘其文化遗产的深层内涵和价值，让游客在旅游目的地能够深切地感受到地域文化和民族文化的独特魅力。

但是我们也应遵循文化的规律和当地的习俗，避免伪民俗现象出现。还有一个问题是，现在的旅游产品普遍质量不高。旅游产品要解决好民族性与时尚化、品质化、多样化的关系。在这方面可以借鉴日本在文旅融合方面的做法和经验。这些年我们也在不断地探索，如云南大理的扎染、银器、木雕等在时尚、民族性等方面结合的都比较好。

为了提高民族文化产品的认知度和传播力，使文化产品的关注度走向一个更高的层次，在产品的设计和制作方面也需要具有大众化的视野，打破区域性界线。但这一点在操作层面有一些"分寸"和"度"的把握问题。如一个民族性和地域性文化符号和元素过浓、过强的产品，在该文化氛围和环境里使用显得非常贴切、自然，但要是到了与此文化环境完全不同的另一个环境中，因为图案过于抢眼了，就会显得与生活的文化环境不是很和谐。但是一个文化产品的设计和制作太过于时尚化，民族符号和地域性元素没有一点体现，又会感觉产品缺乏民族文化的辨识度。所以文化产品的设计、生产中对民族文化"分寸"和"度"的把握，对元素的提炼和使用非常微妙。文化工作者需要探索既有民族符号元素，又有广泛能够接受的文化产品。处理好产品的民族性与时尚化、品质化、多样化的关系是一种能力。传统工艺工作站的设立在这一方面做得比较好，设计师去民族地区扎根，研究该地区文化的特色与基因符号，然后再进行设计创作，

图 10-10　扎染图案元素开发的各种新产品

这样生产出来的产品比较好的解决了上述所说的问题，从而也丰富了文化产品。

还有一个比较好的案例，广东醒狮代表性传承人赵继红将非遗展览展示与大众休闲娱乐相结合，在广州市的永庆坊古街开设了非遗生活馆、咖啡厅，

10	11
12	13

图 10-10　广东醒狮文化展示馆

图 10-11　室内装饰的狮头灯

图 10-12　现场定制醒狮文创产品

图 10-13　跨界融合，衍生"食品"

着力打造"赵家狮"文创品牌。他将"醒狮"图案卡通化、趣味化，设计成品牌卡通形象 Logo，运用于箱包、衣服、饮料、玩具等产品中。创新的设计使广东醒狮不仅仅作为一项传统舞蹈，更向饮食、服饰等领域跨界。通过寓教于乐的方式，让人们在日常生活中，主动地了解非遗，促进了青年人甚至少年儿童对广东醒狮的了解，扩大了广东醒狮的传播范围，产生了很好的社会效益和经济效益。这种方式为表演艺术类非遗项目的传承传播探索了一条新的路径。

结语

———

对于 20 年来非遗保护在中国的实践以及未来的非遗保护工作，我有以下几点感受和思考：

1. 建立了符合中国国情和非遗特点的保护制度。以 2001 年中国昆曲列入"人类口头和非物质遗产代表作"为开端，非遗保护工作开始进入国家层面文化建设的议事议程。2006 年国务院公布第一批国家级非遗名录，非遗保护工作从此进入全面发展进程，逐步形成了非遗项目普查（确认、界定）、清单编制（四级目录）、政策制定（立法、技术、行政、财政等层面）、规划保护的中长期战略，建立健全机构（文化主管、文献、研究、教育、培训、传播等）的整体格局，构成了中国非遗保护实践的完整体系。20 年来我们探索出的这些方式方法，被人们称为非遗保护的"中国实践与中国经验"。这种方法不仅符合中国实际，而且有些理念和经验具有一定的借鉴意义和推广价值。比如说四级名录体系、文化生态保护区建设、立法保护方式等。中国目前有 43 项非遗项目通过《公约》名录机制进入国际承认的遗产化进程，从整体上提升了非遗的可见度，也彰显了中国人民伟大的创造精神和我国拥有的丰富非遗资源。这些工作凝聚了非遗的传承者、管理者、专家学者和广大民众的智慧和心血，当然更要归功于党和国家的高度重视。

2. 全民文化自觉意识觉醒，兴起保护遗产的热潮。短短 20 年时间，非遗概念深入人心，保护工作深得人心，这是一次重大意义的"文化自觉"。非遗保护从鲜为人知到家喻户晓成为文化建设中的最大亮点。

但是，在非遗学术研究领域，有些专家对"非遗"这一概念予以否定，认为还应沿用"民族民间传统文化"的称谓。但是我们应该清楚地认识到，许多非遗项目如古琴、编钟、昆曲、京剧等，都不是民间文化这一概念能涵盖的。与此同时，非遗保护强调的是弘扬中华"优秀"传统文化，这一点跟一般意义上的传统文化概念是有严格区别的。多年来，我们对民族民间传统文化中的精华与糟粕、封建与迷信等问题一直争论不休，难以达成共识。假如《非遗法》坚持沿用"民族民间传统文化保护法"的概念，这部法律至今还不能通过。2003年，联合国教科文组织通过《保护非物质文化遗产公约》，确立了非遗的基本概念与内涵，使之成为国际共识。这也帮助我们很好地解决了国内关于"民间""传统""非遗"等概念的争论。《非遗法》的起草者们抓住这个有利的时机，加速推动立法进程，使我国的非遗保护事业上升到国家意志，这是具有里程碑意义的工作。

3. 今天的非遗保护成果来之不易。因为我们曾经经历了对传统文化从否定到肯定的历史时期。今天我们以法律的形式来确认非遗是中华民族优秀传统文化的产物，我们不仅需要保护和传承，还要振兴与弘扬。今天的非遗保护是联合国教科文组织站在整个人类发展的高度来推动，全球180个缔约国共同参与开展的一项保护人类非物质文化遗产和世界文化多样性的工作。这是一项开放性的、长期性的、可持续性的工作，是体现人类命运共同体意义的工作。

4. 中国的非遗保护工作平稳有序，健康发展。中国在非遗保护工作取得的成就是十分显著的。我们在非遗保护工作中探索实践和积累的"中国经验"，得到了包括联合国教科文组织在内的国际社会的积极评价和广泛认可。这是一个非常了不起的成就。因为非遗保护工作涉及面广，内容非常复杂，是一项政策性、专业性和学术性很强的工作。同时非遗是一个系统工程。我们的国情特点是历史悠久，地域差异大，民族众多，文化资源丰富而复杂，与一些单一民族的国家相比，我们开展工作的难度更大。纵观20年来的中国非遗保护实践，我最有感触的一点是，我们没有在非遗保护的方向和理念上出现大的偏差和问题，整个非遗保护工作保持着平稳有序，健康发展的态势，始终得到了广大民众的积极支持。

尽管如此，我们应该清醒地认识到，非遗保护是一项十分复杂而艰巨的工作，还有许多问题我们依然需要坚持不懈地去努力探索和研究。如传统的非遗项目如何能够在现代人的社会生活中更好地延续它的生命力。面对类型众多、风格迥异的非遗项目，我们如何制定正确、合理的分类保护措施加以保护，这是一个技术问题、专业问题，也是一个学术问题。代表性传承人认定制度如何更加完善，一些群体性的遗产项目可否认定团体传承？这个问题需要深入研究。大的群体性的遗产，认定群体传承人是比较困难的，需要认真研究，审慎推进。例如在申报"春节"这个遗产项目的时候，由于体量太大，涉及面甚广，难以指定项目的代表性传承人，经过专家们的讨论研究，最终决定该项目不认定代表性传承人，而是以文化部作为项目保护单位。

5. 未来非遗保护工作政府的角色转换问题。在今后的非遗保护中，政府的职能如何由初期的主导逐渐转变为引导，改变干涉过多、过细的做法，这是一个需要认真研究的重要课题。尤其是对民间自发性的民俗活动，要尊重民间传统的习俗和规制。政府应该提供更多的平台和服务工作，以最大程度地发挥社会群体、民间组织和广大民众在遗产保护中的积极作用。这些年来，在非遗保护工作中各级政府的热情很高，这是值得肯定的，但是有时候出现过热，什么都要大包大揽的现象，这样导致的结果是将自发性的民俗活动完全变成了官办的性质，活动也没有了往日的活力和自由度。这样的做法不但不利于遗产项目的保护，而且使民俗活动受到了局限和约束。

在非遗保护工作完成了顶层设计和基础性建设以后，政府的角色应该从台前转换到幕后，最大程度地调动和发挥广大民众的积极性。政府的工作应该是提供更多的服务、更好的平台，在财力物力等方面给予更多的支持。

总之，中国的非遗保护工作任务艰巨、使命光荣、任重道远，但同时也是有着光明前景，我们应该充满信心！

后记

    这部书是我从事非遗保护工作以来对非遗的一些认识和理论思考。主要内容源于十余年来我在全国各地的非遗管理干部培训班、非遗传承人培训班、非遗传承人群研培班、高校研究生课程和一些科研院所的百余场讲座的讲稿。内容主要集中在中国非物质文化保护发展历程、相关问题及对策研究、非遗保护的中国实践、中国非遗保护20年、非遗保护的核心理念、非物质文化遗产的当代价值等方面。2021年是中国开展非遗保护工作20周年，作为这项工作的亲历者与见证者，我对这20年来中国在非遗保护工作中的发展变化有着深切的感受和体会。所以，2021年我在各地进行了多场关于这一主题的讲座。讲座全面回顾了20年来的保护工作，阐述了中国在非遗保护工作中的探索与实践成果，总结了中国非遗保护的主要经验。2021年1月，我应中国社会科学院民族文学研究所巴莫曲布嫫研究员的邀请，在由朝戈金所长和巴莫曲布嫫研究员共同主持的中国社会科学院大学研究生院民族文学系的公益课——"非遗讨论课"上，做了3次"中国非物质文化遗产保护发展历程、相关问题及对策研究"的系列讲座。这一论题实际上是我对中国非遗保护20年的一个系统梳理和理论总结。

    以讲义形式成书比较适合我的实际情况。自从事非遗保护工作以来，尤其是近些年来随着国内非遗保护工作的升温，各界对非遗保护的关注度越来越高，有关非遗的各种课程、讲座也多了起来。回想这些年我的非遗讲座活动足迹，从普通社区到一般技校，从各类大学到科研院所，从地方文化行政管理部门主办的各种形式的非遗培训到对外文化交流活动，还有我国对亚非和拉美地区文化官员的培训交流等活动，都涉及非遗保护的相关内容。其中中国非遗保护的具体实践和经验是大家普遍关注的内容。因此，我的讲座范围相对宽泛，听众层次也比较多样化。面对这样的情况就需要将每次的讲座内容进行适当的调整，加强授课的针对性。每一次授课结束以后我都要根据当时的感受和效果，把新的灵感及思考补充进讲义内容，这一做法是我多年形成的一个习惯。日积月累，讲义内容得到不断的充实和完善，自己对某些问题的思考也更加清晰与深刻。

这些年有许多朋友，尤其是非遗界的同人纷纷鼓励我，希望我把这个讲义整理出版，以便让更多的人了解中国非遗保护的发展历程。但是，把讲义转化成书稿，无论是在文字表述方面，还是在书的结构方面，都需要做很大的调整，实非易事。

为了便于读者对非遗的理解，我在书中列举了许多案例，力争以案例说明问题。这些案例都是我在非遗保护研究和各地考察工作中的所见所闻。我对它们都进行了认真的确认和分析研判，没有任何道听途说和虚构想象的成分。之所以列举许多案例，主要想说明非遗事项生存状态的真实性和典型性。我们知道非遗是一项实践性很强的人类社会活动，人们在社会实践中所呈现的一些现象和问题，具有很强的真实性和现实感，是人们生存和生活状态的真实表达。这些真实而鲜活的案例为我们加深对非遗的认识，研究非遗的规律提供了重要依据，具有一定的参考价值。

我这一生非常有幸与非遗结缘。从我的成长经历来讲，我出生于一个伊斯兰文化氛围甚浓的撒拉族家庭。童年时代，我在家乡的骆驼泉边喝着泉水、听着撒拉族口头传说"骆驼泉传说"（国家级非遗项目）；参加过无数次"撒拉族婚俗"（国家级非遗项目）民俗礼仪活动；受到撒拉族传统音乐、传统美术、传统技艺等非遗的熏陶。20世纪70年代初期，12岁的我，被招到中央民族大学艺术系系统学习中国少数民族民间舞蹈，后又留校从事教学工作，前后共7年时间。之后在青海热贡地区工作了8年。在热贡工作的8年时间是我艺术实践最为重要的时期，我尝试和体验了多种艺术创作和实践活动。从藏戏《意乐仙女》的舞蹈编导到各类形式的舞蹈作品创作，都取得了不俗的成绩，积累了一定的经验。热贡地区深厚的藏文化底蕴和多元文化氛围，深深影响着我的文化认知。这些为我后来从事的非遗保护与研究工作，发挥了十分重要的作用。所以，这也是我把热贡作为我第二故乡的主要原因。

在青海文学艺术研究所工作期间，我主要从事《中国民族民间舞蹈集成·青海卷》编纂工作，这是今天非遗保护抢救性记录的基础性工作。在此期间，我对青海地区的传统舞蹈现状与分布情况进行了深入考察，对青海地区的舞蹈文化和民间艺术有了比较清晰的了解，并从理论层面进行了梳理，发表了一些理论研究文章。我曾在著名的塔尔寺做过 3 个多月的调研，住在寺里，向僧人系统学习塔尔寺宗教祭祀乐舞"羌姆"，最后与其他同事一道圆满完成了塔尔寺"羌姆"乐舞（列入国家级非遗传统舞蹈项目名录）的记录与整理工作。

我在中国艺术研究院研究生院学习期间，为完成《西北地区撒拉族、回族、维吾尔族民间婚俗舞蹈比较研究》硕士论文的写作，先后到青海、甘肃、宁夏、新疆等地区进行多次的实地考察。对同一信仰下的不同民族，在民间舞蹈中出现的截然不同的差异性进行了较为深入的研究。在中国艺术研究院工作的 10 余年间，我除了从事科研管理工作之外，还参与了国家重大课题"西部人文资源环境基础数据库"，是民间舞蹈子课题的主要负责人。其间，我组织参与多个非遗保护方面的学术论坛和学术交流活动，同时积极参与国家非遗保护工作，担任国家非遗保护工作专家委员会委员和传统舞蹈组组长等职务。

2009 年国务院批准在文化部设立非物质文化遗产司，本人有幸到非遗司从事非遗保护管理工作达 9 年时间，直到退休。在非遗司工作期间，经历了我国《非遗法》颁布实施、二十四节气等非遗项目申遗、文化遗产日活动、成都国际非遗节、生产性保护成果大展、国家级非遗代表性项目和代表性传承人评审等一系列非遗重要事项的实施与成果展示等工作。

以上这些主要经历，看似复杂，但实际上有一条主线是贯穿始终的，这就是与非遗的缘分。在我 40 多年的工作中，无论是在哪个地方、哪个阶段，那些不同的单位和工作环境，始终与非遗有着不同程度的关联，与非遗的保护实践、管理、研究紧紧联系在一起。在这些经历中，我直接或间接地参与到非遗保护的相关工作当中，这是我人生中最值得庆幸的事情。可以说，非遗极大地丰富了我的人生经历，伴随着我的成长，塑造并成就了今天的我。

这本书得以出版首先要感谢商务印书馆的执行董事顾青和编辑柯湘、王丹宁，他们将拙作纳入商务印书馆的出版计划。此书能够在商务印书馆这样的一流出版社出版，对我来说是极大的鼓励和莫大的荣幸。

此书的出版得到了许多老师和好友的帮助和支持，这是我万分感激的！首先要感谢北京师范大学的王宁老师。先生今年已有85岁高龄，教学和科研工作又很繁忙，但仍然在百忙中抽出宝贵时间为拙作作序，真是让我深受感动。王宁老师是我学术道路上的良师，每当我在学术研究中遇到困惑和问题时，就会毫不犹豫地跑到王老师那里请教，这已经成为我多年的习惯。需要说明的是，拙作中一些非遗保护的重要理念和观点，也受到王老师的思想和启发。如对非遗是"创造性产物"的认识，是王老师早在2004年由中国艺术研究院召开的"非物质文化遗产保护国际学术研讨会"上发表的《中国口头与非物质遗产价值的评定原则与保护方法》一文中提出的重要观点。当时我对这些观点和理念的认识并不十分清晰，但在我后来的非遗保护研究中，尤其在非遗司从事管理工作中，随着对各类非遗项目的不断认识和了解，在实践中深切地体会到这一观点的准确与深刻。如二十四节气等为代表的非遗项目，是我们先民的创造性产物，充满了智慧，是文化高峰的重要标志。这种精神是我们值得仰慕和学习传承的。我认为这是对非遗认识高度的一种把握。所以，王老师对非遗独到的认识和思想，对我产生了很大影响。在此向王老师表示衷心的感谢和深深的敬意！

另外，我还要感谢我国非遗界德高望重的刘魁立先生。我从事非遗保护工作以来，在学术上得到先生的许多帮助。无论是治学，还是为人，他都是我的榜样！

此书有丰富的插图，读者不仅能从文字中感受到非遗的丰富性，而且更能从图片中欣赏到非遗的魅力。在此感谢为此书提供珍贵图片和相关资料的各位好友和同事，你们的这些高质量图片，为拙作增添了更加丰富的色彩，在此一并致谢！尹家玉、刘晓辉、粟周榕、叶涛、青措、于洁、董小健、张雪芳、王立勇、李兴昌、罗桑、杨琳、何满、马中良、乔得林、苏眉、尹霞、景潮杰、白立扬、柴云龙、郭秋芳、刘祯、刘静、张巍、姜婷婷、苏海龙、谭小兵、王燕梅、蒋士秋、靳亦冰、李欣、杨砾、金娟、马晓红等（排名不分先后）。书中图片，除了我本人拍摄的未加注明，其余为了表示尊重，都注明了拍摄者姓名和提供者，尽力做到认真细心。如仍有遗漏之处，绝不是有意为之，敬请谅解！

感谢张敏博士在前期对本书提出的建议和帮助！

最后我还要感谢我的研究生张超在本书的文字整理、资料的充实和图片的处理等工作中付出的辛劳。

衷心感谢帮助过我的所有亲朋好友！

马盛德

2022 年 4 月于北京

参考文献

专著：

黄龙光：《民俗学引论》，云南人民出版社，2015年版。

李零：《放虎归山》，山西人民出版社，2008年版。

李树文等：《非物质文化遗产法律指南》，文化艺术出版社，2011年版。

联合国教科文组织：《保护非物质文化遗产公约》基础文件汇编，外文出版社，2012年版。

廖育群：《传统手工技艺的保护和可持续发展》，大象出版社，2009年版。

刘恩伯：《中国舞蹈文物图典》，上海音乐出版社，2002年版。

马盛德：《西北地区信奉伊斯兰教民族婚俗舞蹈研究》，中华书局，2017年版。

乔晓光：《中国经验：多元化的非遗传承实践》，江西美术出版社，2019年版。

秦华生、刘祯：《梅兰芳艺术的传承与发展—梅兰芳先生暨梅派艺术传承与发展研讨会文集》，知识产权出版社，2019年版。

王文章：《非物质文化遗产概论（修订版）》，教育科学出版社，2013年版。

王文章：《第二批国家级非物质文化遗产名录图典》，文化艺术出版社，2012年版。

文化部非物质文化遗产司：《非物质文化遗产保护法律法规资料汇编》，文化艺术出版社，2013年版。

文化部非物质文化遗产司编：《探索与实践：国家级文化生态保护区建设现场交流会暨专家论坛资料集》，文化艺术出版社，2011年版。

文化部文学艺术研究院戏曲研究所：《戏曲研究　第2辑》，吉林人民出版社，1980年版。

中国艺术研究院·中国非物质文化遗产保护中心：《第一批国家级非物质文化遗产名录图典》，文化艺术出版社，2006年版。

周有光：《从世界看中国》，生活·读书·新知三联出版社，2015年版。

邹启山：《人类口头和非物质遗产代表作申报指南》，文化艺术出版社，2005年版。

论文：

巴莫曲布嫫：《非物质文化遗产：从概念到实践》，《民族艺术》，2008 年第 1 期。

马盛德：《非物质文化遗产生产性保护中的相关问题》，《艺术设计研究》，2014 年第 2 期。

马盛德：《文化生态保护实验区建设要关注的几个问题》，《中南民族大学学报（人文社会科学版）》，2018 年第 4 期。

马盛德：《论传统民间舞蹈与民俗的关系》，《中国艺术时空》，2019 年第 4 期。

王宁：《中国口头与非物质文化遗产价值的评定原则与保护方法》。

王文章：《非物质文化遗产保护国际学术研讨会 2004 论文集》，文化艺术出版社，2005 年版。

张美芳：《李政道与苏绣创新》，《苏州杂志》，2008 年 04 期。

报纸：

黄培昭：《古斯古斯，北非四国共同的"国菜"》，《环球时报》，2020 年 12 月 28 日。

网络资料：

公众号"非遗中华"：《教科文组织非物质文化遗产名录新增 43 项内容》，2021 年 12 月 21 日。

中国新闻网视频号：《解码中国文化基因 —— 古琴》，2022 年 3 月 8 日。

附录

中华人民共和国非物质文化遗产法

（2011年2月25日第十一届全国人民代表大会常务委员会第十九次会议通过）

目　录

第一章 总则

第一条 为了继承和弘扬中华民族优秀传统文化，促进社会主义精神文明建设，加强非物质文化遗产保护、保存工作，制定本法。

第二条 本法所称非物质文化遗产，是指各族人民世代相传并视为其文化遗产组成部分的各种传统文化表现形式，以及与传统文化表现形式相关的实物和场所。包括：

（一）传统口头文学以及作为其载体的语言；

（二）传统美术、书法、音乐、舞蹈、戏剧、曲艺和杂技；

（三）传统技艺、医药和历法；

（四）传统礼仪、节庆等民俗；

（五）传统体育和游艺；

（六）其他非物质文化遗产。

属于非物质文化遗产组成部分的实物和场所，凡属文物的，适用《中华人民共和国文物保护法》的有关规定。

第三条 国家对非物质文化遗产采取认定、记录、建档等措施予以保存，对体现中华民族优秀传统文化，具有历史、文学、艺术、科学价值的非物质文化遗产采取传承、传播等措施予以保护。

第四条 保护非物质文化遗产，应当注重其真实性、整体性和传承性，有利于增强中华民族的文化认同，有利于维护国家统一和民族团结，有利于促进社会和谐和可持续发展。

第五条 使用非物质文化遗产，应当尊重其形式和内涵。

禁止以歪曲、贬损等方式使用非物质文化遗产。

第六条 县级以上人民政府应当将非物质文化遗产保护、保存工作纳入本级国民经济和社会发展规划，并将保护、保存经费列入本级财政预算。

国家扶持民族地区、边远地区、贫困地区的非物质文化遗产保护、保存工作。

第七条 国务院文化主管部门负责全国非物质文化遗产的保护、保存工作；县级以上地方人民政府文化主管部门负责本行政区域内非物质文化遗产的保护、保存工作。

县级以上人民政府其他有关部门在各自职责范围内，负责有关非物质文化遗产的保护、保存工作。

第八条 县级以上人民政府应当加强对非物质文化遗产保护工作的宣传，提高全社会保护非物质文化遗产的意识。

第九条 国家鼓励和支持公民、法人和其他组织参与非物质文化遗产保护工作。

第十条 对在非物质文化遗产保护工作中做出显著贡献的组织和个人，按照国家有关规定予以表彰、奖励。

第二章　非物质文化遗产的调查

第十一条　县级以上人民政府根据非物质文化遗产保护、保存工作需要，组织非物质文化遗产调查。非物质文化遗产调查由文化主管部门负责进行。

县级以上人民政府其他有关部门可以对其工作领域内的非物质文化遗产进行调查。

第十二条　文化主管部门和其他有关部门进行非物质文化遗产调查，应当对非物质文化遗产予以认定、记录、建档，建立健全调查信息共享机制。

文化主管部门和其他有关部门进行非物质文化遗产调查，应当收集属于非物质文化遗产组成部分的代表性实物，整理调查工作中取得的资料，并妥善保存，防止损毁、流失。其他有关部门取得的实物图片、资料复制件，应当汇交给同级文化主管部门。

第十三条　文化主管部门应当全面了解非物质文化遗产有关情况，建立非物质文化遗产档案及相关数据库。除依法应当保密的外，非物质文化遗产档案及相关数据信息应当公开，便于公众查阅。

第十四条　公民、法人和其他组织可以依法进行非物质文化遗产调查。

第十五条　境外组织或者个人在中华人民共和国境内进行非物质文化遗产调查，应当报经省、自治区、直辖市人民政府文化主管部门批准；调查在两个以上省、自治区、直辖市行政区域进行的，应当报经国务院文化主管部门批准；调查结束后，应当向批准调查的文化主管部门提交调查报告和调查中取得的实物图片、资料复制件。

境外组织在中华人民共和国境内进行非物质文化遗产调查，应当与境内非物质文化遗产学术研究机构合作进行。

第十六条　进行非物质文化遗产调查，应当征得调查对象的同意，尊重其风俗习惯，不得损害其合法权益。

第十七条　对通过调查或者其他途径发现的濒临消失的非物质文化遗产项目，县级人民政府文化主管部门应当立即予以记录并收集有关实物，或者采取其他抢救性保存措施；对需要传承的，应当采取有效措施支持传承。

第三章　非物质文化遗产代表性项目名录

第十八条　国务院建立国家级非物质文化遗产代表性项目名录，将体现中华民族优秀传统文化，具有重大历史、文学、艺术、科学价值的非物质文化遗产项目列入名录予以保护。

省、自治区、直辖市人民政府建立地方非物质文化遗产代表性项目名录，将本行政区域内体现中华民族优秀传统文化，具有历史、文学、艺术、科学价值的非物质文化遗产项目列入名录予以保护。

第十九条　省、自治区、直辖市人民政府可以从本省、自治区、直辖市非物质文化遗产代表性项目名录中向国务院文化主管部门推荐列入国家级非物质文化遗产代表性项目名录的项目。推荐时应当提交下列材料：

（一）项目介绍，包括项目的名称、历史、现状和价值；

（二）传承情况介绍，包括传承范围、传承谱系、传承人的技艺水平、传承活动的社会影响；

（三）保护要求，包括保护应当达到的目标和应当采取的措施、步骤、管理制度；

（四）有助于说明项目的视听资料等材料。

第二十条　公民、法人和其他组织认为某项非物质文化遗产体现中华民族优秀传统文化，具有重大历史、文学、艺术、科学价值的，可以向省、自治区、直辖市人民政府或者国务院文化主管部门提出列入国家级非物质文化遗产代表性项目名录的建议。

第二十一条　相同的非物质文化遗产项目，其形式和内涵在两个以上地区均保持完整的，可以同时列入国家级非物质文化遗产代表性项目名录。

第二十二条　国务院文化主管部门应当组织专家评审小组和专家评审委员会，对推荐或者建议列入国家级非物质文化遗产代表性项目名录的非物质文化遗产项目进行初评和审议。

初评意见应当经专家评审小组成员过半数通过。专家评审委员会对初评意见进行审议，提出审议意见。

评审工作应当遵循公开、公平、公正的原则。

第二十三条　国务院文化主管部门应当将拟列入国家级非物质文化遗产代表性项目名录的项目予以公示，征求公众意见。公示时间不得少于二十日。

第二十四条　国务院文化主管部门根据专家评审委员会的审议意见和公示结果，拟订国家级非物质文化遗产代表性项目名录，报国务院批准、公布。

第二十五条　国务院文化主管部门应当组织制定保护规划，对国家级非物质文化遗产代表性项目予以保护。

省、自治区、直辖市人民政府文化主管部门应当组织制定保护规划，对本级人民政府批准公布的地方非物质文化遗产代表性项目予以保护。

制定非物质文化遗产代表性项目保护规划，应当对濒临消失的非物质文化遗产代表性项目予以重点保护。

第二十六条　对非物质文化遗产代表性项目集中、特色鲜明、形式和内涵保持完整的特定区域，当地文化主管部门可以制定专项保护规划，报经本级人民政府批准后，实行区域性整体保护。确定对非物质文化遗产实行区域性整体保护，应当尊重当地居民的意愿，并保护属于非物质文化遗产组成部分的实物和场所，避免遭受破坏。

实行区域性整体保护涉及非物质文化遗产集中地村镇或者街区空间规划的，应当由当地城乡规划主管部门依据相关法规制定专项保护规划。

第二十七条　国务院文化主管部门和省、自治区、直辖市人民政府文化主管部门应当对非物质文化遗产代表性项目保护规划的实施情况进行监督检查；发现保护规划未能有效实施的，应当及时纠正、处理。

第四章　非物质文化遗产的传承与传播

第二十八条　国家鼓励和支持开展非物质文化遗产代表性项目的传承、传播。

第二十九条　国务院文化主管部门和省、自治区、直辖市人民政府文化主管部门对本级人民政府批准公布的非物质文化遗产代表性项目，可以认定代表性传承人。

非物质文化遗产代表性项目的代表性传承人应当符合下列条件：

（一）熟练掌握其传承的非物质文化遗产；

（二）在特定领域内具有代表性，并在一定区域内具有较大影响；

（三）积极开展传承活动。

认定非物质文化遗产代表性项目的代表性传承人，应当参照执行本法有关非物质文化遗产代表性项目评审的规定，并将所认定的代表性传承人名单予以公布。

第三十条　县级以上人民政府文化主管部门根据需要，采取下列措施，支持非物质文化遗产代表性项目的代表性传承人开展传承、传播活动：

（一）提供必要的传承场所；

（二）提供必要的经费资助其开展授徒、传艺、交流等活动；

（三）支持其参与社会公益性活动；

（四）支持其开展传承、传播活动的其他措施。

第三十一条　非物质文化遗产代表性项目的代表性传承人应当履行下列义务：

（一）开展传承活动，培养后继人才；

（二）妥善保存相关的实物、资料；

（三）配合文化主管部门和其他有关部门进行非物质文化遗产调查；

（四）参与非物质文化遗产公益性宣传。

非物质文化遗产代表性项目的代表性传承人无正当理由不履行前款规定义务的，文化主管部门可以取消其代表性传承人资格，重新认定该项目的代表性传承人；丧失传承能力的，文化主管部门可以重新认定该项目的代表性传承人。

第三十二条　县级以上人民政府应当结合实际情况，采取有效措施，组织文化主管部门和其他有关部门宣传、展示非物质文化遗产代表性项目。

第三十三条　国家鼓励开展与非物质文化遗产有关的科学技术研究和非物质文化遗产保护、保存方法研究，鼓励开展非物质文化遗产的记录和非物质文化遗产代表性项目的整理、出版等活动。

第三十四条　学校应当按照国务院教育主管部门的规定，开展相关的非物质文化遗产教育。

新闻媒体应当开展非物质文化遗产代表性项目的宣传，普及非物质文化遗产知识。

第三十五条　图书馆、文化馆、博物馆、科技馆等公共文化机构和非物质文化遗产学术研究机构、保护机构以及利用财政性资金举办的文艺表演团体、演出场所经营单位等，应当根据各自业务范围，开展非物质文化遗产的整理、研究、学术交流和非物质文化遗产代表性项目的宣传、展示。

第三十六条　国家鼓励和支持公民、法人和其他组织依法设立非物质文化遗产展示场所和传承场所，展示和传承非物质文化遗产代表性项目。

第三十七条　国家鼓励和支持发挥非物质文化遗产资源的特殊优势，在有效保护的基础上，合理利用非物质文化遗产代表性项目开发具有地方、民族特色和市场潜力的文化产品和文化服务。

开发利用非物质文化遗产代表性项目的，应当支持代表性传承人开展传承活动，保护属于该项目组成部分的实物和场所。

县级以上地方人民政府应当对合理利用非物质文化遗产代表性项目的单位予以扶持。单位合理利用非物质文化遗产代表性项目的，依法享受国家规定的税收优惠。

第五章　法律责任

第三十八条　文化主管部门和其他有关部门的工作人员在非物质文化遗产保护、保存工作中玩忽职守、滥用职权、徇私舞弊的，依法给予处分。

第三十九条　文化主管部门和其他有关部门的工作人员进行非物质文化遗产调查时侵犯调查对象风俗习惯，造成严重后果的，依法给予处分。

第四十条　违反本法规定，破坏属于非物质文化遗产组成部分的实物和场所的，依法承担民事责任；构成违反治安管理行为的，依法给予治安管理处罚。

第四十一条　境外组织违反本法第十五条规定的，由文化主管部门责令改正，给予警告，没收违法所得及调查中取得的实物、资料；情节严重的，并处十万元以上五十万元以下的罚款。

境外个人违反本法第十五条第一款规定的，由文化主管部门责令改正，给予警告，没收违法所得及调查中取得的实物、资料；情节严重的，并处一万元以上五万元以下的罚款。

第四十二条　违反本法规定，构成犯罪的，依法追究刑事责任。

第六章　附则

第四十三条　建立地方非物质文化遗产代表性项目名录的办法，由省、自治区、直辖市参照本法有关规定制定。

第四十四条　使用非物质文化遗产涉及知识产权的，适用有关法律、行政法规的规定。

对传统医药、传统工艺美术等的保护，其他法律、行政法规另有规定的，依照其规定。

第四十五条　本法自 2011 年 6 月 1 日起施行。

保护非物质文化遗产公约

联合国教育、科学及文化组织（以下简称教科文组织）大会于 2003 年 9 月 29 日至 10 月 17 日在巴黎举行的第 32 届会议，参照现有的国际人权文书，尤其是 1948 年的《世界人权宣言》以及 1966 年的《经济、社会及文化权利国际公约》和《公民权利和政治权利国际公约》，考虑到 1989 年的《保护民间创作建议书》、2001 年的《教科文组织世界文化多样性宣言》和 2002 年第三次文化部长圆桌会议通过的《伊斯坦布尔宣言》强调非物质文化遗产的重要性，它是文化多样性的熔炉，又是可持续发展的保证，考虑到非物质文化遗产与物质文化遗产和自然遗产之间的内在相互依存关系，承认全球化和社会转型进程在为各群体之间开展新的对话创造条件的同时，也与不容忍现象一样，使非物质文化遗产面临损坏、消失和破坏的严重威胁，在缺乏保护资源的情况下，这种威胁尤为严重，意识到保护人类非物质文化遗产是普遍的意愿和共同关心的事项，承认各社区，尤其是原住民、各群体，有时是个人，在非物质文化遗产的生产、保护、延续和再创造方面发挥着重要作用，从而为丰富文化多样性和人类的创造性做出贡献，注意到教科文组织在制定保护文化遗产的准则性文件，尤其是 1972 年的《保护世界文化和自然遗产公约》方面所做的具有深远意义的工作，还注意到迄今尚无有约束力的保护非物质文化遗产的多边文件，考虑到国际上现有的关于文化遗产和自然遗产的协定、建议书和决议需要有非物质文化遗产方面的新规定有效地予以充实和补充，考虑到必须提高人们，尤其是年轻一代对非物质文化遗产及其保护的重要意义的认识，考虑到国际社会应当本着互助合作的精神与本公约缔约国一起为保护此类遗产做出贡献，忆及教科文组织有关非物质文化遗产的各项计划，尤其是"宣布人类口头遗产和非物质遗产代表作"计划，认为非物质文化遗产是密切人与人之间的关系以及他们之间进行交流和了解的要素，它的作用是不可估量的，于 2003 年 10 月 17 日通过本公约。

第一章　总则

第一条　本公约的宗旨

本公约的宗旨如下：

（一）保护非物质文化遗产；

（二）尊重有关社区、群体和个人的非物质文化遗产；

（三）在地方、国家和国际一级提高对非物质文化遗产及其相互欣赏的重要性的意识；

（四）开展国际合作及提供国际援助。

第二条　定义

在本公约中：

（一）"非物质文化遗产"，指被各社区、群体，有时是个人，视为其文化遗产组成部分的各种社会实践、观念表述、表现形式、知识、技能以及相关的工具、实物、手工艺品和文化场所。这种非物质文化遗产世代相传，在各社区和群体适应周围环境以及与自然和历史的互动中，被不断地再创造，为这些社区和群体提供认同感和持续感，从而增强对文化多样性和人类创造力的尊重。在本公约中，只考虑符合现有的国际人权文件，各社区、群体和个人之间相互尊重的需要和顺应可持续发展的非物质文化遗产。

（二）按上述第（一）项的定义，"非物质文化遗产"包括以下方面：

1. 口头传统和表现形式，包括作为非物质文化遗产媒介的语言；

2. 表演艺术；

3. 社会实践、仪式、节庆活动；

4. 有关自然界和宇宙的知识和实践；

5. 传统手工艺。

（三）"保护"指确保非物质文化遗产生命力的各种措施，包括这种遗产各个方面的确认、立档、研究、保存、保护、宣传、弘扬、传承（特别是通过正规和非正规教育）和振兴。

（四）"缔约国"指受本公约约束且本公约在它们之间也通用的国家。

（五）本公约经必要修改对根据第三十三条所述之条件成为其缔约方之领土也适用。在此意义上，"缔约国"亦指这些领土。

第三条　与其他国际文书的关系

本公约的任何条款均不得解释为：

（一）改变与任一非物质文化遗产直接相关的世界遗产根据1972年《保护世界文化和自然遗产公约》所享有的地位，或降低其受保护的程度；

（二）影响缔约国从其作为缔约方的任何有关知识产权或使用生物和生态资源的国际文书所获得的权利和所负有的义务。

第二章　公约的有关机关

第四条　缔约国大会

一、兹建立缔约国大会，下称"大会"。大会为本公约的最高权力机关。

二、大会每两年举行一次常会。如若它作出此类决定或政府间保护非物质文化遗产委员会或至少三分之一的缔约国提出要求，可举行特别会议。

三、大会应通过自己的议事规则。

第五条　政府间保护非物质文化遗产委员会

一、兹在教科文组织内设立政府间保护非物质文化遗产委员会，下称"委员会"。在本公约依照第三十四条的规定生效之后，委员会由参加大会之缔约国选出的18个缔约国的代表组成。

二、在本公约缔约国的数目达到50个之后，委员会委员国的数目将增至24个。

第六条　委员会委员国的选举和任期

一、委员会委员国的选举应符合公平的地理分配和轮换原则。

二、委员会委员国由本公约缔约国大会选出，任期四年。

三、但第一次选举当选的半数委员会委员国的任期为两年。这些国家在第一次选举后抽签指定。

四、大会每两年对半数委员会委员国进行换届。

五、大会还应选出填补空缺席位所需的委员会委员国。

六、委员会委员国不得连选连任两届。

七、委员会委员国应选派在非物质文化遗产各领域有造诣的人士为其代表。

第七条　委员会的职能

在不妨碍本公约赋予委员会的其它职权的情况下，其职能如下：

（一）宣传公约的目标，鼓励并监督其实施情况；

（二）就好的做法和保护非物质文化遗产的措施提出建议；

（三）按照第二十五条的规定，拟订利用基金资金的计划并提交大会批准；

（四）按照第二十五条的规定，努力寻求增加其资金的方式方法，并为此采取必要的措施；

（五）拟订实施公约的业务指南并提交大会批准；

（六）根据第二十九条的规定，审议缔约国的报告并将报告综述提交大会；

（七）根据委员会制定的、大会批准的客观遴选标准，审议缔约国提出的申请并就以下事项作出决定：

    1. 列入第十六条、第十七条和第十八条述及的名录和提名；

    2. 按照第二十二条的规定提供国际援助。

第八条　委员会的工作方法

一、委员会对大会负责。它向大会报告自己的所有活动和决定。

二、委员会以其委员的三分之二多数通过自己的议事规则。

三、委员会可设立其认为执行任务所需的临时特设咨询机构。

四、委员会可邀请在非物质文化遗产各领域确有专长的任何公营或私营机构以及任何自然人参加会议，就任何具体的问题向其请教。

第九条　咨询组织的认证

一、委员会应建议大会认证在非物质文化遗产领域确有专长的非政府组织具有向委员会提供咨询意见的能力。

二、委员会还应向大会就此认证的标准和方式提出建议。

第十条　秘书处

一、委员会由教科文组织秘书处协助。

二、秘书处起草大会和委员会文件及其会议的议程草案和确保其决定的执行。

第三章　在国家一级保护非物质文化遗产

第十一条　缔约国的作用

各缔约国应该：

（一）采取必要措施确保其领土上的非物质文化遗产受到保护；

（二）在第二条第（三）项提及的保护措施内，由各社区、群体和有关非政府组织参与，确认和确定其领土上的各种非物质文化遗产。

第十二条　清单

一、为了使其领土上的非物质文化遗产得到确认以便加以保护，各缔约国应根据自己的国情拟订一份或数份关于这类遗产的清单，并应定期加以更新。

二、各缔约国在按第二十九条的规定定期向委员会提交报告时，应提供有关这些清单的情况。

第十三条　其他保护措施

为了确保其领土上的非物质文化遗产得到保护、弘扬和展示，各缔约国应努力做到：

（一）制定一项总的政策，使非物质文化遗产在社会中发挥应有的作用，并将这种遗产的保护纳入规划工作；

（二）指定或建立一个或数个主管保护其领土上的非物质文化遗产的机构；

（三）鼓励开展有效保护非物质文化遗产，特别是濒危非物质文化遗产的科学、技术和艺术研究以及方法研究；

（四）采取适当的法律、技术、行政和财政措施，以便：

1. 促进建立或加强培训管理非物质文化遗产的机构以及通过为这种遗产提供活动和表现的场所和空间，促进这种遗产的传承；

2. 确保对非物质文化遗产的享用，同时对享用这种遗产的特殊方面的习俗做法予以尊重；

3. 建立非物质文化遗产文献机构并创造条件促进对它的利用。

第十四条　教育、宣传和能力培养

各缔约国应竭力采取种种必要的手段，以便：

（一）使非物质文化遗产在社会中得到确认、尊重和弘扬，主要通过：

1. 向公众，尤其是向青年进行宣传和传播信息的教育计划；

2. 有关社区和群体的具体的教育和培训计划；

3. 保护非物质文化遗产，尤其是管理和科研方面的能力培养活动；

4. 非正规的知识传播手段。

（二）不断向公众宣传对这种遗产造成的威胁以及根据本公约所开展的活动；

（三）促进保护表现非物质文化遗产所需的自然场所和纪念地点的教育。

第十五条　社区、群体和个人的参与

缔约国在开展保护非物质文化遗产活动时，应努力确保创造、延续和传承这种遗产的社区、群体，有时是个人的最大限度的参与，并吸收他们积极地参与有关的管理。

第四章　在国际一级保护非物质文化遗产

第十六条　人类非物质文化遗产代表作名录

一、为了扩大非物质文化遗产的影响，提高对其重要意义的认识和从尊重文化多样性的角度促进对话，委员会应该根据有关缔约国的提名编辑、更新和公布人类非物质文化遗产代表作名录。

二、委员会拟订有关编辑、更新和公布此代表作名录的标准并提交大会批准。

第十七条　急需保护的非物质文化遗产名录

一、为了采取适当的保护措施，委员会编辑、更新和公布急需保护的非物质文化遗产名录，并根据有关缔约国的要求将此类遗产列入该名录。

二、委员会拟订有关编辑、更新和公布此名录的标准并提交大会批准。

三、委员会在极其紧急的情况（其具体标准由大会根据委员会的建议加以批准）下，可与有关缔约国协商将有关的遗产列入第一款所提之名录。

第十八条　保护非物质文化遗产的计划、项目和活动

一、在缔约国提名的基础上，委员会根据其制定的、大会批准的标准，兼顾发展中国家的特殊需要，定期遴选并宣传其认为最能体现本公约原则和目标的国家、分地区或地区保护非物质文化遗产的计划、项目和活动。

二、为此，委员会接受、审议和批准缔约国提交的关于要求国际援助拟订此类提名的申请。

三、委员会按照它确定的方式，配合这些计划、项目和活动的实施，随时推广有关经验。

第五章　国际合作与援助

第十九条　合作

一、在本公约中，国际合作主要是交流信息和经验，采取共同的行动，以及建立援助缔约国保护非物质文化遗产工作的机制。

二、在不违背国家法律规定及其习惯法和习俗的情况下，缔约国承认保护非物质文化遗产符合人类的整体利益，保证为此目的在双边、分地区、地区和国际各级开展合作。

第二十条　国际援助的目的

可为如下目的提供国际援助：

（一）保护列入《急需保护的非物质文化遗产名录》的遗产；

（二）按照第十一条和第十二条的精神编制清单；

（三）支持在国家、分地区和地区开展的保护非物质文化遗产的计划、项目和活动；

（四）委员会认为必要的其它一切目的。

第二十一条　国际援助的形式

第七条的业务指南和第二十四条所指的协定对委员会向缔约国提供援助作了规定，可采取的形式如下：

（一）对保护这种遗产的各个方面进行研究；

（二）提供专家和专业人员；

（三）培训各类所需人员；

（四）制订准则性措施或其它措施；

（五）基础设施的建立和营运；

（六）提供设备和技能；

（七）其它财政和技术援助形式，包括在必要时提供低息贷款和捐助。

第二十二条　国际援助的条件

一、委员会确定审议国际援助申请的程序和具体规定申请的内容，包括打算采取的措施、必需开展的工作及预计的费用。

二、如遇紧急情况，委员会应对有关援助申请优先审议。

三、委员会在作出决定之前，应进行其认为必要的研究和咨询。

第二十三条　国际援助的申请

一、各缔约国可向委员会递交国际援助的申请，保护在其领土上的非物质文化遗产。

二、此类申请亦可由两个或数个缔约国共同提出。

三、申请应包含第二十二条第一款规定的所有资料和所有必要的文件。

第二十四条　受援缔约国的任务

一、根据本公约的规定，国际援助应依据受援缔约国与委员会之间签署的协定来提供。

二、受援缔约国通常应在自己力所能及的范围内分担国际所援助的保护措施的费用。

三、受援缔约国应向委员会报告关于使用所提供的保护非物质文化遗产援助的情况。

第六章　非物质文化遗产基金

第二十五条　基金的性质和资金来源

一、兹建立一项"保护非物质文化遗产基金"，下称"基金"。

二、根据教科文组织《财务条例》的规定，此项基金为信托基金。

三、基金的资金来源包括：

    （一）缔约国的纳款；

    （二）教科文组织大会为此所拨的资金；

    （三）以下各方可能提供的捐款、赠款或遗赠：

        1. 其它国家；

        2. 联合国系统各组织和各署（特别是联合国开发计划署）以及其它国际组织；

        3. 公营或私营机构和个人。

    （四）基金的资金所得的利息；

    （五）为本基金募集的资金和开展活动之所得；

    （六）委员会制定的基金条例所许可的所有其它资金。

四、委员会对资金的使用视大会的方针来决定。

五、委员会可接受用于某些项目的一般或特定目的的捐款及其它形式的援助，只要这些项目已获委员会的批准。

六、对基金的捐款不得附带任何与本公约所追求之目标不相符的政治、经济或其它条件。

第二十六条　缔约国对基金的纳款

一、在不妨碍任何自愿补充捐款的情况下，本公约缔约国至少每两年向基金纳一次款，其金额由大会根据适用于所有国家的统一的纳款额百分比加以确定。缔约国大会关于此问题的决定由出席会议并参加表决，但未作本条第二款中所述声明的缔约国的多数通过。在任何情况下，此纳款都不得超过缔约国对教科文组织正常预算纳款的百分之一。

二、但是，本公约第三十二条或第三十三条中所指的任何国家均可在交存批准书、接受书、核准书或加入书时声明不受本条第一款规定的约束。

三、已作本条第二款所述声明的本公约缔约国应努力通知联合国教育、科学及文化组织总干事收回所作声明。但是，收回声明之举不得影响该国在紧接着的下一届大会开幕之日前应缴的纳款。

四、为使委员会能够有效地规划其工作，已作本条第二款所述声明的本公约缔约国至少应每两年定期纳一次款，纳款额应尽可能接近它们按本条第一款规定应交的数额。

五、凡拖欠当年和前一日历年的义务纳款或自愿捐款的本公约缔约国不能当选为委员会委员，但此项规定不适用于第一次选举。已当选为委员会委员的締约国的任期应在本公约第六条规定的选举之时终止。

第二十七条　基金的自愿补充捐款

除了第二十六条所规定的纳款，希望提供自愿捐款的缔约国应及时通知委员会以使其能对相应的活动作出规划。

第二十八条　国际筹资运动

缔约国应尽力支持在教科文组织领导下为该基金发起的国际筹资运动。

第七章　报告

第二十九条　缔约国的报告

缔约国应按照委员会确定的方式和周期向其报告它们为实施本公约而通过的法律、规章条例或采取的其它措施的情况。

第三十条　委员会的报告

一、委员会应在其开展的活动和第二十九条提及的缔约国报告的基础上，向每届大会提交报告。

二、该报告应提交教科文组织大会。

第八章　过渡条款

第三十一条　与宣布人类口头和非物质遗产代表作的关系

一、委员会应把在本公约生效前宣布为"人类口头和非物质遗产代表作"的遗产纳入人类非物质文化遗产代表作名录。

二、把这些遗产纳入人类非物质文化遗产代表作名录绝不是预设按第十六条第二款将确定的今后列入遗产的标准。

三、在本公约生效后，将不再宣布其它任何人类口头和非物质遗产代表作。

第九章　最后条款

第三十二条　批准、接受或核准

一、本公约须由教科文组织会员国根据各自的宪法程序予以批准、接受或核准。

二、批准书、接受书或核准书应交存教科文组织总干事。

第三十三条　加入

一、所有非教科文组织会员国的国家，经本组织大会邀请，均可加入本公约。

二、没有完全独立，但根据联合国大会第1514（XV）号决议被联合国承认为充分享有内部自治，并且有权处理本公约范围内的事宜，包括有权就这些事宜签署协议的地区也可加入本公约。

三、加入书应交存教科文组织总干事。

第三十四条　生效

本公约在第三十份批准书、接受书、核准书或加入书交存之日起的三个月后生效，但只涉及在该日或该日之前交存批准书、接受书、核准书或加入书的国家。对其它缔约国来说，本公约则在这些国家的批准书、接受书、核准书或加入书交存之日起的三个月之后生效。

第三十五条　联邦制或非统一立宪制

对实行联邦制或非统一立宪制的缔约国实行下述规定：

（一）在联邦或中央立法机构的法律管辖下实施本公约各项条款的国家的联邦或中央政府的义务与非联邦国家的缔约国的义务相同；

（二）在构成联邦，但按照联邦立宪制无须采取立法手段的各个州、成员国、省或行政区的法律管辖下实施本公约的各项条款时，联邦政府应将这些条款连同其建议一并通知各个州、成员国、省或行政区的主管当局。

第三十六条　退出

一、各缔约国均可宣布退出本公约。

二、退约应以书面退约书的形式通知教科文组织总干事。

三、退约在接到退约书十二个月之后生效。在退约生效日之前不得影响退约国承担的财政义务。

第三十七条　保管人的职责

教科文组织总干事作为本公约的保管人，应将第三十二条和第三十三条规定交存的所有批准书、接受书、核准书或加入书和第三十六条规定的退约书的情况通告本组织各会员国、第三十三条提到的非本组织会员国的国家和联合国。

第三十八条　修订

一、任何缔约国均可书面通知总干事，对本公约提出修订建议。总干事应将此通知转发给所有缔约国。如在通知发出之日起六个月之内，至少有一半的缔约国回复赞成此要求，总干事应将此建议提交下一届大会讨论，决定是否通过。

二、对本公约的修订须经出席并参加表决的缔约国三分之二多数票通过。

三、对本公约的修订一旦通过，应提交缔约国批准、接受、核准或加入。

四、对于那些已批准、接受、核准或加入修订的缔约国来说，本公约的修订在三分之二的缔约国交存本条第三款所提及的文书之日起三个月之后生效。此后，对任何批准、接受、核准或加入修订的缔约国来说，在其交存批准书、接受书、核准书或加入书之日起三个月之后，本公约的修订即生效。

五、第三款和第四款所确定的程序对有关委员会委员国数目的第五条的修订不适用。此类修订一经通过即生效。

六、在修订依照本条第四款的规定生效之后成为本公约缔约国的国家如无表示异议，应：

（一）被视为修订的本公约的缔约方；

（二）但在与不受这些修订约束的任何缔约国的关系中，仍被视为未经修订之公约的缔约方。

第三十九条　有效文本

本公约用英文、阿拉伯文、中文、西班牙文、法文和俄文拟定，六种文本具有同等效力。

第四十条　登记

根据《联合国宪章》第一百零二条的规定，本公约应按教科文组织总干事的要求交联合国秘书处登记。

保护非物质文化遗产伦理原则

遵循 2003 年《保护非物质文化遗产公约》和现有的保护人权和原住民权利国际标准文书的精神而制定。这些原则代表一套鼓励性的总体原则，对政府、组织和个人可形成直接或间接影响非物质文化遗产的优秀实践，以确保非物质文化遗产的存续力，并由此确认非物质文化遗产对促进和平和可持续发展的贡献，因而获得广泛接受。作为 2003 年《保护非物质文化遗产公约》、《实施〈公约〉操作指南》和国家立法框架的补充，这些伦理原则可作为制定适用于地方和部门条件的具体道德准则和工具的基础。

一、　相关社区、群体和个人在保护其所持有的非物质文化遗产过程中应发挥主要作用。

二、　社区、群体和个人继续其各种实践、观念表述、表现形式、知识和技能以确保非物质文化遗产存续力之权利应得到承认和尊重。

三、　相互尊重以及对非物质文化遗产的尊重和相互欣赏，应在缔约国之间，社区、群体和个人之间的互动中蔚成风气。

四、　与创造、保护、延续和传承非物质文化遗产的社区、群体和个人的所有互动应以透明的合作、对话、协商和咨询为特征，并取决于尊重其意愿、使其事先、持续知情并同意的前提而定。

五、　应确保社区、群体和个人有权使用表现非物质文化遗产所需而存在的器具、实物、手工艺品、文化和自然空间以及纪念地，包括在武装冲突的情况下。接触非物质文化遗产的习惯做法应受到充分尊重，即使这些习惯做法可能会限制更广泛的公众接触。

六、　每一社区、群体或个人应评定其所持有的非物质文化遗产的价值，而这种遗产不应受制于外部的价值或意义评判。

七、　创造非物质文化遗产的社区、群体或个人应从源于这类遗产的精神利益和物质利益的保护中受益，特别是社区成员或其他人对其使用、研究、立档、宣传或改编。

八、　非物质文化遗产的动态性和活态性应始终受到尊重。本真性和排外性不应构成保护非物质文化遗产的问题和障碍。

九、　社区、群体及地方的、国家的和跨国的组织，还有个人，对可能影响到非物质文化遗产的存续力或实践该遗产的社区的任何行动的直接和间接、短期和长期、潜在和明显的影响都应仔细评估。

十、　社区、群体和个人在确定对其非物质文化遗产构成的威胁，包括对非物质文化遗产的去语境化、商品化及歪曲，并决定怎样防止和减缓这样的威胁时应发挥重要作用。

十一、文化多样性及社区、群体和个人的认同应得到充分尊重。尊重社区、群体和个人的价值认定和文化规范的敏感性，对性别平等、年轻人参与给予特别关注，尊重民族认同，皆应涵括在保护措施的制订和实施中。

十二、保护非物质文化遗产是人类的共同利益，因而应通过双边、次区域、区域和国际层面的各方之间的合作而开展；然而，绝不应使社区、群体和个人疏离其自身的非物质文化遗产。

中国入选联合国教科文组织
非物质文化遗产名录（名册）项目

1. 入选"人类非遗代表作名录"项目清单（35 项）

序号	项目名称	入选年份	所属类别
1	中国传统制茶技艺及其相关习俗	2022	社会实践、仪式和节庆活动；有关自然界和宇宙的知识和实践；传统手工艺
2	送王船——有关人与海洋可持续联系的仪式及相关实践	2020	有关自然界和宇宙的知识和实践
3	太极拳	2020	有关自然界和宇宙的知识和实践
4	藏医药浴法——中国藏族有关生命健康和疾病防治的知识与实践	2018	有关自然界和宇宙的知识和实践
5	二十四节气——中国人通过观察太阳周年运动而形成的时间知识体系及其实践	2016	有关自然界和宇宙的知识和实践
6	中国珠算——运用算盘进行数字计算的知识与实践	2013	有关自然界和宇宙的知识和实践
7	中国皮影戏	2011	口头传统和表现形式；表演艺术；传统手工艺
8	京剧	2010	表演艺术

序号	项目名称	入选年份	所属类别
9	中医针灸	2010	有关自然界和宇宙的知识和实践
10	中国篆刻	2009	传统手工艺
11	中国雕版印刷技艺	2009	传统手工艺
12	中国书法	2009	社会实践、仪式和节庆活动；传统手工艺
13	中国剪纸	2009	社会实践、仪式和节庆活动；传统手工艺
14	中国传统木结构营造技艺	2009	传统手工艺
15	南京云锦织造技艺	2009	社会实践、仪式和节庆活动；传统手工艺
16	端午节	2009	社会实践、仪式和节庆活动
17	中国朝鲜族农乐舞	2009	表演艺术；社会实践、仪式和节庆活动
18	格萨（斯）尔	2009	口头传统和表现形式；社会实践、仪式和节庆活动
19	侗族大歌	2009	表演艺术；口头传统和表现形式
20	花儿	2009	口头传统和表现形式；表演艺术
21	玛纳斯	2009	口头传统和表现形式
22	妈祖信俗	2009	社会实践、仪式和节庆活动
23	蒙古族呼麦歌唱艺术	2009	表演艺术；社会实践、仪式和节庆活动
24	南音	2009	表演艺术
25	热贡艺术	2009	传统手工艺
26	中国传统桑蚕丝织技艺	2009	社会实践、仪式和节庆活动；传统手工艺
27	藏戏	2009	口头传统和表现形式；表演艺术；社会实践、仪式和节庆活动
28	龙泉青瓷传统烧制技艺	2009	传统手工艺
29	宣纸传统制作技艺	2009	社会实践、仪式和节庆活动；传统手工艺
30	西安鼓乐	2009	表演艺术；社会实践、仪式和节庆活动
31	粤剧	2009	表演艺术

序号	项目名称	入选年份	所属类别
32	新疆维吾尔木卡姆艺术	2008	表演艺术；传统手工艺
33	蒙古族长调民歌	2008	口头传统和表现形式；表演艺术；社会实践、仪式和节庆活动
34	古琴艺术	2008	表演艺术；传统手工艺
35	昆曲	2008	表演艺术

* 2001年联合国教科文组织设立了"人类口头和非物质遗产代表作"，我国有1项（昆曲）入选，2003年为1项（古琴艺术），2005年为2项（蒙古族长调民歌、新疆维吾尔木卡姆艺术）。上述遗产项目于2008年纳入"人类非物质文化遗产代表作名录"。

2. 入选"急需保护的非遗名录"项目名单（7项）

序号	项目名称	入选年份	所属类别
1	赫哲族伊玛堪	2011	口头传统和表现形式
2	麦西热普	2010	口头传统和表现形式；表演艺术；社会实践、仪式和节庆活动
3	中国水密隔舱福船制造技艺	2010	传统手工艺
4	中国活字印刷术	2010	传统手工艺
5	羌年	2009	社会实践、仪式和节庆活动
6	中国木拱桥传统营造技艺	2009	传统手工艺
7	黎族传统纺染织绣技艺	2009	传统手工艺

3. 入选"优秀实践名册"项目名单（1项）

序号	项目名称	入选年份	所属类别
1	福建木偶戏后继人才培养计划	2012	表演艺术

国家级非物质文化遗产生产性保护示范基地名单

2011年第一批

（涉及 41 个项目企业或单位，39 项国家级名录项目）

序号	省份	对象名称	项目类别	国家级名录项目名称
1	北京	北京市珐琅厂有限责任公司	传统技艺	景泰蓝制作技艺
2	北京	北京市内联升鞋业有限公司	传统技艺	内联升千层底布鞋制作技艺
3	北京	北京市荣宝斋	传统技艺	木版水印技艺、装裱修复技艺
4	河北	河北省衡水习三内画艺术有限公司	传统美术	衡水内画
5	河北	河北省曲阳宏州石业集团有限公司	传统美术	曲阳石雕
6	山西	山西老陈醋集团有限公司	传统技艺	老陈醋酿制技艺 （美和居老陈醋酿制技艺）
7	江苏	江苏省扬州玉器厂	传统美术	扬州玉雕
8	江苏	江苏省宜兴紫砂工艺厂	传统技艺	宜兴紫砂陶制作技艺
9	江苏	江苏省南京云锦研究所有限公司	传统技艺	南京云锦木机妆花手工织造技艺
10	浙江	浙江省东阳市陆光正创作室	传统美术	东阳木雕

序号	省份	对象名称	项目类别	国家级名录项目名称
11	浙江	浙江省青田县二轻工业总公司	传统美术	青田石雕
12	安徽	安徽省绩溪胡开文墨业有限公司	传统技艺	徽墨制作技艺
13	安徽	中国宣纸集团	传统技艺	宣纸制作技艺
14	福建	福建海峡寿山石文化研究院	传统美术	寿山石雕
15	江西	江西省景德镇佳洋陶瓷有限公司	传统技艺	景德镇手工制瓷技艺
16	江西	江西省景德镇古窑瓷厂	传统技艺	景德镇手工制瓷技艺
17	江西	江西省含珠实业有限公司	传统技艺	铅山连四纸制作技艺
18	山东	山东省东阿阿胶股份有限公司	传统医药	中医传统制剂方法（东阿阿胶制作技艺）
19	河南	河南省禹州市杨志钧窑有限公司	传统技艺	钧瓷烧制技艺
20	河南	河南省禹州市星航钧窑有限公司	传统技艺	钧瓷烧制技艺
21	湖南	湖南省龙山县苗儿滩镇捞车河村土家织锦技艺传习所	传统技艺	土家族织锦技艺
22	湖南	湖南省怀化市通道侗族自治县哆耶侗锦织艺发展有限公司	传统技艺	侗锦织造技艺
23	广东	广东省潮州市艺范木雕厂	传统美术	潮州木雕
24	广东	广东省佛山市新石湾美术陶瓷厂有限公司	传统技艺	石湾陶塑技艺
25	广西	广西壮族自治区靖西县壮锦厂	传统技艺	壮族织锦技艺
26	四川	四川省成都蜀锦织绣有限责任公司	传统技艺	蜀锦织造技艺
27	四川	四川省绵竹年画社	传统美术	绵竹木版年画
28	四川	四川省雅安市友谊茶业有限公司	传统技艺	黑茶制作技艺（南路边茶制作技艺）
29	贵州	贵州省丹寨县石桥黔山古法造纸专业合作社	传统技艺	皮纸制作技艺

序号	省份	对象名称	项目类别	国家级名录项目名称
30	云南	云南省红河哈尼族彝族自治州建水县贝山陶庄文化产业有限公司	传统技艺	陶器烧制技艺（建水紫陶烧制技艺）
31	云南	云南省普洱市宁洱县困鹿山贡技茶场	传统技艺	普洱茶制作技艺（贡茶制作技艺）
32	西藏	西藏自治区江孜地毯厂	传统技艺	藏族卡垫织造技艺
33	西藏	西藏自治区藏药厂	传统医药	藏医药（藏药七十味珍珠丸配伍技艺）
34	陕西	陕西省凤翔新明民俗文化传承有限公司	传统美术	泥塑（凤翔泥塑）
35	陕西	陕西省西安大唐西市文化发展有限公司	传统美术	民间绣活（西秦刺绣）
36	甘肃	甘肃省环县道情皮影保护中心（皮影雕刻）	传统美术	皮影戏（环县道情皮影戏）
37	甘肃	甘肃省庆阳祁黄文化传播有限公司	传统美术	庆阳香包绣制
38	青海	青海黄南州热贡画院	传统美术	热贡艺术
39	青海	青海省互助土族文化传播有限公司	传统美术	土族盘绣
40	青海	青海省海湖藏毯有限公司	传统技艺	加牙藏族织毯技艺
41	新疆	新疆维吾尔自治区疏附县吾库萨克乡热合曼·阿布都拉传习所	传统技艺	民族乐器制作技艺（维吾尔族乐器制作技艺）

2014 年第二批

（59 家企业或单位）

序号	省份	企业或单位名称	项目类别	项目名称
1	北京	中国北京同仁堂（集团）有限责任公司	传统医药	同仁堂中医药文化（传统中药材炮制技艺）

序号	省份	企业或单位名称	项目类别	项目名称
2	天津	天津杨柳青画社	传统美术	杨柳青木版年画
3	河北	峰峰矿区大家陶艺有限责任公司	传统技艺	磁州窑烧制技艺
4	河北	衡水一壶斋工艺品有限公司	传统美术	衡水内画
5	河北	大厂回族自治县良盛达花丝镶嵌特艺有限公司	传统技艺	花丝镶嵌制作技艺
6	山西	山西广誉远国药有限公司	传统医药	中医传统制剂方法（龟龄集传统制作技艺、定坤丹制作技艺）
7	山西	稷山赵氏四味坊传统面点传习中心	传统技艺	传统面食制作技艺（稷山传统面点制作技艺）
8	内蒙古	阿拉善左旗恒瑞翔地毯有限责任公司	传统技艺	地毯织造技艺（阿拉善地毯织造技艺）
9	辽宁	阜新市细河区珏艺轩玛瑙素活制品厂	传统美术	阜新玛瑙雕
10	吉林	延吉市民族乐器研究所	传统技艺	民族乐器制作技艺（朝鲜族民族乐器制作技艺）
11	黑龙江	哈尔滨市群力新区文化产业发展中心	传统美术	剪纸（方正剪纸）
12	上海	上海周虎臣曹素功笔墨有限公司	传统技艺	毛笔制作技艺（周虎臣毛笔制作技艺）徽墨制作技艺（曹素功墨锭制作技艺）
13	上海	上海朵云轩艺术发展有限公司	传统技艺	木版水印技艺
14	江苏	苏州镇湖刺绣艺术馆有限公司	传统美术	苏绣
15	江苏	扬州广陵古籍刻印社	传统技艺	雕版印刷技艺
16	浙江	杭州王星记扇业有限公司	传统技艺	制扇技艺（王星记扇）
17	浙江	湖州市善琏湖笔厂	传统技艺	湖笔制作技艺
18	浙江	金星铜集团有限公司	传统技艺	铜雕技艺

序号	省份	企业或单位名称	项目类别	项目名称
19	安徽	黄山徽州竹艺轩雕刻有限公司	传统美术	徽州三雕
20	福建	福建省德化县宏益陶瓷雕塑研究所	传统技艺	德化瓷烧制技艺
21	福建	厦门惟艺漆线雕艺术有限公司	传统技艺	厦门漆线雕技艺
22	福建	莆田市善艺李氏工艺有限公司	传统美术	木雕 （莆田木雕）
23	江西	江西婺源朱子实业有限公司	传统技艺	歙砚制作技艺
24	山东	鄄城县鲁锦工艺品有限责任公司	传统技艺	鲁锦织造技艺
25	山东	潍坊杨家埠民俗艺术有限公司	传统技艺 传统美术	风筝制作技艺 （潍坊风筝） 杨家埠木版年画
26	河南	洛阳九朝文物复制品有限公司	传统技艺	唐三彩烧制技艺
27	河南	开封市素花宋绣工艺有限公司	传统美术	汴绣
28	河南	汝州市朱文立汝瓷艺术有限公司	传统技艺	汝瓷烧制技艺
29	湖北	武汉高龙城投资管理有限公司	传统美术	木雕 （武汉木雕船模）
30	湖北	孝感天仙雕花剪纸有限公司	传统美术	剪纸 （孝感雕花剪纸）
31	湖北	夏氏丹药制作基地（夏大中）	传统医药	中医传统制剂方法 （夏氏丹药制作技艺）
32	湖北	荆州市唯楚木艺有限公司	传统技艺	漆器髹饰技艺 （楚式漆器髹饰技艺）
33	湖北	黄梅巾帼挑花工艺有限公司	传统美术	挑花 （黄梅挑花）
34	湖南	湖南省湘绣研究所	传统美术	湘绣
35	湖南	醴陵陈扬龙釉下五彩瓷艺术中心	传统技艺	醴陵釉下五彩瓷烧制技艺
36	广东	潮州市潮绣研究所	传统美术	粤绣 （潮绣）

序号	省份	企业或单位名称	项目类别	项目名称
37	广东	肇庆市端州区华兴端砚厂	传统技艺	端砚制作技艺
38	海南	海南合田旅业有限公司	传统技艺	黎族传统纺染织绣技艺
39	海南	海南锦绣织贝实业有限公司	传统技艺	黎族传统纺染织绣技艺
40	广西	广西钦州坭兴陶艺有限公司	传统技艺	陶器烧制技艺 （钦州坭兴陶烧制技艺）
41	重庆	重庆市永川豆豉食品有限公司	传统技艺	豆豉酿制技艺 （永川豆豉酿制技艺）
42	四川	康定大吉香巴拉文化发展有限公司	传统美术	藏族唐卡 （噶玛嘎孜画派）
43	四川	凉山彝族自治州民政民族工艺厂	传统技艺	彝族漆器髹饰技艺
44	四川	四川省青神县云华竹旅有限公司	传统美术	竹编 （青神竹编）
45	四川	汶川杨华珍藏羌织绣文化传播 有限公司	传统美术	藏族编织、挑花刺绣工艺 羌族刺绣
46	贵州	台江芳佤银饰刺绣有限公司	传统美术	苗绣
47	贵州	贵州丹寨宁航蜡染有限公司	传统技艺	苗族蜡染技艺
48	云南	剑川县兴艺古典木雕家具厂	传统美术	木雕 （剑川木雕）
49	云南	大理市周城璞真综艺染坊	传统技艺	白族扎染技艺
50	西藏	拉萨市城关区古艺建筑美术公司	传统技艺	藏族矿植物颜料制作技艺
51	西藏	西藏唐卡画院	传统美术	藏族唐卡 （勉萨画派）
52	青海	金诃藏药药业股份有限公司	传统医药	藏医药 （七十味珍珠丸赛太炮制技艺）
53	青海	囊谦藏族民间黑陶工艺有限责任公司	传统技艺	陶器烧制技艺 （藏族黑陶烧制技艺）
54	陕西	铜川市印台区陈炉镇民间工艺瓷厂	传统技艺	耀州窑陶瓷烧制技艺

序号	省份	企业或单位名称	项目类别	项目名称
55	甘肃	夏河县拉扑楞摩尼宝藏族文化艺术有限公司	传统美术	藏族唐卡（甘南藏族唐卡）
56	宁夏	宁夏隆德杨氏彩塑文物艺术有限公司	传统美术	泥塑（杨氏家庭泥塑）
57	新疆	和田托提瓦柯桑皮纸国家贸易有限公司	传统技艺	维吾尔族桑皮纸制作技艺
58	新疆	洛浦县时代地毯厂	传统技艺	地毯织造技艺（维吾尔族地毯织造技艺）
59	新疆兵团	新疆生产建设兵团农业建设第六师红旗农场	传统美术	哈萨克毡绣和布绣

联合国教科文组织联合申报遗产清单

（60项）

2001年联合国教科文组织设立了"人类口头和非物质遗产代表作"，有2项联合申报的非遗项目入选，2003年为2项，2005年为4项。上述项目于2008年纳入"人类非物质文化遗产代表作名录"。根据联合国教科文组织官网公布的名录名册项目清单数据统计，自2001年至2021年，联合申报项目共计60项。具体项目清单如下：

1. 2008年人类非物质文化遗产代表作名录

1		热莱德口头遗产 Oral heritage of Gelede	贝宁共和国、尼日利亚联邦共和国、多哥共和国 Benin–Nigeria–Togo
2	2001	扎巴拉人的口头遗产与文化活动 Oral heritage and cultural manifestations of the Zápara people	厄瓜多尔共和国、秘鲁共和国 Ecuador–Peru
3		加利弗那语言、舞蹈和音乐 Language，dance and music of the Garifu-na	伯利兹、洪都拉斯共和国、尼加拉瓜共和国、危地马拉共和国 Belize–Honduras–Nicaragua–Guatemala
4	2003	沙士木卡姆音乐 Shashmaqom music	塔吉克斯坦共和国、乌兹别克斯坦共和国 Tajikistan–Uzbekistan
5		波罗的海的歌舞庆典活动 Baltic song and dance celebrations	爱沙尼亚共和国、拉脱维亚共和国、立陶宛共和国 Estonia–Latvia–Lithuania

6		比利时、法国的巨人和巨龙游行 Processional giants and dragons in Belgium and France	比利时王国、法兰西共和国 Belgium– France
7	2005	蒙古族长调民歌 Urtiin Duu，traditional folk long song	蒙古国、中华人民共和国 Mongolia– China
8		坎科冉或曼丁成人礼 Kankurang，Manding initiatory rite	冈比亚共和国、塞内加尔共和国 Gambia– Senegal
9		古勒-沃姆库鲁祭祀和舞蹈仪式 Gule Wamkulu	马拉维共和国、莫桑比克共和国、赞比亚共和国 Malawi– Mozambique– Zambia

2. 2009 年人类非物质文化遗产代表作名录

10	探戈 Tango	阿根廷共和国、乌拉圭东岸共和国 Argentina– Uruguay

3. 2009 年优秀实践名册

11	保护玻利维亚、智利和秘鲁艾马拉人社会的非物质文化遗产 Safeguarding intangible cultural heritage of Aymara communities in Bolivia，Chile and Peru	多民族玻利维亚国、智利共和国、秘鲁共和国 Bolivia（Plurinational State of）–Chile–Peru

4. 2012 年人类非物质文化遗产代表作名录

12	马里、布基纳法索及科特迪瓦塞努福人非洲木琴相关的文化实践与表现形式 Cultural practices and expressions linked to the balafon of the Senufo communities of Mali, Burkina Faso and Côte d'Ivoire	布基纳法索、科特迪瓦共和国、马里共和国 Burkina Faso–Côte d'Ivoire–Mali
13	塔古尔达，阿拉伯联合酋长国和阿曼苏丹国贝都因人的传统诗歌吟唱 Al-Taghrooda，traditional Bedouin chanted poetry in the United Arab Emirates and the Sultanate of Oman	阿拉伯联合酋长国、阿曼苏丹国 United Arab Emirates–Oman

5. 2013 年人类非物质文化遗产代表作名录

14	地中海饮食文化 Mediterranean diet	克罗地亚共和国、摩洛哥王国、葡萄牙共和国、塞浦路斯共和国、西班牙王国、希腊共和国、意大利共和国 Croatia–Morocco–Portugal–Cyprus–Spain–Greece–Italy
15	男子群体圣诞颂歌仪式 Men's group Colindat, Christmas-time ritual	罗马尼亚、摩尔多瓦共和国 Romania–Republic of Moldova
16	关于图阿雷格部落伊姆扎德单弦提琴理论与实践 Practices and knowledge linked to the Imzad of the Tuareg communities of Algeria, Mali and Niger	阿尔及利亚民主人民共和国、马里共和国、尼日尔共和国 Algeria–Mali–Niger

6. 2014 年人类非物质文化遗产代表作名录

17	吉尔吉斯和哈萨克毡房制作的传统知识和技艺 Traditional knowledge and skills in making Kyrgyz and Kazakh yurts（Turkic nomadic dwellings）	哈萨克斯坦共和国、吉尔吉斯共和国 Kazakhstan–Kyrgyzstan
18	阿曼苏丹国和阿拉伯联合酋长国传统表演艺术艾亚拉 Al-Ayyala, a traditional performing art of the Sultanate of Oman and the United Arab Emirates	阿拉伯联合酋长国、阿曼苏丹国 United Arab Emirates–Oman

7. 2015 年人类非物质文化遗产代表作名录

19	拔河仪式和比赛 Tugging rituals and games	大韩民国、菲律宾共和国、柬埔寨王国、越南社会主义共和国 Republic of Korea–Philippines–Viet Nam–Cambodia
20	比利牛斯山区夏至焰火节 Summer solstice fire festivals in the Pyrenees	安道尔公国、法兰西共和国、西班牙王国 Andorra–France–Spain
21	哥伦比亚南太平洋地区和厄瓜多尔埃斯米拉达省的木琴音乐、传统歌曲和舞蹈 Marimba music, traditional chants and dances from the Colombia South Pacific region and Esmeraldas Province of Ecuador	哥伦比亚共和国、厄瓜多尔共和国 Colombia–Ecuador

22	马吉里斯，文化和社会空间 Majlis，a cultural and social space	阿拉伯联合酋长国、阿曼苏丹国、卡塔尔国、沙特阿拉伯王国 United Arab Emirates–Oman–Qatar–Saudi Arabia
23	阿拉伯咖啡，慷慨的象征 Arabic coffee，a symbol of generosity	阿拉伯联合酋长国、阿曼苏丹国、卡塔尔国、沙特阿拉伯王国 United Arab Emirates–Oman–Qatar–Saudi Arabia
24	Al-Razfa，传统表演艺术 Al-Razfa，a traditional performing art	阿拉伯联合酋长国、阿曼苏丹国 United Arab Emirates–Oman
25	阿依特斯即兴表演艺术 Aitysh/Aitys，art of improvisation	哈萨克斯坦共和国、吉尔吉斯共和国 Kazakhstan–Kyrgyzstan

8. 2016 年人类非物质文化遗产代表作名录

26	罗马尼亚和摩尔多瓦的传统壁毯制作技艺 Traditional wall-carpet craftsmanship in Romania and the Republic of Moldova	罗马尼亚、摩尔多瓦共和国 Romania–Republic of Moldova
27	斯洛伐克和捷克的木偶戏 Puppetry in Slovakia and Czechia	斯洛伐克共和国、捷克共和国 Slovakia–Czechia
28	诺鲁孜节 Nawrouz, Novruz, Nowrouz, Nowruz, Nawruz, Nauryz, Nooruz, Nowruz, Navruz, Nevruz, Nowruz, Navruz	阿富汗伊斯兰共和国、阿塞拜疆共和国、巴基斯坦伊斯兰共和国、哈萨克斯坦共和国、吉尔吉斯斯坦共和国、塔吉克斯坦共和国、土耳其共和国、土库曼斯坦、乌兹别克斯坦共和国、伊拉克共和国、伊朗伊斯兰共和国、印度共和国 Afghanistan–Azerbaijan–Pakistan–Kazakhstan–Kyrgyzstan–Tajikistan–Turkey–Turkmenistan–Uzbekistan–Iraq–Iran（Islamic Republic of）–India
29	烤馕制作和分享的文化：拉瓦什、卡提尔玛、居甫卡、尤甫卡 Flatbread making and sharing culture: Lavash, Katyrma, Jupka, Yufka	阿塞拜疆共和国、哈萨克斯坦共和国、吉尔吉斯斯坦共和国、土耳其共和国、伊朗伊斯兰共和国 Azerbaijan–Kazakhstan–Kyrgyzstan–Turkey–Iran（Islamic Republic of）

30	猎鹰训练术，一项活态人类遗产¹ Falconry, a living human heritage	阿拉伯联合酋长国、阿拉伯叙利亚共和国、奥地利共和国、巴基斯坦伊斯兰共和国、比利时王国、大韩民国、德意志联邦共和国、法兰西共和国、哈萨克斯坦共和国、捷克共和国、卡塔尔国、蒙古国、摩洛哥王国、葡萄牙共和国、沙特阿拉伯王国、西班牙王国、匈牙利、意大利共和国 United Arab Emirates–Syrian Arab Republic–Austria–Pakistan–Belgium–Republic of Korea–Germany–France–Kazakhstan–Czechia–Qatar–Mongolia–Morocco–Portugal–Saudi Arabia–Spain–Hungary–Italy

9. 2017 年急需保护的非物质文化遗产名录

31	哥伦比亚-委内瑞拉的大草原居民劳动歌曲 Colombian-Venezuelan llano work songs	哥伦比亚共和国、委内瑞拉玻利瓦尔共和国 Colombia–Venezuela（Bolivarian Republic of）

10. 2017 年人类非物质文化遗产代表作名录

32	希得莱斯，春季庆典 Spring celebration，Hıdrellez	北马其顿共和国、土耳其共和国 North Macedonia–Turkey
33	三月结文化实践 Cultural practices associated to the 1st of March	保加利亚共和国、罗马尼亚、摩尔多瓦共和国、北马其顿共和国 Bulgaria–Romania–Republic of Moldova–North Macedonia
34	弓弦乐器卡曼查的制作和演奏艺术 Art of crafting and playing with Kamantcheh/Kamancha, a bowed string musical instrument	阿塞拜疆共和国、伊朗伊斯兰共和国 Azerbaijan–Iran（Islamic Republic of）

---

1 此项目于 2021 年更新，增加 6 个国家：克罗地亚共和国、爱尔兰、吉尔吉斯共和国、荷兰王国、波兰共和国、斯洛伐克共和国。详见 2021 年表格。

11. 2018 年人类非物质文化遗产代表作名录

35	朝鲜族传统摔跤"希日木" Traditional Korean wrestling（Ssirum/Ssireum）	朝鲜民主主义人民共和国、大韩民国 Democratic People's Republic of Korea–Republic of Korea
36	《科尔库特之书》遗产、史诗文化、民间故事和音乐 Heritage of Dede Qorqud/Korkyt Ata/Dede Korkut，epic culture，folk tales and music	阿塞拜疆共和国、哈萨克斯坦共和国、土耳其共和国 Azerbaijan–Kazakhstan–Turkey
37	布劳德鲁克/摩德罗提斯克/柯克费斯特/摩德罗塔拉克：欧洲蓝印花布印染 Blaudruck/Modrotisk/Kékfestés/Modrotlač，resist block printing and indigo dyeing in Europe	奥地利共和国、德意志联邦共和国、捷克共和国、斯洛伐克共和国、匈牙利 Austria–Germany–Czechia–Slovakia–Hungary
38	干石墙艺术，知识和技术 Art of dry stone walling，knowledge and techniques	法兰西共和国、克罗地亚共和国、瑞士联邦、塞浦路斯共和国、斯洛文尼亚共和国、西班牙王国、希腊共和国、意大利共和国 France–Croatia–Switzerland–Cyprus–Slovenia–Spain–Greece–Italy
39	雪崩风险管理 Avalanche risk management	奥地利共和国、瑞士联邦 Austria–Switzerland

12. 2019 年人类非物质文化遗产代表作名录

40	移牧：地中海和阿尔卑斯山季节性牲口迁移 Transhumance，the seasonal droving of livestock along migratory routes in the Mediterranean and in the Alps	奥地利共和国、希腊共和国、意大利共和国 Austria–Greece–Italy
41	枣椰树相关知识、技能、传统和习俗 Date palm，knowledge，skills，traditions and practices	阿拉伯埃及共和国、阿拉伯联合酋长国、阿曼苏丹国、巴林王国、巴勒斯坦国、科威特国、毛里塔尼亚伊斯兰共和国、摩洛哥王国、沙特阿拉伯王国、苏丹共和国、突尼斯共和国、也门共和国、伊拉克共和国、约旦哈希姆王国 Egypt–United Arab Emirates–Oman–Bahrain–Palestine–Kuwait–Mauritania–Morocco–Saudi Arabia–Sudan–Tunisia–Yemen–Iraq–Jordan
42	拜占庭圣歌 Byzantine chant	塞浦路斯共和国、希腊共和国 Cyprus–Greece

43	墨西哥普埃布拉州、特拉斯卡拉州和西班牙塔拉韦拉德拉雷纳、埃尔蓬特德拉尔索维斯波的制陶工艺 Artisanal talavera of Puebla and Tlaxcala（Mexico）and ceramics of Talavera de la Reina and El Puente del Arzobispo（Spain）making process	墨西哥合众国、西班牙王国 Mexico–Spain
44	登山 Alpinism	法兰西共和国、意大利共和国、瑞士联邦 France–Italy–Switzerland

13. 2020 年人类非物质文化遗产代表作名录

45	制作和演奏拇指琴的艺术 Art of crafting and playing Mbira/Sansi, the finger-plucking traditional musical instrument in Malawi and Zimbabwe	马拉维共和国、津巴布韦共和国 Malawi–Zimbabwe
46	细密画艺术 Art of miniature	阿塞拜疆共和国、土耳其共和国、乌兹别克斯坦共和国、伊朗伊斯兰共和国 Azerbaijan–Turkey–Uzbekistan–Iran（Islamic Republic of）
47	钟表机械和艺术机械技艺 Craftsmanship of mechanical watchmaking and art mechanics	法兰西共和国、瑞士联邦 France–Switzerland
48	与古斯米的生产和消费有关的知识、技术和实践 Knowledge，know-how and practices pertaining to the production and consumption of couscous	阿尔及利亚民主人民共和国、毛里塔尼亚伊斯兰共和国、摩洛哥王国、突尼斯共和国 Algeria–Mauritania–Morocco–Tunisia
49	号手音乐艺术，一种与歌唱、气息控制、颤音、场地及氛围共鸣有关的乐器技巧 Musical art of horn players, an instrumental technique linked to singing, breath control, vibrato, resonance of place and conviviality	比利时王国、法兰西共和国、卢森堡大公国、意大利共和国 France–Belgium–Luxembourg–Italy
50	送王船 —— 有关人与海洋可持续联系的仪式及相关实践 Ong Chun/Wangchuan/Wangkang ceremony, rituals and related practices for maintaining the sustainable connection between man and the ocean	中华人民共和国、马来西亚 China–Malaysia

51	班顿 Pantun	印度尼西亚共和国、马来西亚 Indonesia–Malaysia
52	圣达太修道院朝圣之旅 Pilgrimage to the St. Thaddeus Apostle Monastery	亚美尼亚共和国、伊朗伊斯兰共和国 Armenia–Iran（Islamic Republic of）
53	玻璃珠艺术 The art of glass beads	意大利共和国、法兰西共和国 Italy–France
54	传统的智力和战略游戏：播棋 Traditional intelligence and strategy game：Togyzqumalaq，Toguz Korgool，Mangala/Göçürme	哈萨克斯坦共和国、吉尔吉斯共和国、土耳其共和国 Kazakhstan–Kyrgyzstan–Turkey
55	传统萨杜编织 Traditional weaving of Al Sadu	科威特国、沙特阿拉伯王国 Kuwait–Saudi Arabia
56	树林养蜂文化 Tree beekeeping culture	白俄罗斯共和国、波兰共和国 Belarus–Poland

14. 2020 年优秀实践名册

57	欧洲大教堂作坊的手工艺技术和惯常习俗、技艺、传承、知识发展以及创新 Craft techniques and customary practices of cathedral workshops，or Bauhütten，in Europe，know-how，transmission、development of knowledge and innovation	奥地利共和国、德意志联邦共和国、法兰西共和国、挪威王国、瑞士联邦 Austria–Germany–France–Norway–Switzerland

15. 2021 年人类非物质文化遗产代表作名录

58	阿拉伯书法：知识、技艺和实践 Arabic calligraphy：knowledge，skills and practices	沙特阿拉伯王国、阿尔及利亚民主人民共和国、巴林王国、阿拉伯埃及共和国、伊拉克共和国、约旦哈希姆王国、科威特国、黎巴嫩共和国、毛里塔尼亚伊斯兰共和国、摩洛哥王国、阿曼苏丹国、巴勒斯坦国、苏丹共和国、突尼斯共和国、阿拉伯联合酋长国、也门共和国 Saudi Arabia–Algeria–Bahrain–Egypt–Iraq–Jordan–Kuwait–Lebanon–Mauritania–Morocco–Oman–Palestine–Sudan–Tunisia–United Arab Emirates–Yemen

（续表）

59	刚果伦巴 Congolese rumba	刚果民主共和国、刚果共和国 Democratic Republic of the Congo–Congo
60	北欧叠板船传统 Nordic clinker boat traditions	丹麦王国、芬兰共和国、冰岛共和国、挪威王国、瑞典王国 Denmark–Finland–Iceland–Norway–Sweden
（项目同上第30，因此未列入数据统计）	猎鹰训练术，一项活态人类遗产 （2021年增补：克罗地亚共和国、爱尔兰、吉尔吉斯共和国、荷兰王国、波兰共和国、斯洛伐克共和国） Falconry，a living human heritage	阿拉伯联合酋长国、奥地利共和国、比利时王国、克罗地亚共和国、捷克共和国、法兰西共和国、德意志联邦共和国、匈牙利、爱尔兰、意大利共和国、哈萨克斯坦共和国、大韩民国、吉尔吉斯共和国、蒙古国、摩洛哥王国、荷兰王国、巴基斯坦伊斯兰共和国、波兰共和国、葡萄牙共和国、卡塔尔国、沙特阿拉伯王国、斯洛伐克共和国、西班牙王国、阿拉伯叙利亚共和国 United Arab Emirates–Austria–Belgium–Croatia–Czechia–France–Germany–Hungary–Ireland–Italy–Kazakhstan–Republic of Korea–Kyrgyzstan–Mongolia–Morocco–Netherlands–Pakistan–Poland–Portugal–Qatar–Saudi Arabia–Slovakia–Spain–Syrian Arab Republic

（资料来源：联合国教科文组织亚太地区非物质文化遗产国际培训中心）